权威·前沿·原创

皮书系列为
“十二五”“十三五”国家重点图书出版规划项目

BLUE BOOK

智库成果出版与传播平台

甘肃蓝皮书

BLUE BOOK OF GANSU

甘肃社会发展分析与预测（2020）

ANALYSIS AND FORECAST ON SOCIAL DEVELOPMENT OF GANSU (2020)

主　编／王　琦　包晓霞　冯乐安

社会科学文献出版社
SOCIAL SCIENCES ACADEMIC PRESS (CHINA)

图书在版编目(CIP)数据

甘肃社会发展分析与预测. 2020 / 王琦，包晓霞，冯乐安主编. -- 北京：社会科学文献出版社，2020. 1
（甘肃蓝皮书）
ISBN 978 - 7 - 5201 - 5845 - 9

Ⅰ. ①甘… Ⅱ. ①王… ②包… ③冯… Ⅲ. ①社会分析 - 甘肃 - 2020②社会预测 - 甘肃 - 2020 Ⅳ. ①D674. 2

中国版本图书馆 CIP 数据核字（2019）第 279127 号

甘肃蓝皮书
甘肃社会发展分析与预测（2020）

主　　编 / 王　琦　包晓霞　冯乐安

出 版 人 / 谢寿光
责任编辑 / 张　超　吴云苓

出　　版 / 社会科学文献出版社 · 皮书出版分社（010）59367127
　　　　　地址：北京市北三环中路甲 29 号院华龙大厦　邮编：100029
　　　　　网址：www. ssap. com. cn
发　　行 / 市场营销中心（010）59367081　59367083
印　　装 / 三河市东方印刷有限公司

规　　格 / 开 本：787mm × 1092mm　1/16
　　　　　印 张：15. 25　字 数：229 千字
版　　次 / 2020 年 1 月第 1 版　2020 年 1 月第 1 次印刷
书　　号 / ISBN 978 - 7 - 5201 - 5845 - 9
定　　价 / 128. 00 元

主要编撰者简介

王　琦　甘肃省社会科学院党委委员、纪委书记，历任甘肃省医药管理局医药总公司经贸处副处长、行业管理处副处长、市场营销处副处长，甘肃岷县副县长，甘肃省医药行业管理办公室规划发展处处长，甘肃省精神文明建设指导委员会办公室秘书处处长，协调处处长、副主任；先后主持完成中央文明办和甘肃省文明委关于农村精神文明建设工作调研、志愿服务工作调研、甘肃省治理高价彩礼专项调研等多项重点课题，被中央文明办和省文明委采用，在《甘肃日报》发表多篇评论员文章、甘肃省精神文明建设工作实践和典型宣传文章，推出了一批在全国有影响力的先进典型。

包晓霞　甘肃省社会科学院研究员，主要研究领域为社会学理论与方法、人口问题、社会评估、公共政策，主要研究成果有《社会制度建构》（专著）、《边缘化与边际性乡村社会》（合著）、《甘肃人口发展战略研究》（合著）、《“健康中国2020”甘肃战略研究》（合著），以及论文《现代西方社会心理学中关于自我研究的基本理论概述》《中国计划生育协会组织发展的若干理论与实践问题探析》《贫困研究综述》《中国西北贫困地区农户的社会资本特征——基于400份农户问卷调查的初步分析》；担任《甘肃社会发展分析与预测》（2009～2019年，2012年除外）主编、首席专家。

冯乐安　甘肃省社会科学院社会学研究所副所长、副研究员，主要研究领域为社会学理论与方法、人口社会学；主要研究成果有《典型民族地区流动人口状况及特征比较》《80后受教育水平与青年人力资本地区差异》等，在《中国青年研究》《甘肃社会科学》《南方人口》等刊物发表论文数篇。

总　序

“甘肃蓝皮书”从诞生至今，走过了十四年风雨历程，成为全面反映甘肃经济建设、社会建设、文化建设、生态建设等各领域发展最新情况的系列蓝皮书。其社会影响力日益扩大，已由最初的省社会科学院科研平台，发展成为服务党委、政府决策和全省经济社会发展的甘肃省内重要的智库品牌、甘肃社会科学界的学术品牌、甘肃文化领域的标志品牌、甘肃重要行业及市（州）工作的展示品牌。

“甘肃蓝皮书”的诞生与发展，既生动记录了甘肃省经济社会的巨大变迁和人民群众关注点的时代变化，又充分展现了传统社会科学研究机构向现代特色智库、高端智库、数字智库转型的发展历程。2006 年，我院编研的《甘肃经济社会发展分析与预测》《甘肃舆情分析与预测》面世，标志着“甘肃蓝皮书”的正式诞生。至“十一五”末，《甘肃经济发展分析与预测》《甘肃社会发展分析与预测》《甘肃县域发展分析与预测》《甘肃文化发展报告》相继面世，“甘肃蓝皮书”由原来的 2 种增加到 5 种，覆盖了经济、政治、社会、县域、文化等研究领域。2011 年，我院首倡甘肃、陕西、宁夏、青海、新疆西北五省（区）社会科学院联合编研出版的《中国西北发展报告》面世，使我院系列蓝皮书的研究范围拓展到了“丝绸之路经济带”的国内主要相关区域。

从 2014 年起，我院持续发挥“甘肃蓝皮书”品牌效应，加强与省内重要部门和市州的合作。先后与省住房和城乡建设厅、省民族事务委员会、酒泉市政府、省商务厅、省统计局等积极合作，共同编研出版住建、民族、商务、酒泉等蓝皮书。2018 年与省精神文明办、平凉市合作，新增了《甘肃精神文明发展报告》《平凉经济社会发展报告》。2018 年 7 月，新增的《甘肃文化建设成果报告》在第三届丝绸之路（敦煌）国际文化博览会上成功发布。2019 年，我院又与省文化和旅游厅、临夏州合作，新增了《甘肃旅游业发展报告》《临夏回族自治州经济社会发展形势与预测》。至此，我院年度“甘肃蓝皮书”的编研规模拓展到“5+9+1”共计15部。

2019年是新中国成立70周年，我院继续秉持稳定规模、完善机制，提升质量、扩大影响的编研理念，在出版发行的15部“甘肃蓝皮书”的选题和框架设计方面，紧密结合甘肃省70年来发展成就，做到了紧跟时代、反映当下。这也体现了“甘肃蓝皮书”始终坚持的宗旨：一是始终坚持原创，注重学术观点和科研方法的创新。坚持研究在先，编写在后，在继承中创新，注重连续性；从源头上抓质量，注重可靠性；在深入研究上下功夫，注重科学性；在服务上抓效果，注重影响力。二是始终坚持追踪前沿，注重选题创新。追踪前沿就是让专家学者更多地参与社会实践，发现问题、研究问题、解决问题，最终通过蓝皮书为人们提供正确的指导，展示社科专家服务社会的能力和实力，提高蓝皮书的知名度和美誉度。三是始终坚持打造品牌，创新编研机制。十四年来，我们始终把蓝皮书的质量看作蓝皮书的生命线，组织有研究能力的专家开展深入研究，向社会提供事实根据充分、分析深入准确、结论科学可靠、对策具体可行的研究成果。

展望未来，作为省属综合性社会科学研究机构和智库，将沿着打造西部最具国内外影响力的现代特色智库、高端智库、数字智库的方向迈进，进一步围绕甘肃经济社会发展的实际，开展应用研究、战略研究、对策研究，发挥好决策咨询、咨政建言、服务地方的作用。“甘肃蓝皮书”作为我院打造陇原特色新型智库的主要载体之一，也将开启服务省委省政府决策，为甘肃改革发展提供智力支撑的新航程。相信在各方共同努力下，“甘肃蓝皮书”将继续提升品牌影响力，成为服务党委、政府决策的更有作用的参考书，成为让社会各方面更有参考价值的应用成果。

此为序。

王福生

2019年12月6日

摘　要

《甘肃社会发展分析与预测（2020）》是“甘肃蓝皮书”成果之一，由甘肃省社会科学院组织社会学科研人员研究撰写。本书以“五位一体”总体布局和习近平总书记视察甘肃重要讲话精神为根本统领，总结和回顾了2019年甘肃社会建设取得的成就，分析和梳理了甘肃当前社会发展中存在的问题和挑战，并尝试提出了对策建议，为进一步思考和把握2020年甘肃社会发展实际与政策导向提供了有益参考。

全书由14篇报告组成，分为“总报告”“发展篇”“专题篇”“调查篇”四个部分。总报告指出2019年甘肃社会发展总体呈现稳中向好、稳中有进的态势。主要表现在：经济社会发展成绩显著，就业形势稳定，居民收入、消费不断进步，社会保障体系进一步完善，精准扶贫成效显著，生态文明建设水平稳步提高等。发展篇侧重综合分析，对甘肃城乡居民生活质量、社会保障形势、公共安全形势以及城市发展形势展开了分析。专题篇侧重具体领域，对甘肃城市社会治理、科技创新能力、青少年社会主义核心价值观、就业状况与就业形势、城市环境综合治理等进行了研究。调查篇侧重田野调查，对精准扶贫中的可持续发展、农村生态环境治理、就医难症结、公共服务需求管理等进行了调查，并提出了相关对策建议。

《甘肃社会发展分析与预测（2020）》认为，2019年甘肃经济稳步运行，新动能持续增长；就业形势总体保持稳定，就业总量达到新的高峰；居民收入不断增长，消费贡献明显提升；社会保障覆盖面进一步扩大，社会保障体系进一步健全；脱贫攻坚成效显著，贫困地区面貌焕然一新；生态环境不断改善，绿水青山效益彰显。2020年甘肃要努力应对经济下行压力，推动高质量发展；不断加强人力资本建设，提高劳动力素质；改革收入分配，倡导理性消费；统筹布局，完善社会保障体系建设；做好精准扶贫和乡村振兴战略的有效衔接；通过社会建设促进生态文明建设；进而为决胜全面建成小康社会，加速建设幸福美好新甘肃，不断开创富民兴陇新局面做出新的贡献！

关键词： 社会发展　就业　收入　社会保障

Abstract

Analysis and Forecast on Social Development of Gansu (*2020*), is one of the achievements of Gansu Blue Book series, which was organized and written by the sociological researchers of Gansu Academy of Social Sciences. This book takes the overall layout of "five in one" and the important instructions of "eight efforts" put forward by General Secretary Xi during his visit to Gansu as its basic command. It summarizes and reviews the achievements of Gansu's social construction in the past year. And it also analyses and sorts out the problems and challenges existing in Gansu's current social development. These researchers try to provide countermeasures and suggestions for further thinking and grasping the actual and policy orientation of social development in Gansu.

The book is composed of 14 reports. It is divided into four parts: General Report, Social Development, Special Subjects and Social Survey Reports. The General Report pointed out that in 2019, the social development of Gansu generally showed a trend of stability and progress. The main manifestations are as follows: remarkable achievements in economic and social development, stable employment situation, continuous improvement of residents' income and consumption, further improvement of the social security system, remarkable achievements in precision poverty alleviation, and steady improvement of ecological civilization construction. The Social Development section focuses on comprehensive analysis and the quality of life of urban and rural residents in Gansu, the overall situation of social security, the public security situation and the urban development situation. The special subjects focus on specific areas, including the research on Gansu urban social governance, scientific and technological capabilities innovation, employment status and employment situation, youth socialist core values, employment situation and comprehensive urban environmental governance. The Social Survey Reports focus on field investigations, including the investigations on precise poverty alleviation and sustainable development, rural ecological environment management, employment difficulties, and public service demand management, and propose relevant countermeasures.

The book holds that: Gansu's economy is running steadily in 2019, new kinetic energy continues to grow; the overall employment situation remains stable, and the total employment volume reaches a new peak; residents' incomes continue to grow, and consumption contribution increases significantly; social insurance has been further expanded, the social security system has been further improved, the effectiveness of poverty alleviation has been remarkable, the ecological environment has been continuously improved. The book suggests that: in 2020, Gansu should strive to cope with the downward pressure of the economy to promote high-quality development; continuously strengthen the construction of human capital to improve the quality of the labor force; reform the income distribution to promote rational consumption; plan and improve the construction of the social security system; and do an effective connection between the precise poverty alleviation and rural revitalization strategies; Promote the construction of ecological civilization through social construction; further build a well-off society, accelerate the construction of a happy and beautiful new Gansu.

Keywords: Social Development; Employment; Income; Social Security

目录

Ⅰ 总报告

Ⅱ 发展篇

Ⅲ 专题篇

Ⅳ 调查篇

皮书数据库阅读**使用指南**

CONTENTS

I General Report

II Social Development

Ⅲ Special Subjects

Ⅳ Social Survey Reports

总 报 告

General Report

B.1 2019~2020年甘肃社会发展形势分析与预测

冯乐安*

摘 要： 本报告全面分析了甘肃社会发展的总体形势，主要侧重经济发展成就、就业基本状况、收入消费结构、社会保障水平、精准扶贫成效、环境保护成绩等六个领域。通过总结成绩，直面存在困难，预测未来趋势，并提出相关对策建议。

关键词： 社会发展 就业 社会保障 脱贫攻坚 生态环境

* 冯乐安，甘肃省社会科学院社会学研究所副研究员，研究方向为人口社会学。

一 2019年甘肃经济社会发展总体形势

（一）经济稳步运行，新动能持续增长

2018 年，面对复杂严峻的发展环境和艰巨繁重的工作任务，全省各级各部门全力贯彻落实党中央、国务院决策部署，坚持稳中求进工作总基调，坚持新发展理念，坚持推动高质量发展。全省经济运行总体平稳，呈现稳中向好、稳中有进的发展态势。统计表明，全年全省地区生产总值达 8246.1 亿元，比上年增长 6.3%。人均地区生产总值为 31336 元，比上年增长 5.8%。

2019 年上半年，甘肃省经济运行保持了总体平稳的发展态势。初步核算，上半年，全省地区生产总值 3771.8 亿元，同比增长 6.0%，增速比第一季度回落 1.9 个百分点，比上年同期加快 1.0 个百分点。其中，第一产业增加值为 243.8 亿元，增长 5.6%；第二产业增加值为 1251.3 亿元，增长 5.2%；第三产业增加值为 2276.7 亿元，增长 6.5%。

（二）就业形势总体保持稳定，就业总量达到新的高峰

就业是民生之本，近年来甘肃城乡居民就业形势和就业状况不断优化，就业质量明显好转。其中，全省城镇就业人口从 2016 年底的 591 万人，增长到 2018 年底的 637.6 万人，增长了 46.6 万人，平均每年增长约 23.3 万人；全省农村就业人口从 2016 年底的 957.7 万人，减少到 2018 年底的 918 万人，平均每年减少约 19.9 万人。

2019 年，全省不断加强就业托底保障和高校毕业生就业，例如人社厅、教育厅等部门为 3.5 万名省内高校城乡低保家庭、贫困残疾人家庭、建档立卡贫困家庭的毕业生发放求职创业补贴。通过这样的方式，支持和鼓励困难家庭毕业生的就业和创业行动。

（三）居民收入不断增长，消费贡献明显提升

收入体现城乡居民的物质生活水平。近年来，特别是 2010 年以来，甘

肃城乡居民收入水平稳步提升。2019 年上半年，全省城镇居民人均可支配收入为 1.5 万元，同比增长 8.0%，与上年同期基本持平；其中，工资性收入增长 9.5%，经营净收入增长 4.1%，财产净收入增长 3.6%，转移净收入增长 6.2%。全省农村居民人均可支配收入为 0.4 万元，同比增长 9.0%；其中，工资性收入增长 9.3%，经营净收入增长 8.8%，财产净收入下降 10.7%，转移净收入增长 10.9%。

为了反映甘肃城乡居民消费水平，本报告对全省居民的消费情况进行了分析。数据表明，相比于 2017 年，2018 年全省城镇居民在居住、医疗领域的消费比重增长较大；而农村居民在医疗、教育领域的消费比重增长较大。同时，数据分析也发现，全省居民在食品烟酒方面的消费比重上升明显。粮油、食品类生活必需品消费的快速增长，一方面充分表明全省居民生活质量显著改善；另一方面也表明，全省居民开始注重饮食质量，更加关注身体健康和生活体验。

（四）社会保障覆盖面进一步扩大，社会保障体系进一步健全

社会保障是公共福利水平的主要体现，近年来由于社会保障事业的不断进步，全省城乡居民社会保障水平持续提高。2018 年末全省共有 49.7 万人享受城市居民最低生活保障，233.6 万人享受农村居民最低生活保障，10.1 万人享受农村特困人员救助供养。全年资助 898.6 万人参加基本医疗保险，医疗救助 986.9 万人次。

2019 年，甘肃各级社会保障部门紧密围绕习近平总书记关于“深化脱贫攻坚”“夯实高质量发展基础”“保障和改善民生”等方面的重要论述，把学习宣传贯彻习近平总书记重要讲话精神作为当前和今后一个时期社会保障工作的根本遵循，在原有学习贯彻的基础上，按照深入谋划、及早部署、加快行动、务求实效的总要求，拿出务实管用的措施办法，推动党中央和省委各项决策部署落地见效。

（五）脱贫攻坚成效显著，贫困地区面貌焕然一新

甘肃地处西北内陆地区，由于地理环境的制约，经济发展一直处于相对

落后的水平，“迟发展效应”表现得十分明显。所谓“迟发展效应”，指的是由迟发展导致发达地区经济更加发达、不发达地区更加落后的惯性作用。[①] 正是由于“迟发展效应”的影响，甘肃经济社会发展受到了很大制约，全省贫困人口多、贫困程度深，脱贫攻坚面临很大的挑战。

当前，甘肃全省始终把脱贫攻坚作为第一民生工程，紧盯“两不愁、三保障”目标落实，构建和完善精准脱贫的工作体系。2018 年底，甘肃贫困发生率下降到5.6%，36 个贫困县实现脱贫摘帽。2019 年，甘肃实现 85 万以上贫困人口脱贫，贫困发生率降到 1.3% 左右，约 30 个贫困县实现脱贫摘帽。

（六）生态环境不断改善，绿水青山效益彰显

“绿水青山就是金山银山。”党的十八大以来，甘肃围绕改善环境质量，确保环境安全，强化污染综合防治，扎实推进污染减排工作，全省环保工作取得积极进展。从 2018 年全年数据来看，全省 14 个地级城市空气中细颗粒物浓度均值为34 微克/立方米，达到年二级标准，比2017 年上升3.0%；可吸入颗粒物浓度均值为77 微克/立方米，比2017 年上升1.3%。兰州市优良天数比例为58.4%，比2017 年降低5.2 个百分点。其他城市均有轻微减少，例如嘉峪关、金昌、白银、天水等地。

2019 年甘肃省坚持“绿水青山就是金山银山”的发展理念，主动适应经济发展新常态，以改善环境质量为主线，精细管理、精准发力，确保全省环境保护事业迈上新的台阶。按照全省生态环境治理的总体部署，以资源循环利用基地、大宗工业废弃物综合利用基地和农业循环利用基地为重点，推进山水林田湖草生态保护与修复、重点流域环境治理和保护、重点城市饮水工程、沙漠化治理、固体废弃物处理、节能环保产业等重大项目建设，着力补齐生态环境短板。

---

① 徐建华、岳文泽、鲁凤：《中国西部地区的迟发展效应、后发优势及创新对策研究》，《地域研究与开发》2002 年第 3 期。

二 2019年甘肃经济社会发展面临的困难与挑战

（一）经济稳定增长面临长期下行压力

面对全球经济不断下行的压力，甘肃经济增长形势依然严峻，巩固经济回稳向好势头工作艰巨。受多种原因以及内外部环境影响，全省部分经济指标波动较大，固定资产投资仍然面临由负转正的压力，工业稳定增长基础相对不足。短期经济的主要矛盾是总需求不足，长期矛盾是供给侧结构性改革不到位、全要素生产率有待提高。

具体来看，内需动力增长有限。制造业投资放缓，土地财政大幅下滑，居民消费杠杆率高，就业压力不断增大，收入增速短期内难以提升。同时，外需增长相对有限。受贸易摩擦和全球经济下行影响，全省出口总量和出口品类都受到一定程度的影响，进口贸易额高于出口贸易额的局面短期内难以改变。

（二）城乡居民收入、消费结构仍不平衡

近三年来，甘肃省农村居民人均可支配收入的年均增长率（12.8%）比城镇居民人均可支配收入的年均增长率（10.1%）高2.7个百分点。2019年上半年，全省城镇居民人均可支配收入为1.5万元，全省农村居民人均可支配收入为0.4万元。值得注意的是，虽然全省农村居民人均纯收入增长率高于城镇居民，但是绝对值远远低于城镇居民。城乡居民收入存在差距，说明城乡社会发展不平衡依然较为明显。

当前，随着居民健康意识的不断觉醒，人们逐渐减少了对烟、酒的消费。尽管如此，仍然需要警醒的是在全省居民生活必需品消费中，还存在着较大比例的烟、酒等危害身体健康的消费品，消费结构不合理的现象依然较为普遍。从2019年全省城乡居民家庭人均消费状况来看，城镇居民在居住、医疗领域的消费所占比重较大；而农村居民在医疗、

教育领域的消费比重较大。城乡居民的消费结构存在差异，且并不平衡。

（三）城乡居民就业不均衡仍然存在

当前随着户籍制度改革的逐步推进，就业准入方面的限制已基本被打破，但农村劳动力在就业机会、就业报酬、就业服务和就业权益等方面，仍与城镇居民存在很大差距。突出表现在以下几个方面：一是农村劳动力进城只能从事城镇居民不愿从事的职业、工种，如一些苦、累、脏的工作；二是农村劳动力转移到城镇就业后，在子女就学、经济适用房制度和社会保障等城市劳动者可享受的福利上，仍因城乡户籍的差异而不能与城市居民同等享有；三是对农村劳动力的就业服务，未引起足够重视。这些问题，严重制约了农村劳动力的有效转移和转移后在城镇就业的稳定性与积极性。

贫困人口、患病人群、残障人士等群体，是当前稳定就业的困难群体。这些人群要么面临身体或健康带来的问题，要么文化程度低、技能水平低，难以胜任第二、第三产业诸多工种，转移就业受到很大的限制。这些就业困难人群，在劳动力市场上处于边缘化状态，难以获得相关信息和机会。尽管近年来财政支持和金融扶持政策力度不断加大，但是要改善贫困人口等群体的就业状况，还需要一个不断发展完善的过程。

（四）社会保障水平有待提升

随着经济社会的快速发展，全省社会保障事业取得了长足进步。社会保障覆盖范围持续扩大，扩面征缴工作成绩突出。基本养老、失业、工伤、生育保险参保人数不断上升。基本医疗保险全面覆盖，全民医保基本实现。基本养老保险不断完善，参保人数明显增多。当然，在看到成绩的同时，还应该注意到存在的问题。

当前，全省社会保障领域面临的突出问题是总体保障水平相对较低，城乡差距有待进一步缓解。例如，农村最低生活保障覆盖范围小，待遇标准低，在解决困难群众生产生活问题方面，发挥的作用依然有限。同时，大量个体、民营经济不参保或参保不缴费的现象突出。一些已参保单位采取尽可能少报工资总额的手段偷、漏社会保险费。部分企业停产、改制、破产等无力缴费，造成参保人员的流失。

（五）脱贫攻坚任务依然艰巨

甘肃的贫困地区分布在广袤的黄土高原，土地贫瘠、自然资源匮乏、生态环境脆弱，产业扶贫难度很大，群众生活方式保守落后。很多深度贫困村，贫困发生率高，基础条件薄弱，致贫原因复杂。在对外交通、住房安全、基本医疗、教育培训等方面短板明显，改善提升的成本高、难度大。

尽管当前脱贫攻坚取得了巨大成就，但是面临的挑战依然艰巨。甘肃的两州一县和18个深度贫困县，不仅要面临未脱贫人口的脱贫任务，还要巩固已脱贫成果，避免返贫。特别是2019年和2020年的拟脱贫人口中，自身动力不足、因病、因残致贫的贫困人口比例较高，贫中之贫、艰中之艰的局面，必定成为打赢脱贫攻坚战需要克服的难题。

（六）生态环境保护挑战长期存在

相比内地发达地区，甘肃的经济发展较为滞后，导致很多地方财政收入相对较少，企业利润相对较低。这就使各类基础设施建设受到很大制约，各种公共服务面临不小挑战。尽管这些年来，全省各级地方政府和各类企业不断加大资金投入，但是同发达地区相比，甘肃的污染治理资金还十分有限。

在公共财政投入方面，资金限制造成各地环境保护设施相对落后，环境保护技术创新不足，环境保护人才严重缺乏，导致各类环境问题比较突出，环境保护工作较为被动。在企业投入方面，各类企业对环境保护的意识还较为淡薄，基础设施建设的资金投入不多，致使大量的污水、废气、粉尘等并没有受到严格的处理和控制，影响了环境保护的成效。

三 2020年甘肃社会发展态势和政策建议

（一）应对经济下行压力，推动高质量发展

应对经济下行压力，需要采取多项有效措施，从而保持经济稳步增长。当前，甘肃产业就业分布呈现第一产业人数最多，其后是第三产业，第二产业人数最少，产业结构呈现“一三二”的分布格局。在当前全球经济增速放缓的大背景下，首要任务是优化第二产业发展，只有强有力的实体经济才能保证全省就业稳定增长；其次，要坚持大力发展第三产业，长期来看全省第三产业发展空间较大，吸纳和解决就业的成效也最显著。

特别是甘肃省产业分布格局中，中低端产业供给和需求占比依然较大，导致中低收入群体规模庞大，需要进行循序渐进的产业结构调整。同时，要努力将新增投资和高人力资本就业，作为推动经济高质量发展的主要支撑。此外，要培育新的经济增长动能，积极发挥市场调节作用，适度发挥政府调控作用，找到有效解决多重叠加矛盾的均衡区间。

（二）重视人力资本建设，提高劳动力素质

随着劳动力供给的下降和人口红利的消失，未来经济增长面临巨大挑战。必须要从传统的以要素投入拉动为主，转向以依赖人力资本带来的创新拉动为主。人力资本是全要素生产率提高的重要源泉，当前人力资本积累面临着教育资源配置不均和高等教育机会不足等突出问题，迫切需要加大公共投入，进一步普及高等教育，不断推进职业教育和技能培训等，为经济持续增长提供坚实的人力资本基础。

当前技术型产业工人的缺口较大，职业技术学校毕业生的就业率高于高校毕业生。因此，建议适当扩大和优化职业技术学校招生比例。同时，普通高校要根据市场对人力资源的需求，推进课程改革，使教学和人力资源需求

相契合。另外，应该加强农村外出务工人员的基本技能培训，推进国有企业的用人机制改革，通过改革释放积极的就业信号。

（三）改革收入分配，倡导理性消费

解决收入差距扩大的问题，需要政府下大力气，循序渐进。一方面，要下决心改革收入分配，另一方面，需要综合运用一系列公共政策手段加以治理。当前，解决收入差距问题的总体导向应该是遵循市场经济原则，对现行若干造成城乡收入分割的体制机制进行改革与创新。通过改变城乡之间的资源配置，形成城乡统一的市场格局，促进包括劳动力在内的生产要素不受人为设置的障碍限制进行流动，减少剩余劳动力数量，实现资源配置的高效率。

理性消费是满足当前生活和未来发展所需的消费，首先理性消费有利于创新发展，创新发展既需要在供给侧优化劳动力、资本、土地、技术、管理等要素配置，激发创新创业活力，也需要发挥消费对增长的基础作用。其次理性消费有利于协调发展。在当前城乡、区域、群体间发展差距仍然较大的情况下，消费也出现了较大分化，中西部地区、农村居民和城市贫困群体的消费不足是并存的。最后理性消费有利于开放发展，有助于各方良性互动，对全省开放格局产生积极影响。

（四）统筹布局，完善社会保障体系

社会保障以人为本，彰显人道主义，是人类社会文明进步的重要成果与推动力量。对于推进社会保障，维护社会公平，促进经济社会的正常发展，具有重要意义。如何提升社会保障水平，进一步增强广大居民的民生福祉，是与民众生活质量相关的重要议题。当前，要不断完善顶层设计，合理统筹布局。较为重要的是，要优先解决好医疗保障和养老保障问题。

在医疗保障问题方面，要进一步细化保险报销的病种和药品，不断加大医疗保险的保障力度。在农村养老保障问题上，通过财政补贴适度对贫困农民进行补贴，以推动农村养老保障制度的快速推进。同时，要加大宣传力

度，使广大居民，特别是农村居民充分认识到养老保险的重要意义。与此同时，要继续加大困难群众和弱势群体的保障力度，为困难群众筑牢基本生存防线。

（五）做好精准扶贫和乡村振兴战略的有效衔接

随着党中央“乡村振兴”战略的实施，精准扶贫工作在某种程度上成为“乡村振兴”的“前哨站”和“基建工作”。当前精准扶贫工作已进入战役收尾阶段，接下来的工作重心必然要聚焦巩固脱贫成果，提升脱贫质量，为乡村振兴夯实发展基础。

具体来看，一是出台由特惠向普惠逐步转型的惠农支农利农政策；二是继续加强乡村基础设施和公共服务体系建设，完善农村社会保障体系，加强和改善民生；三是合理区分乡村振兴和精准扶贫的政策目标，结合地方特色，制定有区别的扶持政策。逐步将针对贫困户的福利性政策转变为提升乡村能力的发展性政策。

（六）通过社会建设促进生态文明建设

环境状况变化是一个不断累积的过程，前些年过于重视经济发展速度，而忽视了环境保护和生态建设方面的工作。显而易见，甘肃的环境保护事业的发展和生态环境的改善也需要一个较长时期的转变和调整。这就要求省内各级政府要着眼长远，精心谋划，充分意识到环境保护事业的长期性和艰巨性，以更加坚强的决心和更加坚韧的耐性来推进各项环境保护事业的稳步发展。在今后的环境保护工作中，长效治理应该是需要坚持的基本方向。

当前，全省日常生活中的垃圾分类制度，公共活动中的低碳环保理念等，并未很好地发挥作用。因此，在重视生态建设的同时，更要注意社会建设的协同发展。具体包括环保理念的培育，节约习惯的养成，废物利用的措施，生态文明的倡导等，使生态建设与社会建设协调发展，共同进步。只有通过社会建设更好地促进生态建设，才能将环境保护事业推向新的发展阶段。

参考文献

林铎：《甘肃贫困人口减少到111万人》，中国新闻网，2019年6月5日。

蔡昉：《缩小收入差距政府责无旁贷》，《中国党政干部论坛》2010年第6期。

甘肃省统计局 国家统计局甘肃调查总队：《2016年甘肃省国民经济和社会发展统计公报》，《甘肃日报》2017年4月5日。

甘肃省统计局 国家统计局甘肃调查总队：《2017年甘肃省国民经济和社会发展统计公报》，《甘肃日报》2018年4月25日。

甘肃省统计局 国家统计局甘肃调查总队：《2018年甘肃省国民经济和社会发展统计公报》，《甘肃日报》2019年3月19日。

甘肃省环境保护厅：《2018年甘肃省环境状况公报》，2019年6月12日，http：//sthj.gansu.gov.cn/info/1969/53853.htm。

甘肃省统计局 国家统计局甘肃调查总队：《2019年上半年全省经济运行情况》，2019年7月19日，http：//www.gstj.gov.cn/HdApp/HdBas/HdClsContentDisp.asp?Id=15795。

发 展 篇

Social Development

B.2 2019 ~2020年甘肃城乡居民生活质量分析与预测

冯乐安*

摘　要： 本报告结合甘肃实际，在已有研究成果基础上，通过客观生活质量等指标，分析甘肃城乡居民生活质量总体状况。主要侧重分析城乡居民就业状况、收入水平、消费结构、教育发展、医疗卫生和社会保障等方面的基本情况，总结成绩，直面困难，预测未来，并提出相关对策建议。对于不断提升甘肃城乡居民生活质量，加速建设幸福美好新甘肃，具有一定借鉴意义。

关键词： 城乡居民　生活质量　甘肃

* 冯乐安，甘肃省社会科学院社会学研究所副研究员，研究方向为人口社会学。

一 研究背景

随着现代化进程的不断加快，生活质量研究从20世纪中期开始进入了一个快速发展的新阶段。改革开放以来，中国社会经历了较大的结构转型和社会变迁，也引发和促进了社会学、经济学、心理学等多个学科对生活质量问题的关注和探索，形成了一个关系广大城乡居民生活水平和幸福状况的重要研究领域。

国内生活质量研究开始于20世纪80年代初期，基本上是伴随着中国的改革开放而逐步发展起来的。进入21世纪以来，生活质量领域的研究主要包括生活质量、生活满意度、主观幸福感等三个方面的内容。相比生活满意度和主观幸福感研究，客观生活质量研究较多地集中在指标体系的建构以及运用上。总体来看，近四十年来生活质量研究在选题范围和研究深度上都有明显拓展，指标体系更加具体，评价方法不断完善。

生活质量研究，与人们的生活息息相关，越来越受到社会各界的关注。对生活质量相关议题展开讨论，具有一定的理论价值和积极的现实意义。随着社会建设的不断推进，人们的生活质量持续改善，并且越来越关注生活质量的相关议题。对城乡居民生活质量进行讨论和分析，体现出应用研究对社会热点问题的关注与探讨。

甘肃地处西北，受区位发展限制，经济发展和社会建设任务相对繁重。2019年，面对严峻复杂的国内外形势和艰巨繁重的改革发展任务，甘肃各级部门牢牢把握稳中求进工作总基调，不断推进城乡居民生活质量改善。通过努力抓好民生政策落实，不断扩大就业规模，持续增加民生支出等全方位措施，使居民收入稳步增加，人民生活持续改善，广大群众的获得感和幸福感进一步增强。

本报告结合已有研究成果，从甘肃实际出发，以客观统计指标为分析内容，主要考察全省城乡居民生活质量的总体状况。具体方法是，通过分析全省城乡居民在就业状况、收入水平、消费结构、教育发展、医疗卫生以及社会保障等方面的基本情况，总结已有成绩，正视困难挑战，预测未来趋势，并提出相关对策建议。

二　甘肃省城乡居民生活质量现状与发展趋势预测

（一）城乡居民就业质量不断提升

就业是民生之本，是城乡居民生活质量的重要保证。近年来，甘肃城乡居民就业形势和就业状况不断优化，就业质量明显好转。其中，全省城镇就业人口从2016年底的591万人，增长到2018年底的637.6万人，两年来增长了46.6万人，平均每年增长23万人左右；全省农村就业人口从2016年底的957.7万人，减少到2018年底的918万人，平均每年减少约19.9万人（见图1）。

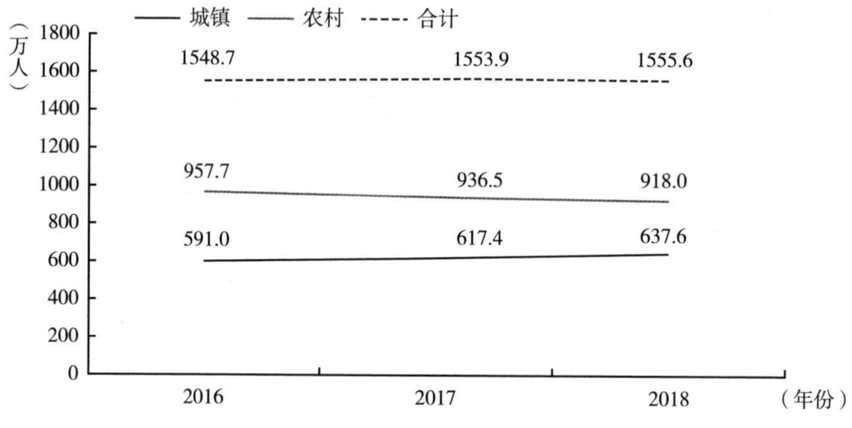

图1　甘肃省城乡居民就业人数变化趋势

资料来源：甘肃省2016年、2017年、2018年国民经济和社会发展统计公报。

统计显示，2018年底甘肃就业人员总量约1555.6万人，全年城镇新增就业人口43.1万人，其中失业人员再就业人口16.5万人。全年转移城乡劳动力约522.3万人，其中省外输转192.2万人，省内输转330.1万人。城镇就业人口数量不断增加，显示了城镇化建设的积极效应，也表明当前全省就业形势总体稳定，城乡居民收入稳步增加。

2019 年，全省不断加强就业托底保障和高校毕业生就业工作，例如人社厅、教育厅等部门为3.5 万名省内高校城乡低保家庭、贫困残疾人家庭、建档立卡贫困家庭的毕业生发放求职创业补贴。通过这样的方式，支持和鼓励困难家庭毕业生的就业和创业行动。

（二）城乡居民收入水平稳步提升

收入是生活质量的重要保证，也是衡量生活质量的核心指标之一，体现城乡居民的物质生活水平。近年来，特别是2010 年以来，甘肃城乡居民收入水平稳步提升。其中，全省城镇居民人均可支配收入从2016 年底的2.6 万元，增长到2018 年底的3.0 万元；全省农村居民人均可支配收入从2016 年底的0.8 万元，增长到2018 年底的0.9 万元（见图2）。综合来看，2018 年全省城镇居民人均可支配收入比上年增长7.9%，农村居民人均可支配收入比上年增长9.0%，全省居民人均可支配收入呈现不断增长的良好发展态势。

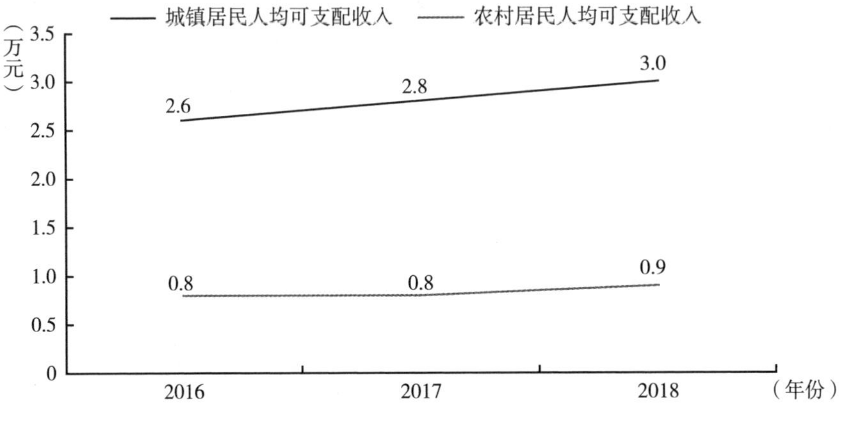

图2　甘肃省城乡居民收入变化趋势

资料来源：甘肃省2016 年、2017 年、2018 年国民经济和社会发展统计公报。

2019年上半年，全省城镇居民人均可支配收入1.5万元，同比增长8.0%，与上年同期基本持平；其中，工资性收入增长9.5%，经营净收入增长4.1%，财产净收入增长3.6%，转移净收入增长6.2%。全省农村居民人均可支配收入0.4万元，同比增长9.0%；其中，工资性收入增长9.3%，经营净收入增长8.8%，财产净收入下降10.7%，转移净收入增长10.9%。

党的十八大以来，在各级政府的不懈努力下，在全省人民的辛勤劳动下，各项“调结构”“惠民生”政策的陆续实施，以及精准扶贫的深入推进，推动城乡居民收入明显改善。2019年，全省继续深化经济改革，努力提升城乡居民收入。可以预见的是，2020年甘肃城乡居民收入水平会继续稳步增加，居民生活条件得到进一步改善。

（三）城乡居民消费状况趋向理性

为了反映甘肃城乡居民消费水平，本报告对全省居民的消费情况进行了分析。数据表明，相比2017年，2018年全省城镇居民在居住、医疗领域消费比重增长较明显；而农村居民在医疗、教育领域消费比重增长较明显（见表1）。同时，数据分析也发现，全省居民在食品烟酒方面的消费比重上升明显。粮油、食品类生活必需品消费水平的快速增长，一方面充分表明全省居民生活质量显著改善；另一方面也表明，全省居民开始注重饮食质量，更加关注身体健康和生活体验。

表1 2018年甘肃城乡居民家庭人均消费状况

单位：元，%

项目	城镇		农村	
	数额	比上年增长	数额	比上年增长
生活消费支出	22606	9.4	9064.6	12.9
食品烟酒	6491.3	7.6	2694.5	10.5
衣着	1906.3	0	557.9	9.8
居住	5060.8	32.2	1725.8	10.5
生活用品及服务	1446.8	6.5	513.9	6
交通通信	2448.9	-17.1	1077.9	6.1

续表

项目	城镇		农村	
	数额	比上年增长	数额	比上年增长
教育文化娱乐	2440.3	4.2	1201.9	20.9
医疗保健	2207.4	26.8	1132.6	27.2
其他用品和服务	604.2	21.1	160.1	17

2019年上半年，全省城乡居民消费水平不断提升，城镇、农村居民恩格尔系数分别比上年降低0.5个和0.7个百分点。旅游业快速增长，全年接待国内游客突破3亿人次。表明随着科学技术的快速发展，人们的消费水平和消费观念不断变化，甘肃省城乡居民的生活质量也将进一步改善。在食品领域，可供选择的食品和加工花样越来越多，更有营养、口感更佳的食品逐渐走上百姓餐桌；在服装领域，穿着体验更加舒适，季节区分度更大的衣服琳琅满目；在家电领域，智能化程度更高、功能更加多样化的电器迅速普及到城乡居民家庭。

（四）城乡学生受教育状况持续优化

教育是科技软实力的表现，在经济社会快速变迁，人口结构不断转变的大背景下，全省城乡学生数量也处于深入调整之中。从招生人数变化情况来看，体现出较为鲜明的特点。其中，在义务教育阶段，2018年小学招生人数比2017年略有增长，从2017年的33.6万人增长到2018年的34.49万人；与此相类似，2018年初中招生人数比2017年也略有增加，从2017年的28.6万人增加到2019年的29.66万人。相比而言，全省大学以上教育阶段的招生规模较为稳定，呈现缓慢增长的发展趋势（见图3）。

2019年甘肃教育聚焦群众关切，着力推动平衡充分发展，扩大普惠性学前教育资源，统筹城乡义务教育一体化发展，加快普及普通高中阶段教育，加大对贫困地区和特定群体的支持力度。特别在义务教育阶段，全省实现了义务教育基本均衡发展目标。不仅如此，全省的职业教育、高等教育都取得了可喜的发展成绩，为全省城乡社会发展做出了重要贡献。

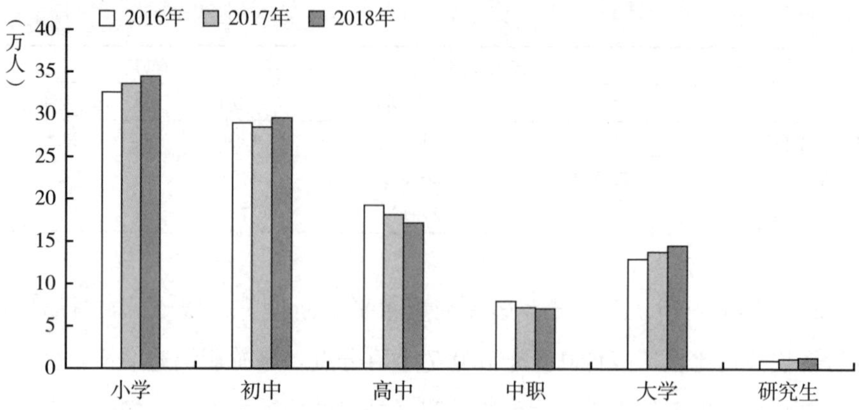

图 3　甘肃省教育招生人数变化趋势

资料来源：甘肃省 2016 年、2017 年、2018 年国民经济和社会发展统计公报。

（五）城乡医疗卫生事业快速发展

医疗卫生事业是居民健康的坚强后盾，是较为重要的基本公共服务，也是广大居民生活质量的重要保证。统计数据表明，全省医疗卫生事业发展迅速，成绩斐然。较为直接的体现是机构数量不断增加，医疗队伍不断壮大。从机构数量来看，2018 年全省医院、卫生院个数达到 2002 个；床位数稳定在 16. 3 万张左右；从医疗队伍来看，2018 年全省卫生技术人员达到 15. 7 万人（见表 2）。

表 2　甘肃省医疗卫生事业发展状况

年份	医院、卫生院(个)	床位数(万张)	卫生技术人员(万人)
2016	1822	13. 7	13. 5
2017	1902	13. 7	14. 7
2018	2002	16. 3	15. 7

资料来源：甘肃省 2015 年、2016 年、2017 年国民经济和社会发展统计公报。

2019 年，全省卫生系统不断加强学习，充分认识到习近平总书记视察甘肃的重大意义。不断强化责任，勇于担当，聚焦“两不愁、三保障”，扎实开展冲刺清零行动。努力构建高质量卫生健康服务体系，以“做优省市、做强县区、做活乡社、做稳村组”为手段，优化服务保障工作。同时，认真查找制约卫生健康事业发展的主要短板和突出问题，为实施健康甘肃战略不断提供坚强保障。

（六）城乡居民社会保障状况持续改善

社会保障是居民生活质量的基础所在，也是公共福利水平的主要体现。近年来，由于社会保障事业的不断进步，全省城乡居民社会保障水平持续提高（见表3）。2018 年末全省共有 49.7 万人享受城市居民最低生活保障，233.6 万人享受农村居民最低生活保障，10.1 万人享受农村特困人员救助供养。全年资助 898.6 万人参加基本医疗保险，医疗救助 986.9 万人次。

表 3　甘肃省社会保险参保人数

单位：万人

年份	城乡居民基本养老保险	城镇职工基本养老保险	城镇职工基本医疗保险
2015	1236	306.2	307.9
2016	1253.7	315	314.4
2017	1262.4	429.8	320.2

资料来源：甘肃省 2015 年、2016 年、2017 年国民经济和社会发展统计公报。

2019 年，甘肃各级社会保障部门紧密围绕习近平总书记关于“深化脱贫攻坚”“夯实高质量发展基础”“保障和改善民生”等方面的重要论述，把学习宣传贯彻习近平总书记重要讲话精神作为当前和今后一个时期社会保障工作的根本遵循，在原有学习贯彻的基础上，按照深入谋划、及早部署、加快行动、务求实效的总要求，拿出务实管用的措施办法，推动党中央和省委各项决策部署落地见效。

三　甘肃省城乡居民生活质量面临的挑战

（一）就业不均衡状况仍然存在

当前随着户籍制度改革的逐步推进，在就业准入方面的限制已基本打破，但农村劳动力在就业机会、就业报酬、就业服务和就业权益等方面，仍与城镇居民存在很大差别。突出表现在以下几个方面：一是农村劳动力进城只能从事城镇居民不愿从事的职业、工种；二是农村劳动力转移到城镇就业后，要享受子女就学、经济适用房制度和社会保障等城市劳动者可享受的福利，仍因城乡户籍的差异而面临诸多困难；三是对农村劳动力的就业服务等，未引起足够重视。这些问题严重制约了农村劳动力的有效转移，以及转移后在城镇就业的稳定性与积极性。

随着精准扶贫政策的推进，困难群体的就业问题进一步凸显。特别是贫困人口、患病人群、残障人士等群体，是当前精准扶贫和稳定就业的困难群体。这些人群要么面临身体或健康带来的问题，要么文化程度低、技能水平低，难以胜任第二、第三产业诸多工种，转移就业受到很大的限制。这些就业困难人群，在劳动力市场上处于边缘化状态，难以获得相关信息和机会。总体来看，要改善贫困人口、患病人群、残障人士等群体的就业状况，还需要一个不断发展完善的过程。

（二）收入差距依然较为明显

进入 21 世纪以来，全国居民收入的基尼系数超过了 0.4。许多人认为在市场经济条件下，收入差距是市场竞争的结果，或者反映的是人力资本的差异，并不值得大惊小怪。这种观点忽略了政府公共政策在收入分配中应有的作用。在市场经济条件下，收入分配必须兼顾公平与效率，特别是现实中许多收入差距产生于机会不均等，因此不能简单地将之看作经济现象。①

近三年来，虽然甘肃省农村居民人均纯收入的年均增长率（12.8%）比城镇居民人均可支配收入的年均增长率（10.1%）高 2.7 个百分点。2019 年上半年，全省城镇居民人均可支配收入为 1.5 万元，全省农村居民人均可支配收入为 0.4 万元。值得注意的是，虽然全省农村居民人均纯收入

---

① 蔡昉：《缩小收入差距政府责无旁贷》，《中国党政干部论坛》2010 年第 6 期。

增长率高于城镇居民，但是绝对值远远低于城镇居民。城乡居民收入存在差距，说明当前城乡社会发展不平衡依然较为明显。

（三）生活消费结构仍不合理

近年来，甘肃省城乡居民生活必需品的消费水平逐年上升。例如2018年，全省居民在粮油、食品类的消费额度高达200亿元。但是，值得注意的是，全省居民生活消费结构并不十分合理。全省居民烟、酒类的零售额高达50亿元，占到整个粮油、食品类消费额度的1/4。

当前，随着居民健康意识的不断觉醒，人们逐渐减少了对烟、酒的消费。尽管如此，仍然需要警醒的是在全省居民生活必需品消费过程中，还存在较大比例的烟、酒等危害身体健康的消费品，消费结构不合理的现象依然较为普遍。从2018年全省城乡居民家庭人均消费状况来看，城镇居民在居住、医疗领域的消费所占比重较大；而农村居民在医疗、教育领域的消费所占比重较大。

（四）教育机会不平等制约教育发展

通过数据分析，我们注意到，近年来全省教育事业迅速发展，成绩斐然。课程设置更为丰富，教育质量稳步提升等。然而，在看到成绩的同时，需要注意的是，全省教育发展不均衡的现象依然存在。其中，较为普遍的问题是基础教育领域择校难，课外辅导班严重泛化。

在基础教育领域，城镇学校和农村学校之间的差距十分明显，重点学校和非重点学校的差距也比较明显，导致城乡之间、学校之间出现教育不均衡现象。城镇地区的教育质量更好一些，农村地区的教育质量相对滞后；重点学校的教育质量普遍较好，非重点学校的教育质量参差不齐。同时，大量课外辅导班使很多家长无所适从，将大量精力放在选择辅导班上。这些问题造成了严重的教育资源浪费和过度教育问题。

（五）医疗卫生事业改革亟须深化

近年来，由于国家对民生事业的关注不断加强，全省医疗卫生事业发展迅速，进步明显。随着基层医疗卫生机构的不断建设和发展，就近看病、就近治疗得以实现，城乡居民在社区、村镇就能实现基本的医疗保障，广受群众好评。当前存在的挑战是，“看小病”的问题解决了，但是“看大病”的问题还存在一些困难与挑战。

地区和城乡之间医疗资源发展不平衡。当前发达地区、城镇地区的医疗资源较为丰富，医疗设备较为先进，医生素质也整体较高。相比而言，欠发达地区、农村地区都不同程度地受到硬件设施落后和医疗人才短缺的限制。危重疾病和疑难杂症等，只有到兰州，甚至西安、北京等大城市才能接受较好的治疗。而且，就医期间“一号难求”“一床难求”的现象仍然常见。

（六）社会保障水平有待提升

随着经济社会的快速发展，全省社会保障事业取得了长足进步。社会保障覆盖范围持续扩大，扩面征缴工作成绩突出。基本养老、失业、工伤、生育保险参保人数不断上升。基本医疗保险全面覆盖，全民医保基本实现。基本养老保险不断完善，参保人数明显增多。当然，在看到成绩的同时，还应该注意到存在的问题。

当前，全省社会保障领域面临的突出问题是总体保障水平相对较低，城乡差距有待进一步缓解。例如，农村最低生活保障覆盖范围小，待遇标准低，在解决困难群众生产生活问题方面，发挥的作用依然有限。同时，大量个体、民营经济不参保或参保不缴费的现象突出。一些已参保单位采取尽可能少报工资总额的手段偷、漏社会保险费。部分企业停产、改制、破产等无力缴费，造成参保人员的流失。

四　提升甘肃省城乡居民生活质量的对策建议

（一）调整就业机制，增加社会活力

就业是民生之本，安国之策，事关整个社会的稳定和发展。要推动实现

更高质量的就业，实施就业优先战略和更加积极的就业政策。有必要将就业工作的重要性进一步强化，使其上升为人社部门乃至政府工作的重要内容之一。在一些重要的产业发展、项目论证、招商引资、合作洽谈的工作中，应该多从促进就业的角度考虑相关工作，使经济增长与促进就业能够协调发展。

当前技术型产业工人的缺口较大，职业技术学校毕业生的就业率高于高校毕业生。因此，首先，建议适当扩大和优化职业技术学校招生。同时，普通高校要根据市场对人力资源的需求，推进课程改革，使教学和人力资源需求相契合。其次，应该加强农村外出务工人员的基本技能培训，使农村劳动力的就业技能逐渐提升。最后，要下决心推进垄断型国有企业的用人机制改革，通过改革释放出积极的就业信号。从长远来看，要努力实现就业机会的均等化，破除人为设置的制度性障碍。

（二）改革收入分配制度，缩小城乡居民收入差距

解决收入差距扩大的问题，需要政府下大力气，循序渐进。一方面要下决心改革收入分配制度，另一方面需要综合运用一系列公共政策手段加以治理。当前，解决收入差距问题的总体导向应该是遵循市场经济原则，对现行若干造成城乡收入分割的体制机制进行改革与创新。通过改变城乡之间的资源配置，形成城乡统一的市场格局，促进包括劳动力在内的生产要素可以不受人为设置障碍的限制进行流动，减少剩余劳动力数量，实现资源配置的高效率。

在具体措施方面，包括提高教育公平性，推进精准扶贫，防止贫困代际传递；实施积极就业政策，保障公平就业和充分就业。同时，要充分利用税收的二次分配作用，调节减缓贫富差距。要提高高档商品的税率，同时降低日常生活用品的税率，对一些基本的生活用品实行免税退税政策。继续加大对粮食的补贴，鼓励粮食生产。将过剩的钱以税收的形式收归国库，用于改善民生，实现财富的再分配。

（三）倡导健康生活，鼓励理性消费

消费是人类身心得以发展的重要前提，人类要生存和发展，就必须进行

生产和消费。人们通过消费的方式来扩大生活资料的获取范围，从而更好地维持生命和精神，不断提升自己。消费有理性消费和非理性消费。非理性消费是以符号象征意义而非实用性为导向的消费，其目的不是满足实际的需要。理性消费是消费者在收入允许的条件下，所进行的当前生存和未来发展所必需的消费。

首先，理性消费有利于创新发展，创新发展既需要在供给侧优化劳动力、资本、土地、技术、管理等要素配置，激发创新创业活力，也需要发挥消费对增长的基础作用。其次，理性消费有利于协调发展。在当前城乡、区域、群体间发展差距仍然较大的情况下，消费也出现了较大分化，中西部地区、农村居民和城市贫困群体的消费不足是并存的。最后，理性消费有利于开放发展，有助于各方良性互动，对全省开放格局产生积极影响。

（四）推进教育现代化，实现教育公平

教育现代化既是教育观念与内容的现代化，也是教育设备与手段的现代化，但核心是人的素质现代化与人的全面发展。因此，教育公平既是教育现代化的基本要求，也是教育现代化的重要标志。推进教育现代化建设，就必须把教育公平作为基本原则，统筹好区域和城乡教育，统筹好公办教育和民办教育，统筹好普通教育和职业教育，科学合理配置教育资源，推进基本公共教育服务均等化。

首先，要推进学校标准化建设。改造薄弱学校，使师资、教学仪器设备、图书、体育场地达标。实施好中小学校舍安全工程，促使城乡中小学校舍安全达标，完成义务教育标准化建设。其次，要着力解决“择校热”问题，加快缩小校际差距。实行优质普通高中和优质中等职业学校招生名额合理分配，义务教育阶段不设置重点学校和重点班。要加强区域内教师资源的统筹管理和合理配置，实行教师、校长交流制度。

（五）加快医疗卫生事业改革，推进健康甘肃建设

医疗卫生事业是民族昌盛和国家富强的重要保证，也是人民幸福感的重

要依托。提升医疗技术能力和医疗质量水平，是维护人民健康的主要手段。习近平总书记指出，没有全民健康，就没有全面小康。当前医药卫生体制改革已进入深水区，要加快把医药卫生体制改革任务落到实处，着力推进基本医疗卫生制度建设。

首先，提升医疗卫生服务水平。各市州可建立和完善公立医院、专业公共卫生机构、基层医疗卫生机构等之间的分工协作关系，居民一般常见病、多发病诊治和转诊服务等工作要在基层医疗卫生机构妥善解决。其次，夯实基层医疗卫生基础。各市州可通过加强基层医疗卫生机构标准化建设和大力开展优质服务基层行活动，从硬件、软件两方面实现基层医疗卫生工作的双提升。最后，提高卫生水平，改善就医环境，为患者创造安静、洁净、温馨的就医环境。

（六）统筹布局逐步完善，社会保障体系建设

社会保障以人为本，彰显人道主义，是人类社会文明进步的重要成果与推动力量。对于推进社会保障，维护社会公平，促进经济社会的正常发展，具有重要意义。如何提升社会保障水平，进一步增强广大居民的民生福祉，是与民众生活质量相关的重要议题。当前，要不断完善顶层设计，合理统筹布局。较为重要的是，要突出解决好医疗保障和养老保障问题。

在医疗保障问题方面，要进一步细化保险报销的病种和药品，不断加大医疗保险的保障力度。在农村养老保障问题上，通过财政补贴办法适度对贫困农民进行补贴，以推动农村养老保障制度的快速推进。同时，要加大宣传力度，使广大居民，特别是农村居民充分认识到养老保险的重要意义。与此同时，要继续加大困难群众和弱势群体的保障力度，为困难群众筑牢基本生存防线，全面提升城乡居民整体生活质量。

参考文献

风笑天：《生活质量研究：近三十年回顾及相关问题探讨》，《社会科学研究》2007

年第6期。

王宁：《消费系统现代化：一个扩大消费的社会学视角》，《中山大学学报》（社会科学版）2009年第6期。

乌尔里希·贝克：《从工业社会到风险社会》，王武龙编译，《马克思主义与现实》2003年第3期。

甘肃省统计局　国家统计局甘肃调查总队：《2016年甘肃省国民经济和社会发展统计公报》，《甘肃日报》2017年4月5日。

甘肃省统计局　国家统计局甘肃调查总队：《2017年甘肃省国民经济和社会发展统计公报》，《甘肃日报》2018年4月25日。

甘肃省统计局　国家统计局甘肃调查总队：《2018年甘肃省国民经济和社会发展统计公报》，《甘肃日报》2019年3月19日。

甘肃省环境保护厅：《2018年甘肃省环境状况公报》，2019年6月12日，http：//sthj. gansu. gov. cn/info/1969/53853. htm。

甘肃省统计局　国家统计局甘肃调查总队：《2019年上半年全省经济运行情况》，2019年7月19日，http：//www. gstj. gov. cn/HdApp/HdBas/HdClsContentDisp. asp？Id = 15795。

B.3

2019～2020年甘肃社会保障形势分析与预测*

许振明**

摘　要： 通过多年的建设实践，甘肃省初步建成了以社会保险、社会福利、社会救助、优抚安置为主要内容的社会保障政策框架。社会保障在保障范围、覆盖层次、政策体系等方面都实现了由点到面、由局部到整体、由单层次到多层次的根本转变，初步建立起了适应社会主义市场经济要求的功能完善、层次多样、覆盖城乡的社会保障制度体系。

关键词： 甘肃　社会保障　社会福利　社会救助　优抚安置

如果把社会保障从保障对象、保障目标、资金来源、给付方式等方面加以归纳，可分为四种不同的保障形式，即社会救助、社会保险、社会福利、优抚安置。这四种形式当前以城乡低保、城镇职工基本养老、城乡医保、失业、工伤、生育保险和新农合、抚恤安置等为主要内容，这些内容相互联系，相辅相成。

一　甘肃省社会保障发展的基本态势

党的十九大以来，甘肃省委和省政府认真贯彻落实习近平新时代中国特

* 文中所用数据均来自甘肃省民政厅（www. mzt. gansv. gov. cn）、甘肃省人力资源和社会保障厅（www. rst. gansu. gov. cn）相关统计数据。

** 许振明，甘肃省社会科学院副研究员，研究方向为社会保障和城市社会学。

色社会主义思想，聚焦全面建成小康社会，大力推动甘肃经济社会又好又快发展，社会保障事业取得了长足进步。

（一）社会救助水平持续提高

甘肃率先在全国出台《甘肃省社会救助条例》，颁布与城乡低保、特困供养、医疗救助、临时救助等相关的政府规章，构建了覆盖全面、制度完整的社会救助体系。2013 年至 2018 年，中央和省级对甘肃省社会救助工作累计投入资金 597 亿元，每年使将近 120 余万人（次）及 500 余万困难群众得到临时救助和经常性生活救助。城市低保、农村低保、城市特困人员供养、农村特困人员供养标准逐年提高，2018 年分别达到每人每年 5820 元、3720 元、7566 元、6432 元，分别比 2012 年增长 86.5%、150%、143%、168%，有力地保障了困难群众基本生活。将甘肃省 63.9 万建档立卡贫困人口纳入农村低保和特困供养，且保持农村低保标准始终高出当年扶贫标准，基本实现了扶贫开发政策与农村低保制度有效衔接。

（二）养老服务能力显著增强

出台《关于加快发展养老服务业的实施意见》等一系列政策措施，养老机构、社区日间照料中心等养老设施覆盖所有市县、88%的城市社区和 50%的村，社会养老床位达到 13.1 万张，2018 年比 2012 年底增长 2.4 倍。开展养老院服务质量提升专项行动，养老机构整体达标率超过 65%，高于全国平均水平。甘肃省养老服务信息平台基本建成，居家养老服务已在 50%以上的县市区展开，打造了兰州市“城关区虚拟养老院”等享誉全国的居家养老服务品牌，习近平总书记于 2013 年初亲临视察并予以充分肯定。30 万 80 岁以上老年人享受高龄津贴，近 10 万经济困难老年人享受服务补贴，7.5 万农村留守老年人落实了定期寻访责任人，老年人获得感明显增强。

（三）社会福利和社会事务管理日趋规范

建立农村留守儿童和困境儿童关爱保护制度，持续开展“合力监护、相伴成长”关爱保护专项行动，落实农村留守儿童监护责任。持续提高孤弃儿童基本生活保障水平，集中供养保障标准达到月人均1360元，儿童福利机构由19家增加到53家。持续完善困难残疾人生活补贴和重度残疾人护理补贴制度，惠及27.3万困难残疾人和31.4万重度残疾人。[①] 累计救助流浪乞讨人员20.4万人次。实施惠民殡葬政策，殡葬服务机构达到79家，比2012年增长1.7倍。婚姻登记机关积极推进规范化、便民化服务管理，全省范围内实现婚姻登记信息联网和共享。

（四）减灾救灾和双拥优抚安置保障有力

在减灾救灾方面，充分发挥甘肃省减灾委员会的综合协调作用，防灾减灾救灾政策体系逐步健全。针对岷漳6.6级地震等重特大自然灾害，省委、省政府坚强领导、靠前指挥，迅速启动应急响应，全力开展灾害救助，累计下拨救灾资金37亿多元，调拨救灾物资52万件，妥善安排了受灾群众基本生活。在双拥优抚安置方面，积极落实退役士兵安置政策，连年提高重点优抚对象抚恤补助标准，加强烈士纪念设施保护管理，积极开展双拥模范城（县）创建和届中评估工作，军政军民关系更加融洽。

（五）社会保障基础工作不断夯实

相继出台、修订老年人权益保障、社会救助、基层政权建设等方面的地方性法规3部、政府规章3部、规范性文件48件。民政资金规模持续加大，2018年争取国家资金111.9亿元，省级财政预算投入36.6亿元，分别比2012年增长57.7%和71.4%。配齐配强乡镇（街道）民政工作力量，推行政府购买社会救助服务，提升了基层民政经办能力。深入推进“放管服”改革，梳理行政职权76项，省级民政政务服务事项全部实现网上办理。推进“智慧民政”建设，民政综合信息平台和7个业务系统正式上线运行。

① 甘肃省民政厅相关统计数据。

加强民政系统党的建设和干部队伍建设，涌现出“孺子牛”奖获得者潘秀玲等一批先进典型。

（六）全力支持深度贫困地区脱贫攻坚

2019年初甘肃省制定下发了《支持“两州一县”和18个深度贫困县脱贫攻坚兜底保障工作实施方案》，对深度贫困地区脱贫攻坚专门做出安排，给予政策支持。一是农村低保支持措施。准确认定保障对象，动态调整时，把因病、因残等丧失劳动能力而返贫的家庭作为重点，符合条件的及时纳入兜底保障范围，做到应保尽保。二是特困人员救助供养支持措施。加大机构服务设施建设，全省敬老院、养老院、社区日间照料中心等机构设施项目建设重点向“两州一县”和18个深度贫困县倾斜。三是医疗救助支持措施。以省上确定的50种[①]重特大疾病为基础，针对“两州一县”和18个深度贫困县制定相关支持政策，合理扩大地方病种、重特大疾病的救助范围及补偿金额。四是灾害救助支持措施。加大冬春救助资金保障力度，在分配中央和省级冬春救助资金时，对“两州一县”和18个深度贫困县给予倾斜照顾，资金量在原测算金额基础上上浮10%以上，帮助其解决受灾群众口粮、衣被缺乏，取暖困难等问题。

二　甘肃社会保障工作的特点

（一）政策体系不断健全完善

甘肃省以贯彻落实党中央、国务院关于社会救助及脱贫攻坚的一系列重大决策部署为契机，紧贴省情实际，加快完善政策体系。2019年以来，先后制定出台了《甘肃省人民政府办公厅关于进一步加强脱贫攻坚兜底保障工作的通知》《甘肃省民政厅2018年民政部门脱贫攻坚工作实施方案》

① 甘肃省民政厅相关统计资料。

《全省农村低保专项治理实施方案》《省民政厅　省财政厅关于进一步加强和完善临时救助工作的实施意见》《甘肃省民政厅　甘肃省财政厅关于推行政府购买社会救助服务加强基层经办服务能力的补充通知》《甘肃省民政厅　甘肃省财政厅　甘肃省扶贫办在脱贫攻坚三年行动中切实做好社会救助兜底保障工作的实施方案》等60余份政策性规范性文件。特别是《甘肃省民政厅　甘肃省财政厅　甘肃省扶贫办在脱贫攻坚三年行动中切实做好社会救助兜底保障工作的实施方案》，提出多项新的制度安排，拓宽了农村低保对象救助范围，明确了按单人户施保认定办法，健全了低保渐退机制，提出了加强重点对象救助帮扶，切实为完全丧失劳动能力和部分丧失劳动能力且无法依靠产业就业帮扶脱贫的建档立卡贫困户提供政策兜底保障，为开展脱贫攻坚兜底保障工作提供了政策支撑。

（二）资金保障得到切实加强

甘肃省贫困面大、贫困程度深，社会保障工作任务繁重，每年约75%的社保资金需要中央财政转移支付。对此，甘肃主动向民政部、财政部等国家部委汇报省情和困难，得到了相应的理解和支持。2018年甘肃省共筹集下拨困难群众基本生活救助补助资金和医疗救助资金120.45亿元（其中：困难群众基本生活救助补助资金102.21亿元，医疗救助资金18.24亿元），比2017年的104.52亿元增加了15.93亿元，增幅达到15.24%。截至2018年12月，共保障城市低保对象55.2万人；农村低保对象236.5万人；特困救助供养人员10.43万人，其中农村特困人员10.1万人、城市特困人员0.33万人；医疗救助521万人次；临时救助50.7万人次。基本实现了“应保尽保、应救尽救”，困难群众基本生活得到有效保障。同时，甘肃省民政厅、省财政厅下发《关于进一步规范困难群众基本生活救助资金发放的通知》和《关于开展脱贫攻坚资金保障工作自查的通知》，对资金及时足额发放到户，杜绝挤占资金、改变用途、调整使用方向，查处贪污侵占、私分截留、套取骗取、虚报冒领等工作提出明确要求，进一步加强了资金管理和使用。

（三）专项治理持续深入开展

甘肃省于2018年5月10日及时召开全省农村低保专项治理安排部署电视电话会议，对农村低保专项治理工作进行进一步安排部署，省纪委派驻省民政厅纪检组共同开展全省农村低保工作中的腐败和作风问题专项治理。按照“坚持问题导向、狠抓专项治理，切实提高农村低保规范化管理水平”的总体安排，制定了全省农村低保专项治理实施方案。对群众反映比较集中的农村低保漏保、错保、违法腐败、违规纳入低保、系统作风、社会救助等“六类问题”，进行专业化、系统化、集中化的入户核对、集中审批、系统甄别，推动监督检查，严肃问责追责，保障农村低保的公开、透明、规范运行。

（四）困难群体救助显著加强

一是认真落实残疾人“两项补贴”。贯彻落实国家有关政策，加快健全残疾人“两项补贴”制度，全力保障残疾人基本生活。截至2018年9月底，共有30余万名符合条件的残疾人享受了困难残疾人生活补贴或重度残疾人护理补贴。二是健全儿童保障体系。一方面，加强困境儿童分类保障。从2016年起全面提高孤儿基本生活费保障标准，将集中供养标准由每人每月840元提高到每人每月1000元，将散居保障标准由每人每月640元（城市）和440元（农村）提高到每人每月640元[①]（不再区分城市和农村）。积极筹措资金加快推进儿童福利设施建设，重点支持人口或孤儿数量较多的42个县市区新建或改（扩）建一批儿童福利机构，配备了必要的设施设备。另一方面，实施农村留守儿童关爱保护。报请省政府及时出台了《关于进一步加强农村留守儿童关爱保护工作的实施意见》，建立了农村留守儿童关爱保护联席会议制度。指导和督促各地不断完善信息管理、强制报告、应急处置、评估帮扶、监护干预等制度机制，落实了

① 甘肃省民政厅相关统计数据。

各级政府的领导责任、家庭监护的主体责任、县乡人民政府和村（居）委会属地责任以及部门协同配合责任。三是加大综合救助力度。对农村低保家庭中的老年人、未成年人、重度残疾人和重病患者等“四类”重点救助对象，根据政策要求和实际情况，综合运用医疗救助、临时救助、经济困难老年人补贴、残疾人“两项补贴”等多种措施，提高救助水平，保障基本生活。

（五）绩效管理切实落到实处

近年来，民政部将困难群众基本生活绩效管理和医疗救助绩效管理情况作为对各省民政工作综合评估的一项重要指标，同时，也是中央分配资金的主要参考依据。为此，甘肃每年定期对上年度各地社会救助工作开展绩效评价，要求各地对标对表，严格检查总体目标和各级绩效指标落实情况，做好绩效监控，确保各项指标值达到目标要求。特别是2017年与省财政厅联合下发了《甘肃省困难群众基本生活救助工作绩效评价办法》和《2016年度市（州）困难群众基本生活救助工作绩效评价指标和评价标准》，从工作保障、工作管理、工作效果、工作创新四个方面开展考核工作。通过绩效考核，全省困难群众基本生活救助工作得到了跨越式发展，特别是资金的管理使用方面有了长足进步，为甘肃省困难群众基本生活救助工作的健康有序运行奠定了坚实的基础。

（六）社会服务扎实有效推进

2017年，省民政厅、省编办、省财政厅、省人社厅联合制定出台《关于推行政府购买社会救助服务加强基层经办服务能力的实施办法》，积极推进政府购买社会救助服务。力争通过购买服务，逐步配齐配强工作人员和护理人员。2018年5月，省民政厅、省财政厅又下发了《关于推行政府购买社会救助服务加强基层经办服务能力的补充通知》，进一步明确中央和省级每年困难群众基本生活保障资金的2%用于购买社会服务。

三　甘肃社会保障工作存在的问题

当前甘肃社会保障制度及体系建设取得了一定成效，还有部分工作走在全国前列，但也存在一些矛盾和问题，主要有以下几方面。

（一）社会保障经费投入机制有待完善，社会保障供给“相对不足”

甘肃经济发展比较落后，社会保障经费主要依靠国家转移支付及各种政策性支持。同时，国家要求各省要将财政支出的20%左右用于社会保障事业，但这仅仅是要求，而不是法律规定，导致各地财政对社会保障的投入有一定的随意性。以养老保险为例，国家要求70%的资金来源于中央财政，30%需要地方配套，部分地区就无法保证配套资金按时足额到位。

（二）城乡社会保障水平差异大

中国现行的社会保障制度几经改革虽已日益成熟，但是中国社会发展的城乡分割路线，导致目前我国的城乡社会保障水平差异巨大。通过比较发现，我国目前城市的社会保障制度所涉及的保障项目比较完全，并且参与社会保险的人数众多，而农村的社会保障制度无论是在社会保障制度方面还是参加社会保险的人数方面均与城市相差悬殊（见表1）。

表1　甘肃城乡社会保障项目比较

社会保障项目		城市	农村
社会保险	养老保险	普遍建立	基本建立
	医疗保险	普遍建立	个别地区展开
	失业保险	普遍建立	无
	工伤保险	普遍建立	无
	生育保险	普遍建立	个别地区展开

续表

社会保障项目		城市	农村
社会福利	职工福利	福利设施、福利补贴、休假与补贴	无
	公办福利	社区服务、福利院、敬老院、干休所	五保供养、养老院、农村社区服务
	教育福利	九年义务教育	九年义务教育
社会救助		最低生活保障	最低生活保障、救灾
		城市扶贫	农村扶贫
优抚安置		优待、抚恤、安置	优待、抚恤、安置

（三）社会保障的综合管理、使用效能有待提高

以生育保险为例，该保险自20世纪50年代运行以来，经过多次调整，保障范围基本涵盖城乡所有育龄妇女。实践表明，生育保险在保障妇女的生育权、就业权，均衡企业负担，保证妇女在生育期间的生活和健康，维护社会稳定方面起到了积极作用。生育保险费采取个人不缴纳，由单位缴纳或由城镇居民医疗保险和新农合负担的形式。但需要看到的是，生育险与个人医疗保险在缴费形式、基金保障、管理部门、报销流程等方面存在重合或包裹，个人医疗保险完全可以包含生育险的职能作用，其他险种间也或多或少存在类似情况。这对社会保障的运行效率、运行成本产生了负面影响，不利于社会保险的社会化高效运作。

（四）社会保障对脱贫攻坚的支持力度还需加大

自党的十八大以来，甘肃省坚决贯彻党中央、习近平总书记的精准扶贫精准脱贫决策部署，出台实施了《甘肃省人民政府办公厅关于进一步加强脱贫攻坚兜底保障工作的通知》《甘肃省民政厅2018年民政部门脱贫攻坚工作实施方案》《全省农村低保专项治理实施方案》等一系列社会保障支持

兜底扶贫的政策文件，着力抓好特殊贫困群体脱贫攻坚工作，充分发挥了社会保障在精准扶贫中的兜底作用。

但甘肃省是一个欠发达省份，同时是一个人口老龄化程度较深、扶贫任务很重的落后省份。经过多年的不懈努力，剩下的深度贫困地区以及特殊困难群体都成为脱贫攻坚的难中之难。即便已实现脱贫的地区，特殊困难群体占比仍然比较大，这些困难人口大多缺乏自我发展能力和稳定的收入来源，只能依靠国家兜底脱贫。“无业可扶、无力脱贫”是这些人口的真实写照。返贫的压力重，稳定脱贫难度大，只有也只能通过社会保障兜底才能实现稳定脱贫。此外，与城市保障水平相比，甘肃农村的社会保障水平依然处于一个较低的水平。

（五）社会保障管理体制分散、协调性差，社保法规不全、体系不完整

于 2018 年底完成的政府机构改革，为社会保障的发展带来了新的能量与活力，但同时不可避免地产生了一些问题。首先，部门之间的协调性差。原来社会保障基本由民政、人社、卫计等部门管理，自机构改革后，又主要增加了医疗保障、退役安置等部门参与管理。看似各管一块，但多头管理带来的是管理松散的局面。同时新增的部门及人员需要完善熟悉工作流程的过程，加之省级层面没有一个统一的管理协调部门，导致部分工作出现一定迟滞甚至偏差。其次，部分部门权责不清、职能冲突。同样一个问题可能要向上汇报多个部门，经过多种汇报、多次表述、多次开会。最后，部分社会保障经办部门人随事走，机构臃肿。

另外，据查阅，目前已经出台的相关法律只有《社会保险法》（2010 年），剩下的多是行政法规及地方管理办法，如《工伤保险条例》（2011 年）、《企业年金试行办法》（2004 年）、《城市生活无着落的流浪乞讨人员救助管理办法》（2003 年）等，没有系统性的法律法规，不能从根本上解决社会保障制度运行中出现的各种问题。

四 完善现有社会保障制度的对策建议

社会保障制度是维护社会和谐稳定的“最后安全网”，事关改革、发展、稳定的大局，更关系到国家的长治久安。要把社会保障改革不断推向深入，努力探索建立一套适应省情实际的、符合社会主义市场经济规律的社会保障制度体系。

（一）切实加快社会保障的立法进度

社会保障制度可以说是一个国家根本性的、基础性的经济社会制度，必须纳入法治轨道中来，并依靠法制来贯彻执行。只有机制、体制、法制“三制”健全，才能保证社会保障事业沿着正确的轨道发展。我国社会保障立法工作已经探索很多年了，目前主要靠地方立法推动，全国性的法律不多，缺乏对总体工作的统揽与指导立法滞后直接导致社会保障工作处于无法可依的局面。可以说，加快社会保障相关立法的工作势在必行，没有任何缓和的余地。

（二）加大对社会保障的资金投入

社会保障如果没有足够的资金投入，将是无源之水、无本之木。社保资金的来源主要靠国家省市拨付和个人缴费，我们所说的加大投入，主要就是增强国家省市资金对社会保障的保障能力。一是各级财政支出要提高用于社会保障的比例，并以法律条文的形式固定下来。也可以探索从国有土地出让、国有资产收益等预算外收入中抽取社会保障资金，增加社会保障资金的来源渠道。二是将社保基金进行市场化运作，在保障安全的前提下，投入资本市场，获得良好的收益，强化社会保障资金的来源。三是把社会保险费等由税务部门统一征收，强化征缴，做到应收尽收。四是制定延迟退休社会保障管理办法，减缓支出，切实减小养老资金的支出压力。

（三）统筹推进城乡社会保障体系建设

第一，坚持“以人为先，以人为本”，把社会保障体系建设作为最重要、最基础的民生工程加以大力推进。各级党委、政府要把统筹推进城乡社会保障体系建设作为保障和改善民生的重要举措，摆在经济社会发展更加突出的位置，下大力气加以推进，推动实现城乡群众平等分享经济社会发展成果。

第二，正视差距，改革创新。坚持在逐步完善城市社会保障体系的同时，真正下大力气推进农村社会保障建设，加强针对失地农民、进城农民工的社会保障制度及新型农村养老保险制度的研究制定工作。加强农村社会保障法制建设，实现城乡社会保障制度的有效衔接，提高社会保障的保障能力、保障水平、保障范围。

第三，坚持量力而行、尽力而为。立足国情省情实际，充分考虑各方面的承受能力及水平，针对城乡、区域不同的特点和不同群体的基本情况，相应地制定相关政策以及待遇标准。

第四，坚持公平与效率、权利与义务相对等的原则。当前，应继续坚持以缴费型社会保险项目为基础、以非缴费型福利保险项目为补充，建立起待遇水平与缴费挂钩的激励约束机制，鼓励和引导劳动者抛开后顾之忧，积极就业，多劳多得，实现多缴费、早缴费、长期缴费、连续缴费。

第五，正确处理好改革、发展与稳定之间的关系。在保持政策的连续性的同时，坚持统一规划、整体设计、分步实施、统筹推进，适时总结经验，逐步推进改革。

（四）对部分险种进行合并管理，提高社会保障的管理使用效能

伴随着我国经济社会的迅猛发展，“建立更加公平更可持续的社会保障制度”成为迫切的社会要求。合并部分社会保障险种，将更加有利于增强社会保险的保障功能，提高行政效率，降低保险运行成本，提升和凸显重要险种的专项保障能力。可以按照“统一管理、保留险种、降低成本、保障

待遇”的基本原则，合并执行部分险种。对参保条件、缴费管理、基金运行、监督管理、经办服务等做出相应规定，以提升综合效能，适应经济社会的发展需求。

对于合并实施的条件，可以考虑如下三个方面：一是在医疗服务内容上有共同之处，而且在支付报销上有很大共性；二是在管理服务上有相同的机构，一致的服务项目、服务实施，统一的药品，以及一致的信息管理系统；三是在地方有一定的实践基础，便于运行操作。

（五）进一步加强两项制度衔接，加大对脱贫攻坚的支持力度

积极协调扶贫部门，在建档立卡贫困人口动态调整时，把农村低保一、二类对象“三保障”未解决的全部纳入建档立卡范围。农村低保动态调整时，把因病、因残及其他困难返贫的建档立卡贫困家庭作为重点，符合条件的及时纳入保障范围。指导县级民政部门定期与扶贫部门做好数据比对，确保信息准确完整、更新及时。

着力完善农村低保制度。一是及时将符合条件的对象纳入低保范围。凡家庭人均收入低于当地农村低保标准且财产状况符合当地规定的未脱贫建档立卡贫困户，完全丧失劳动能力和部分丧失劳动能力且无法依靠产业就业帮扶脱贫的建档立卡贫困人口，建档立卡贫困残疾人家庭中主要成员重度残疾、缺少劳动力、基本没有收入来源的纳入农村低保范围。二是明确按单人户纳入低保的条件。对未脱贫建档立卡贫困户中靠家庭供养且无法单独立户的重度残疾人、重病患者等完全丧失劳动能力和部分丧失劳动能力的贫困人口，经个人申请、经调查审核，家庭无“四有”情形的参照单人户纳入农村低保范围。三是实行重合对象低保渐退机制。脱贫攻坚期内，纳入农村低保的建档立卡贫困户，剔除领取的低保金，家庭人均收入达到农村低保标准后，可给予一定时间的渐退期，实现稳定脱贫后再退出农村低保范围。

（六）建立协调机制，理顺关系，保证社会保障工作有序运转

经过机构调整之后，与社会保障相关的一些机关部门合并或撤销，原有

的工作秩序、工作人员、工作职能发生变化，新的工作环境的适应需要过程。一要按照新的工作要求，尽快确立和完善相应的工作职责，落实“三定”方案，从根本上做到“人人有职责，事事有人管”。对容易出现权责不清的相关工作，要重新划分责任，避免留死角、“挂空挡”。二要保持连续性，保证工作衔接。社会保障工作连续性强，对工作衔接有较高的要求，以保证各项工作的有序运转。三要对一些好的经验做法，做好传承和发扬，力争在新的岗位、新的部门持续发挥作用，防止好的经验做法丢失，以实现新的发展。

（七）进一步提升基层经办和特困供养服务能力

切实加强督促和指导，全面落实中央和省上有关政策规定，大力推行政府购买社会服务，按照救助对象数量合理配备经办服务人员。针对农村敬老院工作人员和专业护理人员缺乏的问题，力争通过政府购买服务，按照与供养对象1∶10的比例配备工作人员，与部分丧失生活自理能力对象1∶6的比例配备护理人员，与完全丧失生活自理能力对象1∶3的比例配备护理人员，努力提升养老服务特别是特困人员供养服务水平。

B.4

2019 ~2020年甘肃公共安全形势分析与预测

马亚萍　马　宁*

摘　要： 本报告围绕甘肃公共安全主题，从公共安全基本态势、影响公共安全的因素和风险特征等层面研究分析了公共安全形势，针对存在的问题，提出了构建甘肃公共安全新格局以提升政府公共安全治理效能和“公共信息”的风险管控能力、以问题为导向的策略。

关键词： 公共安全　风险　影响因素

一　概念界定

安全涵盖的领域极为广阔，公共安全概念内涵极为丰富，涉及的领域呈现多元化、多样化特征，国内学界从不同的学科视域对其概念及内涵的界定众说纷纭。张维平认为“公共安全是指公众享有安全和谐的生活和工作环境以及良好的社会秩序；最大限度地避免各种灾难的伤害；其生命财产、身心健康、民主权利和自我发展有着安全保障”。① 有人认为公共安全是指社

---

* 马亚萍，甘肃省社会科学院社会学研究所研究员，甘肃省社会科学院西北少数民族女性与社会性别研究中心主任，甘肃统战理论研究基地特邀研究员，研究方向为民族社会学；马宁，甘肃省社会科学院社会学研究所助理研究员，研究方向为人口社会学。

① 张维平：《社会学视野中的公共安全和应急机制》，《中国公共安全》（学术版）2007年第2期。

会和公民个人从事和进行正常的生活、工作、学习、娱乐和交往所需要的稳定的外部环境和秩序。龚建华等认为“公共安全是指能够保证社会群体和公民个人进行正常工作、生活和交往等公共活动的外部环境和公共秩序。”① 本项研究采用龚建华对公共安全概念的定义。

本项研究以问题为导向，从与民生关联度高的公共安全领域切入，聚焦自然灾害、生产安全、公共卫生和信息安全等议题。

二　甘肃公共安全的基本态势

2019 年甘肃社会发展运行迹象表明，甘肃省社会大局和谐稳定，经济平稳发展，各族人民群众生活持续改善，公共安全形势总体趋向平稳、治理水平不断提高。

（一）公共安全领域的应急保障体系日臻完善

构建应急管理体制改革的制度框架。2017 年甘肃省委、省政府出台的《关于推进安全生产领域改革发展的实施意见》、2019 年的《关于加快建设全省新型应急管理体系的意见》和《关于全面加强自然灾害防治能力建设的意见》共同构成甘肃省应急管理体制改革的制度框架，为甘肃省应急管理体制体系改革创新奠定了制度基础。

构建新型应急管理体系。甘肃省为适应新时期国家应急管理新要求和公共安全形势发展趋势，坚持以“全灾种、大应急”为改革方向，从制度设计入手，全面完成甘肃省应急管理机构改革，构建了甘肃省“坚持以人民为中心”发展思想，实现安全水平巩固提高、应急能力稳步提高和队伍素质显著提高三大目标，建设专业化的安全生产隐患排查和风险防控、标准化的事故灾害防护设施、实战化的应急指挥体系、专兼结合的应急救援力量、全民性的事故灾害防范教育五大体系，实施灾害风险调查和重点隐患排查、

① 龚建华等：《特大城市公共安全问题研究述评》，《特区实践与理论》2017 年第 2 期。

重点生态功能区修复、地震易发区房屋设施加固、防汛抗旱水利提升、地质灾害综合治理和移民搬迁、应急救援中心建设、自然灾害监测预警信息化、自然灾害防治技术装备现代化、全民防灾抗灾能力素质提升等九大工程的新型应急管理体系。

理顺应急管理体制机制。为确保甘肃省公共安全平稳运行，甘肃省以国家应急预案为基础，结合省情通过多年的实践探索，构建了省市县乡村五级贯通的应急管理体系。通过统筹基层应急管理机构改革措施，全省 14 个市州 86 个县区组建了应急局，将原乡镇（街道）安监站更名组建为“应急管理所”，将村（社区）安监室更名组建为“应急管理室”，初步贯通省市县乡村五级应急管理体系。

完善应急指挥体系。通过调整减灾委、消委会和防汛抗旱、森林草原防灭火、抗震救灾、地质灾害应急等省级指挥机构成员单位及人员，明确了各成员单位职责，为甘肃省应急体系建构齐抓共管的大格局提供了组织保障。

（二）应对公共安全突发性事件能力显著提高

甘肃省应急保障体系及其安全网日臻完善，在应对和处置各类突发性社会和公共安全事件中发挥着重要作用。2019 年 4 月 25 日 14 时 25 分，甘肃省甘南州迭部县桑坝乡附近发生森林火情，14 时 40 分接到迭部县应急管理局火情通报后，甘肃省森林消防总队陇南支队迭部大队紧急出动 30 名指战员前往扑救，28 日灾情解除。此次“森林火灾过火面积 24.25 亩，其中成灾 13.35 亩、受灾林木 26.7 立方米，火灾未造成人员伤亡……正如唐时军说‘这次扑火行动离不开当地干部群众的全力相助。能够在很短的时间内组织广大干部群众上山，帮我们打隔离墙、扑灭残火残烟，充分体现了前方指挥部对灾情的科学研判和精准指挥’”。[①]

地质灾害监测预警成效显著。2019 年 1 ~9 月共发布地质灾害气象风险

① 徐锦涛：《火光中那些奋战的身影》，《甘肃日报》2019 年 5 月 30 日。

预警专报15期，仅8月就发布预警信息59次，其中黄色预警34次，红色预警3次，橙色预警22次，为及时预防应对气象和地质灾害提供了可靠信息。

（三）生产安全态势逐年好转

甘肃省安全生产形势总体稳定，事故率呈逐年下降趋势。2018年甘肃省安全生产领域“从绝对指标看，共发生各类生产安全事故948起，比上年下降16.1%，比2000年下降91.12%，与最高峰的2002年比下降91.82%；事故死亡人数767人，下降13.9%，比2000年下降71.27%，与最高峰的2002年比下降91.83%；事故受伤人数711人，下降28.9%，比2000年下降88.46%，与最高峰的2002年比下降89.51%；事故直接经济损失1.69亿元，增长26.2%，比2000年上升125.91%，与最高峰的2011年比下降19.99%；发生较大安全事故10起，死亡35人，比2000年分别下降86.11和87.68%，与最高峰的2002年相比分别下降88.76%和89.80%……从相对指标看，亿元国内生产总值生产安全事故死亡率，从2000年的2.54人下降到2018年的0.093人，下降93.34%；工矿商贸就业人员十万人生产安全事故死亡人数2.538人，增长13.4%；煤矿百万吨死亡率，从2000年的6.45人下降到2018年的0.139人，下降98.35%；十二类营运车辆道路交通事故万车死亡人数12.2人，下降24.1%。”① 统计数据显示，2019年1～9月，全省“共发生各类生产安全事故587起，同比下降22.56%；死亡516人，同比下降14.43%；受伤402人，同比下降22.39%；直接经济损失12599.1万元，同比下降5.79%。从行业看，交通运输、邮政和仓储业发生事故412起，同比下降26.95，死亡337人，同比下降20.89%，受伤322人，同比下降28.29，直接经济损失756.63万元，同比下降34.65%。制造业发生事故46起，同比下降9.8%，死亡37人，同比下降15.91%，受伤20人，同比下降25.93%，直接经济损失2251.4万元，同比下降36.63%。

① 根据甘肃省应急厅调研文本资料整理。

采矿业发生事故25起，同比下降7.41%，死亡22人，同比上升4.76%，受伤8人，同比下降20%，直接经济损失1041.58万元，同比下降25.69%。没有发生重大以上生产事故”。[①] 因此，从安全生产事故起数、死亡人数、受伤人数和直接经济损失四项指标看，无论是全省各类生产安全领域，还是影响甘肃省安全生产的主要领域与同期相比均呈现下降趋势，在全省12个发生生产安全事故的行业中，8个行业的事故起数和死亡人数呈现“双下降”，表明甘肃省安全生产呈总体稳定、逐年趋好的发展态势。

（四）公共卫生监控严密

公共卫生信息透明化。甘肃省卫生健康委员会依托门户网站设立疫情通报、卫生应急、食品安全、卫生监督、突发公共卫生事件、食品安全标准备案等专题信息栏，建立了定期通报法定传染病疫情制度，2018年发布传染病疫情13期。通过网站及时发布与公共卫生领域相关的各类信息，甘肃省民众可随时在网上查阅了解最新的公共卫生领域动态信息，一旦有突发性的疫情或突发性公共卫生事件，民众可提前采取预防性措施，避免疫情传播范围扩大。公共卫生信息透明化在提高甘肃各族民众在公共卫生领域信息知情权的同时，提高了甘肃省应对公共卫生领域各类事件的防控能力。

公共卫生监督严格。甘肃省卫生健康委员会从食品安全、公共场所、生活饮用水、学校卫生、传染病防治、医疗卫生和血液安全、职业卫生和放射卫生等领域建立了严格的监控体系，定期监督检查。如2018年甘肃省“食源性疾病监测网络覆盖省、市（州）、县（区）、乡镇卫生院（社区卫生服务中心）、村卫生室（社区卫生服务站）等所有开展食源性疾病诊疗的医疗机构。全省有10773家医疗机构纳入报告网络，其中2196家医疗机构报告食源性疾病病例23546例。甘肃省10家承担食源性病原体检测的哨点医院共采集疑似食源性疾病病例生物样品3045份，阳性率为13.14%。共报告食源性疾病暴发事件102起，波及2224人，577人发病，4人死亡。与上年

① 根据甘肃省应急厅调研文本资料整理。

同期比事件数上升6.25%，发病数上升6.26%，死亡数下降42.86%”。[①]

法定传染病发病平稳。2018年“全省无甲类法定传染病报告；乙、丙类法定传染病共报告29种93833例，报告发病率357.36/10万；死亡169例，报告死亡率0.64/10万，病死率0.18%。其中，报告乙类传染病19种47215例，报告发病率179.82/10万；死亡164例，报告死亡率0.62/10万，病死率为0.35%；报告发病率较2017年下降7.45%。报告丙类传染病10种46618例，报告发病率177.54/10万；死亡5例，报告死亡率0.02/10万，病死率0.01%；报告发病率较2017年上升21.77%”。[②] 2019年8月“全省无甲类传染病报告；报告乙、丙类传染病25种9541例，死亡10例。其中：乙类传染病16种5538例，死亡9例；丙类传染病9种4003例，死亡1例”。[③]

公共卫生事件时有发生。2018年通报突发公共卫生事件12起，2019年6月“全省报告突发公共卫生事件13起，发病460人，无死亡，均为一般级别事件。与上月相比，报告起数增加1起，发病数增加238人。与去年同期相比，报告起数增加6起，发病数增加294人……近期，水痘、手足口病、流行性腮腺炎、风疹等传染病进入高发季节，继续加强疫情监测，做好疫情预测和风险评估，做好托幼机构、学校等重点场所日常预防控制指导，以及疫情发现、应对和处置和防控知识宣传工作。气温逐渐升高，细菌性食物中毒事件可能会呈季节性增多，有毒动植物及毒蘑菇引起的食物中毒事件将会有所增加，有针对性地开展夏季食物中毒的风险排查和临床救治、流行病学调查及实验室检测等方面的工作，做好公众宣传，减少突发公共卫生事件的发生”。[④]

（五）公共信息安全防护能力不断提升

政策支持。为应对互联网时代引发的信息安全新问题、运用大数据实施

---

① 《2018年甘肃省卫生健康事业发展统计公报》。

② 甘肃省卫生健康委员网站，http：//wsik. gansu. gov. cn。

③ 甘肃省卫生健康委员网站，http：//wsik. gansu. gov. cn。

④ 甘肃省卫生健康委员网站，http：//wsik. gansu. gov. cn。

公共安全治理，甘肃省在贯彻落实《网络安全法》以及数据安全管理、个人信息保护等方面的法律、法规、标准基础上，制定《甘肃省大数据产业“十三五”规划》《甘肃省促进大数据发展三年行动计划（2017～2019年）》《甘肃省数据信息产业绿色发展专项行动计划》《甘肃省公安信息化综合应用平台大数据治理》等一系列政策措施，为甘肃省运用大数据进一步提升公共治理能力和水平提供了政策支持。

网络舆情基本可控。逐步完善网络安全管理机制，网络安全防护能力不断增强。甘肃省制定了《甘肃省网络举报协同处置工作机制》，2012年每日甘肃网成立了舆情研究——专注于甘肃地区网络信息监测与分析的网络媒体，2017年甘肃省社情民意互联网大数据分析平台正式运行，2019年8月18日召开甘肃省网络安全等级保护制度2.0国家标准宣传贯彻会议，加快推动国家标准的贯彻和实施。甘肃省通过多种举措和多年建设发展，网络安全管理机制逐步完善，网络安全保护能力不断提升。截至2019年9月通过对百度、新浪、微博、论坛、贴吧、微信公众号和各大新闻网站等媒体发布舆情信息的全网抓取，涉及甘肃的关注度较高的有庆阳女孩口红、兰临高速交通事故、三全水饺、甘南迭部火灾和会宁凶杀案等5起重大事件，省内各大新闻媒体和网络媒体第一时间跟踪报道，及时化解了网络舆情危机。截至9月，甘肃省网络安全和信息化委员会充分利用互联网传播平台，多次“举报涉及虚假网站盗取账户密码、谣言和虚假中奖类信息、网站征婚交友诈骗、利用网上支付平台行骗类信息，各类举报信息15000余条，向各成员单位转办举报信息223条，协调关停违法违规网站37家，督促中国甘肃网、丝路明珠网、街坊网官网等属地网站及时处理，依法删除有害信息100余条”。[①] 由此可见，大数据在网络安全领域的运用不断增多，网络安全审查能力全面提升，公民在网络空间的合法利益得到基本保障，网络数据资源得到有效保护，甘肃省网络安全防护能力不断增强，网络舆情处于基本可控状态。

加大网络安全宣传力度，民众网络安全意识提升。近年来，甘肃省为提

---

① 关于对省政协十二届二次会议第703号建议的答复。

高民众的网络安全意识，围绕金融、电信、能源、市政管理、电子政务等重点领域的网络安全，针对社会关注的热点问题，采用每年网络安全宣传周集中宣传、知识竞赛、专题讲座等多种形式和传播渠道，深入开展网络安全宣传教育活动，提升民众的网络安全意识、基本防护技能以及全省的网络安全水平。2019 年 9 月 18 日，全省网络安全宣传周启动仪式在天水举行，全省各地同步开展，宣传周以“网络安全为人民，网络安全靠人民”为主题，启动仪式上，网络安全宣传志愿者代表宣读了《安全上网文明上网倡议书》，为学生代表赠送了《陇原好网民——网络素养手册》读本；宣传周期间，甘肃省依次举办校园日、电信日、法治日、金融日、青少年日和个人信息保护日等 6 个主题日活动，同时宣传新中国成立 70 周年特别是党的十八大以来网络安全领域取得的重大成就。根据 2019 年甘肃省社会科学院调查数据，调查者认为各级政府重视网络安全宣传教育，对政府的网络安全宣传教育评价较高，从侧面印证了甘肃省网络安全宣传教育的成效。

2019 年甘肃省应对和处置境内各类自然、公共安全事件的过程和结果表明，全省各级政府和各族民众应对各类突发性公共安全危机、进行社会风险控制的能力在实践中不断提高，具体表现在全省安全生产事故灾难、公共安全事件总量下降，网络舆情基本可控，没有发生影响社会安定的重大社会和群体性事件。

三　影响公共安全的因素及其风险特征

（一）影响公共安全的主要因素分析

综上所述，我们认为影响甘肃省公共安全的主要因素体现在以下五个方面。

1. 政府公共安全治理效能亟待提升

一是公共安全问题应对和治理主体单一。首先，当前我国公共治理仍处于“强政府、弱社会”格局，各级政府是公共安全产品供给者和维护者，导致各级政府在应对和处置突发性公共安全事件时，应对措施和人力、物力资源仍局限在部门、地区或行业，没有充分调动媒体、社会组织、民众等社会力量共同应对公共安全问题。其次，在应对公共安全危机时，政府同媒体、社会组织、企业和民众间缺乏有效沟通协调，特别是遇到特大重大公共危机时，政府资源不足问题就会凸显出来，存在社会动员能力不够的问题。因此公共安全问题应对和治理主体单一，不仅公共安全难以实现，而且难以保障公共安全治理的有效性和持续性，是影响甘肃省公共安全问题的重要因素之一。

二是公共安全建设与资源配置的非均等性。我国至今依然执行在城乡二元结构背景下形成的不同资源配置制度，在公共财政投入、基础设施建设、地区间和城乡间居民所享受公共安全服务及其供给水平等方面的差异性，导致目前甘肃省公共安全建设与资源配置的非均等性。以农村基本社会安全防范基础设施为例，如农村警务室设立，乡镇交警、消防人员配备，防灾救灾工程建设，路面监控等设施配置与城区相比存在相当差距，因此公共安全建设与资源配置的非均等性是影响甘肃省公共安全问题的主要原因之一。

三是公共安全产品供需矛盾凸显。随着经济全球化、信息化迅猛发展，大数据在社会领域广泛运用，面对全球性公共风险系数有增无减、波及面扩大、不确定性加剧及破坏性增强的形势，伴随民众危机感增强随之而来的是对公共安全产品需求的增加，且需求呈现个性化和多样化发展趋势。现行制度安排缺陷造成公共场所、公共卫生、食品药品、环境、社会治安、交通等领域，公共安全产品与服务供给的数量和质量滞后于日益增长的社会需要，形成目前甘肃省各级政府提供的安全保障产品不足与民众安全需求日益增长之间的矛盾，因此公共安全领域公共产品供需矛盾是影响甘肃省公共安全的主要因素之一。

2. 对大数据广泛运用带来的“公共信息”安全问题重视不足

随着现代信息技术迅速发展，尤其是大数据的广泛运用带来诸多信息安全问题，比如社会治安、消费经济、商业活动、公共卫生、社会生活等领域数据信息丢失、泄露、篡改或破坏引起的公共信息安全事件等，加之数据的大规模集中存储和数据量的海量增长，现有的信息安全保护能力已难以满足大数据保护需求，增加了大数据安全防护的风险。因此甘肃省不仅民众个人隐私泄露风险日益提升，而且公共信息安全问题随之凸显。在个人层面，如民众日常电话记录、信息和邮件往来、交通出行、经济消费以及医疗档案等个人信息；在公共领域，如政务领域，各级政府都建立了政务网，利用现代信息处理日常工作事务。因此无论个人信息还是政务信息随着大数据运用实现了数据化存储管理，但这些数据的存储和管理都存在不同程度的泄露风险。如民众几乎都或多或少地接到过各类推销电话和信息，各级政务平台都或多或少存有程度不同的涉密文字，发生直接或间接泄密事件，表明个人隐私和公共领域的信息均处于非绝对安全状态。因此，大数据发展带来的信息安全问题是影响甘肃省公共安全的新的重要因素。

3. 复合型地质灾害频发

甘肃省自然地理环境复杂，生态地质环境脆弱敏感，全省 78.3% 的地域位于山地丘陵和黄土沟壑区，其中 62.7% 的地域经常遭遇滑坡、泥石流等地质灾害，是全国 8 个地质灾害重点防治区之一，正如民间流传的“十年九旱，旱涝并存”“三年一小灾、五年一大灾、无灾不成年”俗语所形容的。复合型地质和自然灾害频发造成甘肃省每年多地农作物受灾、国道和县乡道路及通村公路塌方受损、部分乡镇电力中断、山体滑坡塌方、房屋倒塌等，甘肃省每年因各类地质灾害造成的直接经济损失平均约 191 亿元，2018 年“全年农作物受灾面积 53.5 万公顷，比上年增长 8.3%；农作物成灾面积 35.1 万公顷，增长 26.0%。全年实际发生各类地质灾害 479 起，造成直接经济损失 48691.7 万元，增长 133.7%。各类自然灾害造成直接经济损失 249.9 亿元”。[1] 常态化的复合型气象地质灾害给甘肃省经济社会、农业生产发展和各族民众生命财产带来巨大损失，且极易诱发诸如饮用水水源污染或重大传染病疫情等诸多公共卫生事件，成为威胁甘肃省公共安全的主要因素之一。

① 甘肃政府网，www.gansu.gov.cn。

4. 公共卫生潜在危机不容忽视

近年来，全国范围内出现流感、禽流感、假疫苗等各类突发性公共卫生事件，给各族民众健康带来危害，多种传染病在甘肃省尚未得到有效遏制，时有发生。2019 年 9 月，甘肃省“报告乙类传染病发病数居前五位的是病毒性肝炎、肺结核、梅毒、细菌性和阿米巴性痢疾、布病，占乙类传染病发病总数的 91.87%。报告丙类传染病发病数居前五位的是手足口病、其他感染性腹泻病、流行性腮腺炎、流行性感冒、急性出血性结膜炎，占丙类传染病发病总数的 98.47%”。[①] 因此，公共卫生领域的传染病和突发性事件是威胁甘肃省公共安全的潜在因素。

5. 部分行业和地区生产安全事故发生率较高

截至 2019 年 9 月，甘肃省“建筑业共发生事故 71 起，同比上升 1.43%，死亡 83 人，同比上升 27.69%，受伤 34 人，同比上升 1 倍，直接经济损失 5445 万元，同比上升 14.14%。信息传输、软件和信息技术服务业共发生生产安全事故 5 起，同比上升 25%……1～9 月，共发生较大安全生产事故 13 起，同比上升 30%，死亡 47 人，同比上升 38.24%，受伤 18 人，同比上升 1.57 倍，直接经济损失 3191.74 万元，同比上升 2.54 倍。天水市、武威市和甘南州各发生道路运输业较大事故 2 起”。[②] 道路交通、建筑等部分行业安全生产事故发生率较高，成为影响甘肃省公共安全的显性因素。

（二）公共安全的风险特征

在研究分析甘肃省公共安全形势及其主要影响因素基础上，我们认为 2019 年甘肃省社会安全形势与以往相比改善显著，呈现良好的发展态势，公共安全风险具有以下四个特征。

第一，多种风险交织。虽然甘肃省公共安全领域的形势逐年好转，但因生态环境、公共卫生、药品食品、生产安全、信息安全、交通、社会治安等

① 甘肃省卫生健康委员会网站，http://wsjk.gansu.gov.cn。

② 根据甘肃省应急厅调研文本资料整理。

诸多领域引发的常态性公共安全问题依然存在，其风险具有危害性和破坏性广泛的特征。

第二，公共安全风险控制难度大。甘肃经济社会发展转型引发各种社会风险、民众对公共风险感知度低以及各类突发性事件的不确定性，导致甘肃省公共安全领域各类风险因素叠加，其风险具有突发性和不确定性。

第三，公共安全产品供需矛盾较为突出。公共安全是政府提供的基础性公共产品之一，但甘肃省受经济社会发展水平和地方财政收入的制约，在公共安全基础设施建设和资源配置中存在城乡、群体和区域的非均等性问题，其风险具有非均等性特征。

第四，“公共信息”安全问题日益凸显。甘肃经济社会发展处于转型的关键时期，随着信息化的快速发展和大数据在社会领域的广泛运用，由此形成的“公共信息”安全问题日益凸显，成为甘肃省公共安全领域的新问题，其风险具有广泛性、扩散性和不可控性，社会稳定和公共安全风险系数增加。

四　甘肃省构建公共安全新格局的策略

公共安全涉及的领域广，社会主体日益多元，连锁反应强，与民生联系紧密，公共安全风险自身来源日益复杂难以预测，因此对于公共安全风险的防范和预控，应坚持以人民为中心的原则，以“发展”与“安全”平行理念，建构公共安全观和模式，为此建议如下。

（一）提升政府公共安全治理效能

1. 进一步完善公共安全领域的各项法律法规

随着互联网的普及以及大数据在社会领域的广泛运用，应加快大数据采集和运用保护的相关法律法规制定和修订步伐，增大公共安全领域执法力度，为甘肃省公共安全营造良好的“依法办事、遵法守法”公共法制环境提供强有力的法律保障。

2. 构建政府与社会高效协同的公共安全“治理”模式

树立“多元共治”的公共安全治理理念，促进传统的公共安全由“管理”向基于政府与社会高效协同的“治理”模式转变，采用弹性和扁平的网络结构，坚持以民众公共安全需求为中心、向民众提供多元优质的公共安全服务、优势互补的原则，构建以政府为主导，非政府组织、企业、社会组织和民众多层次、多维度合作的公共安全和治理的立体化网络结构体系，实现甘肃省公共安全风险管控主体多元化、技术精细化、安全教育普及化以及社会民众广泛有序有效参与的“共建、共治、共享”的公共安全治理格局，从而提升甘肃省公共安全和治理绩效。

3. 完善资源配置和共享的信息化机制

为从根本上解决甘肃省安全公共产品建设和资源配置的非均等性、信息共享不对称性以及供需矛盾等问题，依托现代互联网与信息技术进一步完善安全公共产品建设、资源配置和共享的信息化机制，突破时空限制增强多元社会主体在甘肃省社会安全和治理中的交流，提升交流的广度和深度，推进社会资源建设配置由过去封闭隔离向流动共享转变，从而建构甘肃省社会安全公共产品建设、资源配置和共享的均等性信息化体系，全面提升甘肃省政府公共安全治理效能。

（二）提升“公共信息”的风险管控能力

大数据在公共安全领域的应用，坚持以预防与控制为主、以大数据技术为方法、以组织为保证、以管理为主线，强化战略安全规划、增强数据安全保障、加强政府部门之间的管理协作为原则，依托大数据信息构建甘肃省公共信息安全保障体系。

1. 构建甘肃省公共信息安全网络防控体系

共建共享共治的公共安全治理体系建设要实行线上和线下双管齐下，线上的技术层面逐步完善侦破、监管、应急与善后支持体系建设同时，要重点研究如何把常规化的安全防控网络嵌入日常社会运行过程中，运用大数据资源系统分析甘肃省建构公共信息安全网络防控体系的方向、目标、路径、方法、步骤、标准等要素，在融入大数据应用与社会多元主体协调互动的治理机制基础上，实现全省公共安全网络全面覆盖的有效运行，构建甘肃省公共信息安全网络防控体系，通过对相联数据分析研究预测公共安全领域的潜在风险及其成因，为制定公共信息安全网络防控和治理政策措施提供可靠的数据支撑。

2. 提升运用大数据对公共危机事件的网络动态管理与舆情引导的能力

当前新媒体技术在社会领域的广泛应用，在给甘肃省公共安全网络建设带来便利的同时，增加了公共危机事件与舆情引导的难度。因此，从公共安全风险角度，通过大数据平台实施网络动态化监管，一方面需要提升对实时收集、掌握的网络舆情等各种信息数据的研究分析能力，另一方面需要增强政府各级部门信息发布、媒体沟通、舆情引导的能力，确立各级政府在公共危机事件中信息发布的权威性、公开性与及时性，避免在网络公共危机事件中出现“舆论坍塌”的现象。

（三）以问题为导向，着力补短板

维护甘肃省公共安全，要坚持以人民为中心的原则，以问题为导向，从民众反映最强烈的问题入手，高度重视并切实解决公共安全面临的一些突出矛盾和问题。

1. 着力织牢公共卫生安全网

在公共卫生领域，围绕基本公共卫生服务、重大疾病防控、慢性病和地方病综合防控、妇幼健康服务、健康促进教育、卫生应急、食品安全保障以及爱国卫生保障等八个方面，强化八张公共卫生安全网建设，为甘肃各族民众提供良好的公共卫生安全社会环境和坚实的安全网。促进医药卫生工作从“以治病为中心”向“以健康为中心”转变。

2. 着力补齐短板、消除隐患

针对甘肃省公共安全领域的漏洞，认真查找原因，从重点、关键和薄弱环节入手，消除安全隐患，堵塞漏洞，不断提高甘肃省公共安全和治理水平。

B.5

2019～2020年甘肃城市发展形势分析与预测

宋文姬*

摘　要： 随着城市化进程的不断推进，甘肃城市发展呈现人口数量持续增加、城市规模继续扩大的良好态势。同时，甘肃不断完善城市基础设施，继续提升公共服务水平，使城市发展取得了长足的进步。但是，与全国以及大部分省份的城市发展水平相比，甘肃仍有不小的差距，省内各市级城市发展水平亦参差不齐，存在差距的原因包括区位、环境、历史、产业结果等诸多方面。在今后的发展中，应着力完善城市管理体制，提升城市公共服务水平、打造城市文化品牌等，助推甘肃城市又好又快发展。

关键词： 甘肃　城市化　城市发展

本报告主要考察甘肃在城市发展进程中取得的成绩、面临的挑战，通过比较分析法，对2018年截面数据和2014～2018年（近五年）统计数据进行整理，分区域进行了相应的省际比较、省内市际比较，以期对甘肃城市发展形势进行全面评估与预测。

---

* 宋文姬，甘肃省社会科学院社会学研究所助理研究员，研究方向为城市社会学和政治社会学。

一　甘肃城市发展现状

（一）城市发展水平逐年提升，地区发展差异显著

近年来，甘肃城市人口数量逐年增加，城镇化率稳步提升，但是与全国城镇化水平相比还有一定差距。2018 年，我国城镇常住人口达到 83137 万人，城镇化率达到 59.58%，较 2014 年提高 4.81 个百分点，超过当年全球平均水平 4.58 个百分点。2018 年，甘肃城镇化率达到 47.69%，城镇化水平较 2014 年提高 7.56 个百分点。然而，与全国城镇化率相比仍有 11.89 个百分点的差距，在全国以及西部地区排名均靠后（见表 1）。

表 1　2018 年全国（内地）城镇化率一览

单位：%

地区	全国	上海	北京	天津	广东	江苏	浙江
城镇化率	59.58	88.1	86.5	83.15	70.7	69.61	68.9
排序		1	2	3	4	5	6
地区	辽宁	福建	重庆	内蒙古	山东	湖北	黑龙江
城镇化率	68.1	65.8	65.5	62.7	61.18	60.3	60.1
排序	7	8	9	10	11	12	13
地区	海南	宁夏	山西	陕西	吉林	河北	湖南
城镇化率	59.06	58.88	58.41	58.13	57.53	56.43	56.02
排序	14	15	16	17	18	19	20
地区	江西	安徽	青海	四川	河南	新疆	广西
城镇化率	56	54.69	54.47	52.29	51.71	50.91	50.22
排序	21	22	23	24	25	26	27
地区	云南	甘肃	贵州	西藏			
城镇化率	47.81	47.69	47.52	31.14			
排序	28	29	30	31			

资料来源：全国及各省份国民经济和社会发展统计公报。

就省内14个地级市城镇化水平而言，2018年，甘肃城镇化水平较2014年提高了7.56个百分点，省内14个市州的城镇化水平均有提高。其中，4个市州（嘉峪关、兰州、金昌、酒泉）超过全国城镇化水平，5个市州（嘉峪关、兰州、金昌、酒泉、白银）超过全省城镇化水平，9个市州的城镇化水平低于全省城镇化水平。与此同时，还应该注意到，省内城镇化水平差异较大，呈现西高东低特点，兰州与河西地区集中了全省城镇化水平较高的4个市；东部和南部城市（庆阳、临夏、甘南、定西、陇南）城镇化水平相对较低，基本都在40%以下，最高与最低地区相差59.65个百分点，地区差异显著（见表2）。

表2　2014年、2018年全国、全省及14个市州城镇化水平

单位：%

地区	2014年		2018年		地区	2014年		2018年	
	数值	排序	数值	排序		数值	排序	数值	排序
全国	54.77		59.58		天水市	34.06	7	41.65	8
全省	40.13		47.69		武威市	34.01	8	42.31	7
嘉峪关市	93.41	1	93.65	1	平凉市	33.15	9	41.13	9
兰州市	78.34	2	81.03	2	庆阳市	31.59	10	38.4	10
金昌市	66.8	3	70.47	3	临夏市	29.57	11	36.02	11
酒泉市	55.1	4	61.52	4	甘南州	28.97	12	36	12
白银市	44.93	5	50.62	5	定西市	28.77	13	35.52	13
张掖市	40.3	6	47.55	6	陇南市	26.65	14	34	14

资料来源：2014年、2018年甘肃省各市州政府工作报告、国民经济和社会发展统计公报。

城镇化是城市发展的必然趋势和客观规律。近十年来，甘肃城镇化水平持续提高，城镇化率从2009年的32.65%提高至2018年的47.69%，提高15.04个百分点，且继续保持增长态势（见图1）。可以预见，甘肃城市发展将沿着城镇化发展轨迹继续向前，城镇化水平不断提高，城镇化速度不断加快，到2020年全省城镇化率达到50%以上将成为必然。

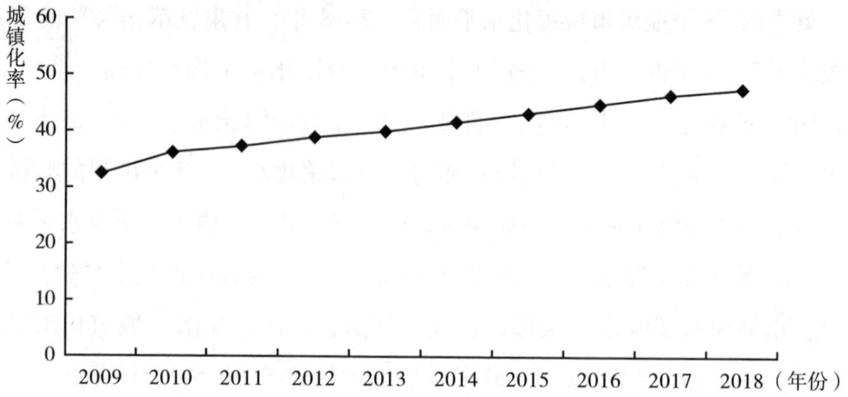

图 1　2009～2018 年甘肃省城镇化水平变化趋势

资料来源：2009～2018 年甘肃省国民经济和社会发展统计公报。

（二）城市经济发展稳中向好，产业结构优化升级

经济发展是推动城市发展的“加油站”。近五年来，甘肃经济保持平稳较快增长态势，全省生产总值提高 1410.83 亿元，连续跨越两个千亿元台阶；2018 年，在经济下行压力下，甘肃积极适应经济发展新常态，地区生产总值较上年提高 6.3%，全省经济呈现总体平稳、稳中有好的发展态势（见图 2）。

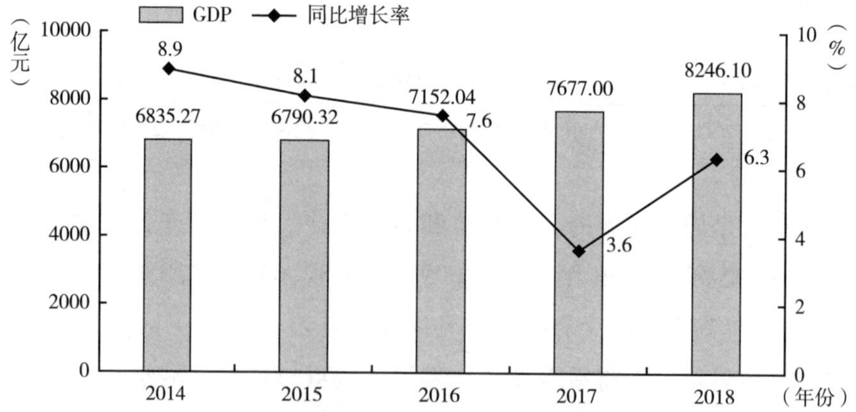

图 2　2014～2018 年甘肃省生产总值及同比增长率

资料来源：2014～2018 年甘肃省国民经济和社会发展统计公报。

随着城市经济的繁荣发展，其提供的薪资、基础设施等吸引大批人口向城市聚集，同时，人口的聚集又为市场提供了充足的劳动力以及先进的技术，为经济的发展提供动力，不断提升市场经济效益。随着科技的进步、技术的提高，种植业、林业、畜牧业等第一产业以及制造业等第二产业已不需要大量的劳动力，而城市经济的发展又吸引大量农村剩余劳动力向城市迁移，从事第三产业。五年来，甘肃第一产业、第二产业的占比逐年下降，农牧种植业以及制造业在国民经济中的份额逐步降低，同时，其他产业如服务业等占比稳步提高，提高了近 10 个百分点，年均提高 2 个百分点（见表 3）。因此，产业结构的调整过程体现了城市经济中加工制造业、服务业等的调整。可以说，第三产业占比越高，则城市经济发展越好，城市发展水平越高。反过来，城市发展水平的不断提升，也会促进产业结构的优化升级。产业结构的非农化是城市发展的本质，第二产业为产业结构的调整提供动力，第三产业的繁荣则是城市发展的表现形式。近年来，甘肃在全力发展经济的同时调整产业结构，实现了产业结构由“二三一”向“三二一”的良好转变。

表 3　甘肃省 2014～2018 年三次产业数据

单位：亿元，%

年份	第一产业		第二产业		第三产业		三次产业结构
	增加额	增比	增加额	增比	增加额	增比	
2014	900.8	5.6	2924.86	9.2	3009.61	9.5	13.2∶42.8∶44
2015	954.54	5.4	2494.77	7.4	3341.01	9.7	14.4∶36.8∶48.8
2016	973.47	5.5	2491.53	6.8	3687.04	8.9	13.61∶34.84∶51.55
2017	1063.6	5.4	2562.7	－1	4050.8	6.5	13.85∶33.38∶52.77
2018	921.3	5	2794.7	3.8	4530.1	8.4	11.2∶33.9∶54.9

资料来源：2014～2018 年甘肃省国民经济和社会发展统计公报。

（三）城市基础设施日趋完善，载体功能不断增强

城市基础设施是城市生产、生活必不可少的物质基础，也是综合衡量城

市发展水平、社会化程度的重要依据。城市化的发展速度与发展水平，直接受城市基础设施承载能力的制约。

1. 投资比重逐年增加

近年来，甘肃加大对城市基础设施建设的投资力度，不断加强城市的载体功能。甘肃在城市水利、环境、公共设施管理等方面的建设投资额度逐年增加，2016 年达到 1073. 57 亿元，是 2009 年相关投资额度的近 11. 5 倍，是 2014 年相关投资额度的近 1. 77 倍。值得注意的是，2016 年以来，相关投资有一定程度的减少，这是在全年固定资产投资大幅下降的背景下产生的，但从甘肃在城市基础设施建设方面的投资占全年全省固定资产投资的比重来看，依旧逐年攀升，从 2014 年的 7. 84% 提升至 2018 年的 17. 9% （见图 3）。

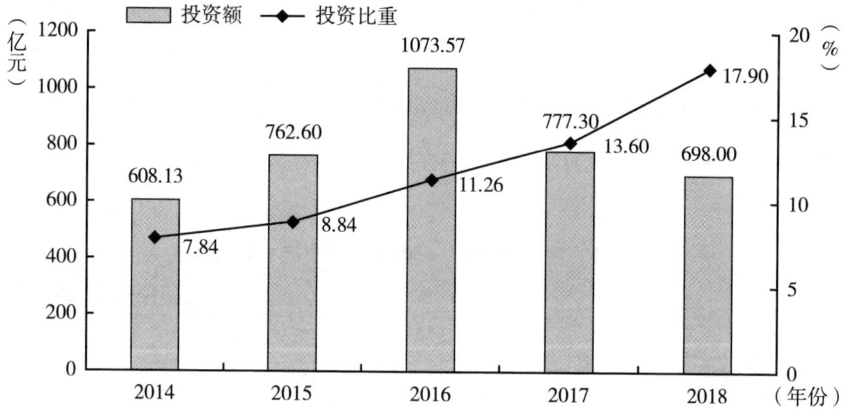

图 3　2014 ~ 2018 年甘肃省基础设施投资额及投资占比

资料来源：2014 ~ 2018 年甘肃省国民经济和社会发展统计公报。

2. 基础设施建设日趋完善

截至 2018 年底，甘肃在城市基础设施领域，包括交通设施、能源设施、通信设施等方面都取得较好成绩，城市基础设施建设日趋完善，不断满足城镇居民生产生活和居住环境要求。

交通设施方面，“货畅其流”“人便于行”的目标已经基本实现。截至

2018 年底，全省公路通车总里程达到 14.32 万公里，14 个市州政府驻地全部以高速公路贯通，55 个县通了高速公路，县通高速比例达到 64%。同时，全省人均城市道路面积逐年增加，已由 2014 年的 15.3 平方米增加至 2017 年的 16.51 平方米。

能源设施方面，从供热面积和供热管道长度来看，发展态势良好。城市供热面积逐年增加，由 2014 年的 15300 万平方米增加至 2017 年底的 20360 万平方米；城市供热管道长度由 2014 年的 4313.08 公里增加至 2016 年底的 4408.91 公里。

通信设施方面，邮电业务总量不断增加，移动电话普及率大幅提高。邮电业务总量由 2014 年的 277.52 亿元增长至 2016 年的 559.23 亿元；移动电话用户由 2014 年的 2058.6 万户增加至 2018 年的 2736 万户；移动电话普及率由 2014 年的 79.7 部/百人增长至 2018 年的 112.2 部/百人。

（四）城市能源结构不断优化，绿色发展成效显著

近年来，甘肃充分认识到节能减排的重要性和紧迫性，优化能源结构、提升能源利用率，坚守可持续发展的能源“家底”。政府财政支出中节能环保支出逐年增加，由 2013 年的 698222 万元增加至 2018 年的 1279000 万元，增加近 1.8 倍。甘肃规模以上工业综合能源消费总量由 2013 年（11 月）的 4140.90 万吨标准煤下降至 2017 年（11 月）的 3811.76 万吨标准煤，能源消费量降低。同时，能源消费增速明显放缓，由 2013 年（11 月）的 5.96% 下降至 2017 年（11 月）的 1.90%（见图 4）。

（五）城市人居环境全面改善，污染防治继续深化

1. 城市绿地

近年来，甘肃在城市建成区绿化覆盖率、公园数、公园面积、人均公园绿地面积以及市容环卫专用车辆设备总数等方面取得巨大成绩。自 2014 年至 2018 年五年间，城市建成区绿化覆盖率由 30.81% 增加至 33.31%，城市公园数由 116 个增加至 156 个，城市公园面积由 4078.76 公顷增加至 5002

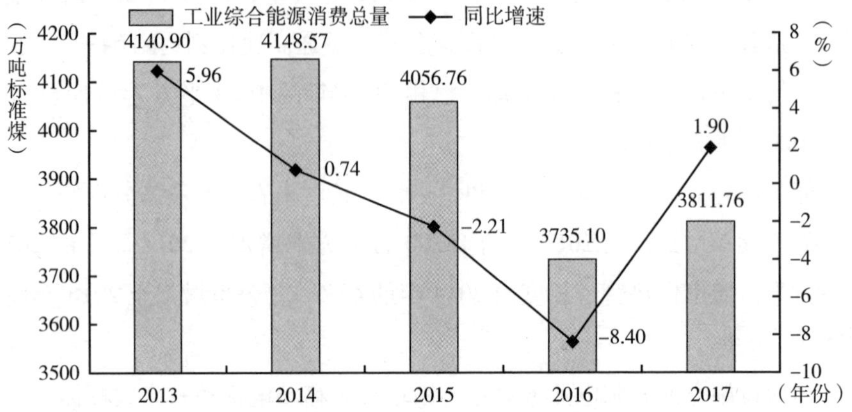

图4　2013～2017年甘肃省工业综合能源消费总量及同比增速

资料来源：2013～2017年甘肃省国民经济和社会发展统计公报。

公顷，城市人均公园绿地面积由12.79平方米增加至14.87平方米，市容环卫专用车辆设备总数由1717台增加至4021台。

2. 空气质量

随着城镇化率不断提高、城市人口不断增加、工业化发展以及交通工具的大量使用，空气污染排放量随之增加，其中，机动车尾气排放成为城市空气污染的主要来源。为提高空气质量，降低大气污染，甘肃采取多种措施，严管“散乱污”企业反弹，大力推进“人防+技防”管理模式，环境质量持续改善。截至2018年底，甘肃空气综合质量指数为4.29，PM2.5浓度均值为39微克/立方米，较2015年下降7.1%，超额完成年度目标0.1个百分点。截至2019年9月，全省14个地级市中空气质量较好的主要有陇南、甘南、临夏、定西、庆阳5市，且9月优良天数比例达到100%。

（六）城市保障体系逐步完善，服务水平不断提高

近年来，为推动农村人口向城市迁移，甘肃进一步完善公共服务体系建设，为农村人口迁移后的生产生活提供基本保障。2009年至2018年，甘肃在卫生、社会保障和社会福利等公共服务上的城镇固定资产投资不断加大，

2018 年投资额为98.22 亿元，是2009 年投资额的3.55 倍，是2013 年投资额的1.86 倍（见图5）。

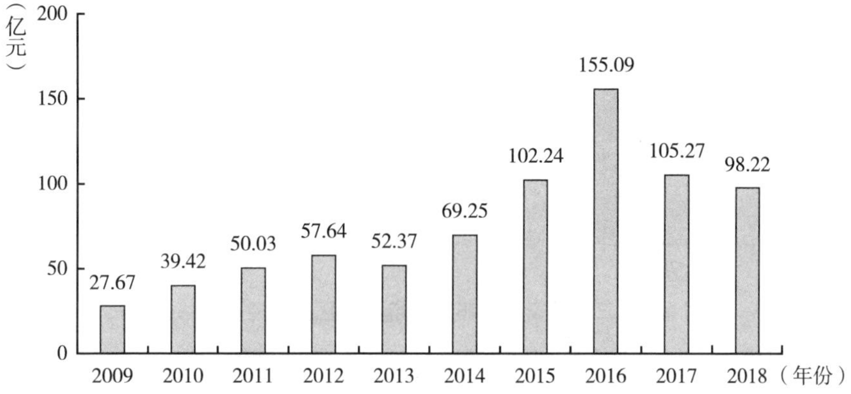

图5　2009～2018 年甘肃省公共服务投资额

资料来源：2009～2018 年甘肃省国民经济和社会发展统计公报。

社会保障方面，甘肃以实现城乡社保体系全覆盖为目的，全力保障和提高居民生活水平。首先，城镇医疗保障制度建设使城镇居民医疗保险制度、城镇居民及企业离退休人员养老金标准大幅提高，城镇职工在养老、医疗、工伤、生育、失业等方面的保障实现了全面覆盖。截至2017 年底，全省参加城镇职工基本养老保险人数为429.8 万人，参加城镇职工基本医疗保险人数为320.2 万人（见图6）；同时，参加失业保险人数为165.4 万人，增长0.67%；参加工伤保险人数为198.6 万人，增长5.43%；参加生育保险人数为175.3 万人，增长7.72%。[①] 2018 年末，全省共有49.67 万人享受城市居民最低生活保障，共有社区服务机构和设施10635 个。其中，社区服务指导中心15 个，社会服务中心598 个，社区服务站2413 个，社区养老机构和设施993 个，社区互助型养老设施3314 个，其他社区服务机构和设施3302 个。

① 甘肃省统计局　国家统计局甘肃调查总队：《2017 年甘肃省国民经济和社会发展统计公报》，《甘肃日报》2018 年4 月25 日。

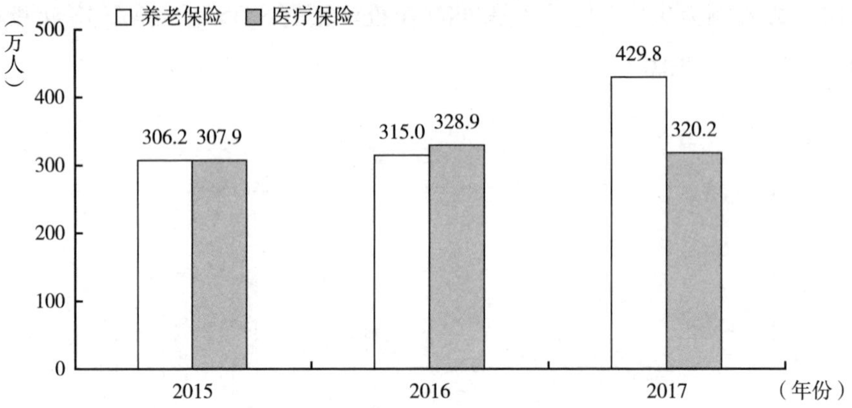

图6　近三年甘肃省城镇职工养老、医疗保险保障人数

资料来源：2015～2017年甘肃省国民经济和社会发展统计公报。

（七）城市文化效应日益显著，品牌文化逐步形成

文化是城市发展的灵魂。城市的发展要实现可持续，不仅体现在经济发展，更体现在文化实力上。近几年，甘肃深入挖掘地区文化和特色资源，努力打造城市文化品牌，为甘肃城市发展赋予了新的活力。丝绸之路（敦煌）国际文化博览会，向世界展示了多种文化、多元文明交融互鉴的甘肃，更成为共建“一带一路”国家文化交流、思想融合的推动力。天水伏羲文化，以其深厚的文化底蕴推动了天水经济社会的转型跨越发展、弘扬了中华民族优秀传统文化，为城市文化发展焕发强大的生命力。甘南州香巴拉旅游艺术节，将自然风光、宗教文化、民俗风情、民族文化活动融为一体，成为甘南州旅游文化、经济发展和开放开发的窗口。近年来，甘肃旅游业发展迅猛，仅2018年，就有5.7万外国游客前来领略甘肃之美，有30190.9万国内游客领略河西走廊之美，旅游业蓬勃发展带来了更多的经济效益，助力城市文化品牌更好发展。

二　甘肃城市发展面临的挑战

随着城市化进程的加速推进，城市发展必然会面临许多亟待解决的问题

和挑战。城市经济和社会发展的诸多层面都出现了不均衡发展、难以均衡发展的现象，如发展与资源、经济与民生、城镇化与工业化都出现了冲突、不均衡、不协调等问题。近年来，甘肃省政府开放政策导向，全面协调发展，城市人口逐步增加，城市化进程不断推进，城市发展取得了较好成绩。在全面协调与发展的同时，仍存在一些难以在短期内克服的、复杂的制约因素，如历史条件、区位条件、产业支撑、政策保障、思想观念等。

（一）城镇化水平较低，地区间城镇化水平不均衡

城镇化率是衡量城市发展程度的重要指标之一。通过对2009年至2019年十年间甘肃城镇化率与全国城镇化率的比较，可以看出全国城镇化平均水平一直高于甘肃城镇化水平近15个百分点。近三年，甘肃城镇化水平显著提高，城市人口规模不断扩大，与全国城镇化水平的差距缩小到12个百分点，年均提高1个百分点，但仍存在很大的提升空间（见图7）。同时，与北京、上海、天津等发达地区城镇化水平相比，甘肃差距较大，与西部地区省份相比，排名也相对靠后。从历史角度来看，由于甘肃地处西北内陆，城市发展基础一直相对薄弱，故城市发展相对滞后。

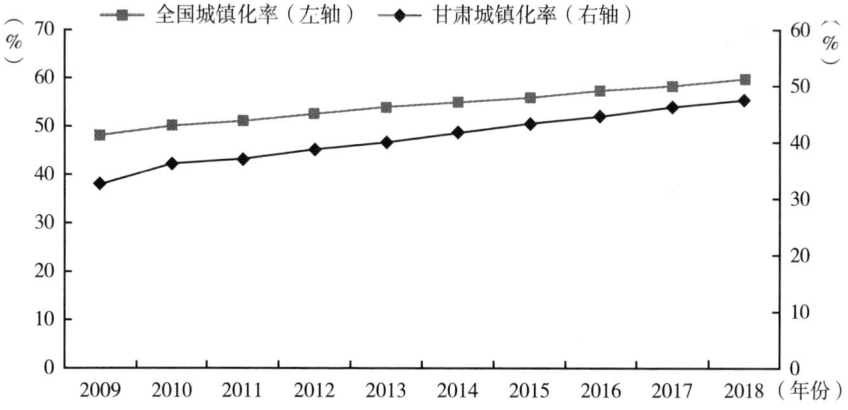

图7　近十年全国、甘肃省城镇化水平

资料来源：2009～2018年全国、甘肃省国民经济和社会发展统计公报。

从甘肃省14个地级市的城镇化水平来看，城镇化率均有提高，城市人口规模不断扩大。除省会城市兰州城镇化水平较高以外，河西地区城镇化水平总体较高，集中了全省城镇化水平较高的3个市（嘉峪关、酒泉、金昌）。值得一提的是，嘉峪关城镇化率达到93.65%，高于上海、北京、天津等地。然而，省内城镇化水平差距颇大，呈现东低西高的态势。东部和南部城市，如庆阳、临夏、甘南、定西、陇南等地，城镇化水平相对较低，低于全国平均水平20余个百分点，与嘉峪关市相差59.65个百分点。总体而言，由于地理区位、历史、产业支撑等多方面的因素，甘肃城镇化水平与全国平均水平相比仍有差距，省内14个地级市城镇化水平也呈现东低西高、差距较大等现象。

（二）城市生态环境亟须改善，环保理念有待深入

随着城市化进程的推进，生态环境问题也日益凸显，严重影响着城市居民的身体健康以及城市资源的可持续利用，对城市的可持续发展带来阻力。近年来，水污染、空气污染等问题依然存在，又产生了许多新的城市污染问题，如大量的生活废弃品、塑料袋、一次性木筷、一次性饭盒等，对环境危害巨大。在城市建设的过程中会清除许多阻碍其推进的植被、公园以及相关设施，使城市绿色生态遭到破坏。在“迟发展效应”影响下，甘肃城市生态环境的保护工作相对滞后，市民环保意识有待提高、企业生态保护意识严重不足、政府治理污染的资金投入相对有限、环保基础设施相对落后等，使甘肃城市生态环境的保护难度较大，城市的可持续发展仍有较大挑战。如何有效实现城市建设与生态环境之间的平衡发展是今后城市发展亟待思考的问题。

（三）城市规划设计不科学，道路基础设施有待加强

交通，是城市形成的推动力。可以说，交通改进与城市发展有很强的同步性。从城市内部而言，交通为城市居民工作、生活提供运输服务，直接影响城市发展活力，体现城市宜居性与文明化程度。近年来，甘肃城市人口不

断增加，同时，家庭用车蓬勃发展，导致道路设施很难在短期内与私人机动化高增长相配套，使城市道路不堪重负，人们在出行上消耗的时间成本较高，严重影响城市活力与城市效率。2018 年，甘肃城镇人口达到 1257.71 万人，较 2014 年增加了 177.87 万人。同时，全省汽车数量以年均 21.9% 的增长率快速增长，截至 2018 年，全省民用汽车数量达 358.5 万辆。从城市外部而言，现代高速公路、高铁是沿线地区城市化的推动力，尤其是高速公路和高铁的建成会形成以高速公路、高铁为轴线的城市群。截至 2019 年 4 月，甘肃 14 个地级市中通高铁的地级市有 6 个，在甘肃境内经过的高铁线路有 4 条。不难看出，甘肃地处西北内陆，地形狭长，在与其他省份的交通联结上仍然存在不足。

（四）城市发展建设任重道远，现代化治理能力不足

城市的发展需要现代化治理体系和现代化治理能力。从城镇化水平来看，甘肃许多城市发展建设仍处在起步加速阶段，“城中有乡，城乡结合”的城市面貌依旧普遍存在。从城市管理水平来看，城市管理的专业化、规范化、精准化程度有待提高，城市管理者从“管理”到“治理”的思想观念转变还不到位。从城市管理体系来看，甘肃许多城市的建设规划，基础设施、公共服务体系建设与配置，道路交通规划，城市综合执法管理与人民群众的合理需求之间还存在诸多矛盾，而治理方案和治理能力仍有待加强。

（五）城市文化内涵缺失，文化服务供给不足

城市文化“软实力”的提升，是一个城市发展的最好展现。传统城市发展关注的重点是城市的经济内涵和规模扩张，这容易导致城市经济发展与文化发展不平衡，文化发展过程中有效的文化需求没有得到充分的满足，潜在的文化需求没有得到充分的释放等问题。进入新时期，城市发展更应赋予其更深层次的内涵，由过去片面追求城市规模扩大、空间扩张，转变为以提升城市文化内涵为中心，更加注重持续发展与和谐发展。目

前，甘肃在城市文化发展方面仍有诸多不足。城市文化构造方面，普遍存在偏重硬环境建设忽视软环境建设的现象，导致城市文化形态浅表化。城市建设方面，文化内涵的塑造缺乏深度，城市建筑风格相互模仿，城市规划布局缺乏创意。城市文化供给方面，由于甘肃经济发展落后于全国，文化发展后劲不足，使文化服务供给不足，不能满足人民日益增长的文化需求。甘肃具有丰富的历史文化资源和深厚的文化积淀，如何展现城市特色文化，打造独特城市魅力，提升城市综合实力和对外吸引力，是建设文化甘肃面临的重大课题。

三　甘肃城市发展对策建议

（一）完善城市基础设施建设、运行机制

现代化的城市基础设施是现代化城市管理、运转的基础，是提升城市居民生活品质的重要环境基础。就城市发展的全局性布局而言，更是城市聚集人才、资本、信息等要素的决定性因素。形成统筹完善的城市基础配套设施，一要注意利用现代的城市基础设施建设、运行、管理模式，利用好政府和市场“两只手”。既要注意在城市基础设施建设中引入 PPP、BOT 等多种社会融资方式，盘活社会资本，加快城市基础设施建设，优化城市基础设施运营模式。又要注意加大政府引导，特别是对需要长期投入，对基本民生保障有重要影响的水、电、暖、通信等基础设施运行加大政府监督力度，最大限度实现现代化城市基础建设服务居民生活。二是要提升现代城市规划水平，现代城市运行面临多要素的组合，因此在前期规划中要注意对影响城市运行的多要素进行统筹布局，在基本的城市管线布设中，实现管廊建设、城市基础设施建设的聚集。三是要注重城市基础设施建设的科学管理，现代化的城市运行需要科学的管理，因此要注重提升城市基础设施在建成后的科学运行和维护，确保城市基础设施安全、科学、有序运行。四是要建立科学合理的，能够提升城市基础设施建设运行质量的激励和考核机制。特别是，因

为城市基础设施的建设、运行涉及多个系统。因此，相关的激励考核措施也应具有针对性。总之，城市基础设施建设与运行，与城市日常运转、人民日常生活密切相关。因此，城市基础设施建设要做到科学规划、有序建设、完善管理，是一项覆盖全环节、多方面的系统性工程，这也是对当前城市管理者的巨大考验。

（二）提升城市公共服务水平，完善社会保障体系

普惠、优质的公共服务对于提升现代城市生活品质、增加现代城市治理人文关怀具有重要的现实意义。要形成优质的城市公共服务水平，构建广覆盖的城市社会保障系统，建议从以下几方面入手。一是要继续实现城市区域的经济发展，为城市公共服务奠定坚实的物质基础。同时，构建合理的分配办法，同时制定科学合理的公共服务财政投入政策，重视对城市弱势群体的投入、重视城市基础设施薄弱环节的投入，特别是能够从政策制定层面做到保障与经济社会发展水平相一致的公共服务投入。二是形成科学的公共服务资金支配办法，城市公共服务涉及科教文卫、城市运行、弱势群体福利等多个方面，要能够形成科学的公共服务资金支配办法，使有限的城市公共服务资金发挥关键性作用，最大限度助力城市发展稳定，最大限度惠及城市民生。

（三）优化城市布局，加快综合交通运输网络建设

目前，甘肃正处于城市建设的加速期，经济发展和城市发展都取得了巨大的进步，人、物均呈现在空间运动上向城市强集聚的现象。但与此同时，城市交通拥堵、房价高涨等问题也显现出来。这是对交通运输网络建设的极大考验，也是城市发展的机遇，如何借助交通运输对城市发展的作用力，引导城市健康有序发展，是我们需要进一步思考的。从城市内部来看，要优先发展城市公共交通，积极发展大容量公共交通，完善城市公交配套服务设施、智能交通系统、公共服务信息系统和快速公交系统，推动各种交通方式、道路交通管理系统的信息共享和资源整合，提高公共交通通达性和运营

服务水平，鼓励绿色出行，发展城市步行、自行车“绿道”，满足公共交通的多层次需求；从城市外部来看，要根据甘肃自然条件和14个地级市各自的特点，统筹规划、优化交通运输网络布局，强化省际、城际交通联系，持续提高中小城市与外界互联互通的能力。

（四）深入环保理念，打造绿色可持续城市环境

“容颜”是一座城市的“品质”。随着城市化进程的持续加速，城市环境问题引起了广泛关注。如何将生态环境建设作为城市发展的主要努力方向，实现城市发展与环境改善同频共振，是我们需要思考的问题。首先，应着力加大城市环境污染的治理力度，制定严格的惩治机制，实现保护生态环境的初衷；其次，要寻求短期经济发展需求与长期生态环境要求平衡发展的新思路，大力发展环保产业，倡导循环经济，实现资源的可持续利用；最后，应提高公众环保意识，倡导绿色生活，从生活的方方面面着手，减少浪费、降低污染，让全体市民一起改善共同的居住环境。

（五）打造文化品牌，彰显城市文化内涵

文化根脉是一座城市的“灵魂”。城市的文化根脉来自历史深处，是城市的基因和灵魂。甘肃拥有悠久的历史，是中华民族和华夏文明的重要发祥地之一，被誉为“河岳根源、羲轩桑梓”。如何在“一带一路”倡议大背景下，打造“丝绸之路经济带”新亮点，为甘肃城市发展注入新的活力。首先，要突出甘肃历史文化特色，倡导具有甘肃特色的城市文化，打造具有甘肃特色的城市文化内涵，以文化带动旅游发展，实现经济增长，并更好地打造精品城市文化。其次，打造更多的公共空间给文化。减少大拆大建，增加博物馆等公共文化设施，并提供足够的公共空间用来让市民在其中交流分享，使文化活起来。最后，推动全民阅读，共筑书香社会。要形成要读书、爱读书、读好书的风气，推开窗是高楼林立的现代都市，摊开书便是一片静谧的世界。倡导广大群众捧起书卷，全民阅读，共筑书香甘肃。

参考文献

甘肃省统计局　国家统计局甘肃调查总队：《2014 年甘肃省国民经济和社会发展统计公报》，《甘肃日报》2015 年 4 月 10 日。

甘肃省统计局　国家统计局甘肃调查总队：《2015 年甘肃省国民经济和社会发展统计公报》，《甘肃日报》2016 年 2 月 25 日。

甘肃省统计局　国家统计局甘肃调查总队：《2016 年甘肃省国民经济和社会发展统计公报》，《甘肃日报》2017 年 4 月 5 日。

甘肃省统计局　国家统计局甘肃调查总队：《2017 年甘肃省国民经济和社会发展统计公报》，《甘肃日报》2018 年 4 月 25 日。

甘肃省统计局　国家统计局甘肃调查总队：《2018 年甘肃省国民经济和社会发展统计公报》，《甘肃日报》2019 年 3 月 19 日。

《来自全省生态环境保护暨污染防治攻坚战推进会的消息》，2019 年 3 月 7 日，http：//www. lzbs. com. cn/zbxw/2019 －03/07/content_ 4466515. htm。

专　题　篇

Special Subjects

B.6
甘肃城市社会治理智能化分析报告
——以兰州市为个案

马亚萍　马　宁*

摘　要： 从社会学视角，从体制机制保障、以数织网凝聚治理力量、以网建云构建治理智能化格局、以云施治创新治理方式、以智促治提升治理水平五个层面研究分析了兰州市运用大数据实施城市社会治理智能化探索的实践过程及其面临挑战，提出了加快兰州市城市社会治理智能化数据共享法律法规规章制度设计步伐、树立治理智能化的治理理念、建立健全多元治理智能化数据共享体制机制、培养专业化人才队伍和筑牢兰州市城市社会治理智能化安全网等应对策略。

* 马亚萍，甘肃省社会科学院社会学研究所研究员，甘肃省社会科学院西北少数民族女性与社会性别研究中心主任，甘肃统战理论研究基地特邀研究员，研究方向为民族社会学；马宁，甘肃省社会科学院社会学研究所助理研究员，研究方向为人口社会学。

关键词： 城市　社会治理　智能化

一　概念及其内涵界定

（一）社会治理

国内学界从各学科视域对社会治理概念进行界定，众说纷纭，但多元主体通过互动实现利益共享的基本内涵是基本一致的。如王建平认为社会治理泛指“国家、公共组织、私人机构及社会个人等各种活动主体，运用社会权力维持秩序，满足公众需要的过程。治理的目的是在各种不同的制度、关系中运用权力去引导、控制和规范个人与组织的各种活动，以最大限度地增进公共利益”。① 可见，对社会治理概念界定依然是我国学界面临的理论难题之一。

鉴于本项研究在社会学视域下展开，对社会治理的概念界定，遵循社会学对概念内涵和外延界定原则，在准确把握社会治理主体、客体、手段、目标基础上，抽象地概括其本质。我们认为社会治理概念内涵是政府、社会组织、企事业单位、社区以及个人等多种主体通过平等的合作、对话、协商、沟通等方式，依法对社会事务、社会组织和社会生活进行引导和规范，最终实现公共利益最大化的过程。

（二）社会治理智能化

社会治理智能化指运用社会治理理论，以网络空间和网络化为基础，将大数据、云计算、物联网等信息技术运用于社会治理领域，使社会治理过程更加科学化和智能化、提升社会治理水平和效能以及应对各类社会风险能力，是中国社会治理创新的重要方向和发展趋势，我国社会治理智能化对象具有现实社会和网络社会相结合的双重性。

---

① 王建平：《城市社区治理与中国的实践》，《黑河学刊》2006 年第 4 期。

（三）城市社会治理智能化

城市是我国国家治理体系和治理能力现代化的重要组成部分，是推进当代中国社会治理智能化的重要载体，当前我国提高城市社会治理智能化水平的主要途径是建设智慧城市。

二　兰州市社会治理智能化探索与实践

（一）问题的提出

社会治理创新方向。中国共产党十九大报告中提出“加强和创新社会治理，提高社会治理社会化、法治化、智能化、专业化水平，打造共建共治共享的社会治理格局”。[①] 明确了我国社会治理发展方向是“四化”，而现代信息技术尤其是大数据在我国的普及应用为社会治理“四化”之一的智能化提供了技术契机和支持。

大数据已成为当前我国实现社会治理智能化的重要途径。大数据作为关键性技术工具和重要信息资源被引入社会治理智能化实践中，“智能化”已成为驱动我国社会治理创新的引擎。“智能化”使得我国社会治理传统机制随之发生了重要改变，对政府社会治理理念、组织形式、治理方式、政策决策、难点问题的有效解决等带来前所未有的挑战，甘肃亦是如此。

本报告以大数据为时代背景，以兰州市为个案探究甘肃运用大数据创新城市社会治理模式和社会治理智能化实践，为我国城市社会治理创新理论和实践研究提供有益案例。

① 习近平：《决胜全面建成小康社会　夺取新时代中国特色社会主义伟大胜利——在中国共产党第十九次全国代表大会上的报告》，《人民日报》2017 年 10 月 28 日。

（二）兰州市城市社会治理智能化的探索

1. 兰州市城市社会治理智能化雏形

兰州市社会治理智能化的雏形载体是社区网格化和12345民情通服务热线。随着国家住房和城乡建设部在全国推广北京东城区网格化管理模式，2013年兰州市49个街道全面实现社区网格化管理。兰州市借助现代信息技术平台，构建了实时反应、动态跟踪、联通共享、纵向到底、横向到边的城市网格化管理体系，其中城关区、七里河区、安宁区实施三级网格管理，西固区实施扁平化一级网格管理，全市有49个一级、391个二级、1482个三级和4831个四级网格，主要承担兰州市文明城市创建、国家卫生城市创建、大气污染防治、平安兰州建设、城市环境卫生及物业管理等六大任务，可见当时兰州市城市社会治理依托现代信息平台的网格化主要发挥管理职能。

2013年兰州市在原来市长热线基础上，整合47部全市公共和生活服务电话，设立了12345民情通服务热线，设立了“一号受理、分类转办、各级联动、服务群众”信息服务模式，受理企业和市民各类诉求，当时兰州市城市社会治理依托现代信息平台的12345民情通服务热线主要在发挥服务职能。

综上所述，我们认为社区网格化和12345民情通服务热线是兰州市城市社会治理智能化雏形的有效载体，在其城市社会治理智能化的管理和服务两个层面发挥了重要作用，但该时期的兰州市城市社会治理智能化的管理和服务具有分离的特征。

2. 兰州市城市社会治理智能化尝试

三维数字社会服务中心成立标志着兰州市初步搭建了城市社会治理智能化的架构。2013年5月，兰州市成立三维数字社会服务中心并投入使用，初步构建了其三维数字四级平台管理格局，即区级设立三维数字社会服务中心，街道设立三维数字服务工作站，社区设立工作室，网格平台横向贯通各级各类部门、社区各窗口及各网格单元，纵向贯通市、区、街道、社区、网格及楼院。兰州市首创研发的三维数字社会服务管理系统，初期开通了

12345民情通热线、三维服务网、网格化信息管理平台，把涉及民生的300余项服务资源整合到三维数字系统。统计数据显示，平台运行以来受理内容涉及平安建设、文明城市创建、城市管理、应急、居民事务代办、物业管理等领域，三维数字网的服务功能不断丰富，为市民提供便民服务300余项，网站访问总量突破了600余万次，日访问量达4000余次。① 同年，兰州市因此跻身第二批国家级智慧城市试点城市，其间通过推广各类应用、整合各类资源、构建公共信息平台等途径，依托国家级智慧城市创建契机，兰州市开启了创新城市社会治理智能化管理模式和体制机制的初步尝试。

（三）兰州市城市社会治理智能化的实践

1. 体制机制保障

2015年9月，兰州市三维数字社会服务中心更名为兰州市大数据社会服务管理局，属于市政府直属事业单位，内设办公室、标准规划处、产业推进处、数据资源处、督查考核处、人事处，下设市三维数字社会服务管理中心和市信息产业促进中心。2019年，机构改革整合了与人工智能、信息化推进、社会公共信息资源应用、智慧城市建设等职责相关的部门，组建的“兰州市大数据管理局”成为市政府工作组成部门。兰州市大数据管理局的成立从政府层面理顺了体制机制，为其运用大数据为城市社会治理智能化提供了体制机制保障，兰州市正式拉开了大数据背景下城市社会治理智能化实践的序幕。

2. 以数织网凝聚社会治理力量

以数织网。兰州市大数据管理局通过强有力的顶层设计，建立了覆盖全市的三维数字社会服务管理系统，系统搭建了民生服务和社会管理两大平台，建立了实有人口、经济法人和空间地理三大数据库，有效地整合了语音、视频、业务和数据四大资源，利用12345民情通服务热线整合焦点、化解、舆情、应急和效能五个在线。经过多年不断的系统整合，现已形成

---

① 根据兰州大数据管理局网站和调研资料整理。

“一号、一网、一库、一网格”（12345 民情通服务热线、三维服务网、三大基础数据库、网格化信息管理平台）的城市社会治理智能化体系。

以网聚力。兰州市城市社会治理智能化体系的建立使其社会治理领域数据收集由过去的单渠道变多渠道，社会治理海量数据在系统中得到高度整合交换共享，实现了服务和管理融合联动，最大限度地凝聚了社会治理力量。如兰州市 12345 民情通服务热线经过 6 年发展，现已建成以 12345 民情通服务热线为核心，集信箱、热线电话、网络、微信、短信、QQ 等多媒体诉求渠道于一体的政务服务投诉管理信息平台。统计数据显示，2018 年“12345 民情通热线共受理办结各类案件 82 万余件，办结率为 99.58%；全市网格化信息管理平台共受理转办各类案件 271 万余件，办结率 96.24%；受理回复网民给省市主要领导留言 4564 条，回复率 99.67%”。[①] 截至 2019 年 6 月累计受理建议、咨询、投诉、求助、感谢等各类诉求 391 万余件，办结 390 万余件，日均受理 2000 余件，接通率达 90% 以上，办结率达 95% 以上。数据表明兰州市以网聚力，不仅激活了市民参与城市社会治理的意愿，而且最大限度地凝聚了社会治理力量，为其城市社会治理智能化奠定了多元参与的社会人力资源基础。

制度保障数据分析。兰州市数据管理局建立了 12345 民情通服务热线月数据分析制度，分析市民诉求和问题的维度由单向变为多项。在进行月数据分析时，从市民反映诉求或问题的渠道，涉及内容、行业、部门、领域以及满意度等维度进行准确的归类，汇总重点、难点、热点问题，然后进行分析统计，将分析中发现的短板或弱项及时反馈给相关部门，同时提供合理有效的分析数据以资参考。如对事关市民切身利益、关注度高的道路管理、供暖供热、环境卫生等城市社会管理和服务的诉求数据进行定期分类汇总分析，及时向市委市政府及各区县、各相关部门（单位）报送，累计报送各类分析资料约 300 份，通过大数据技术提炼的数据直观地反映了市民的诉求，以“实证的事实”为兰州市政府在社会治理领域的精准决策提供科学依据，分

① 根据兰州大数据管理局网站和调研资料整理。

析数据已成为兰州市反映社情民意的晴雨表。由此可见，兰州市三维数字社会服务管理系统搭建的以12345民情通服务热线为依托的社会管理大数据平台，以数织网、以网聚力的社会治理智能化模式，不仅发挥了吸引各类社会群体参与社会治理，最大限度地凝聚了社会治理力量，而且有效地利用大数据汇集的资料对社会治理领域发生的问题进行实时跟踪分析，为政府决策提供科学依据，实现决策从“基于结果向基于过程分析转变”。因此，我们认为兰州市三维数字社会服务管理系统搭建的以12345民情通服务热线为依托的社会管理大数据平台，不仅是兰州城市社会治理智能化体系由雏形逐步走向完善的标志，而且成为兰州市运用信息化和大数据技术创新城市社会治理智能化的品牌。

3. 以网建云构建社会治理智能化格局

网格化推动数据云端化。2013年兰州市依托三维数字社会服务管理系统，以“四级平台管理、六级网格服务”为构架，搭建了兰州市网格化信息管理平台，将全市363个社区划分成1713个网格，配备了3753名网格员，每位网格员配备网格化手持终端，实现了全市八区县城市区域网格服务管理全覆盖，构建了实时反应、动态跟踪、联通共享、纵向到底、横向到边的城市网格化管理体系。兰州市通过城市网格化社会管理平台有效地将网格内居民组织起来，实现城市居民自我发现和解决问题，确保各职能部门社区高效联动、快速处置，变过去的被动管理为主动管理。在兰州市数据管理局的实地调研中，我们从大屏幕直观地看到在网格管理信息平台有红点闪烁的地方代表网格员在实时上传发现事件的信息视频，每天平台平均接收信息8000余件，从2014年到2019年9月共接收信息1100多万条。之后，在工作人员引领下，我们从平台管理后台观看了网格员从发现井盖丢失、拍视频上报到井盖安装好的全过程，屏幕还直观地再现了井盖丢失事件处理前后的对比视频，通过数据传输了社会事件发现、上报、处理、解决全程，与以往发生社会事件“人到现场查看、上报和解决”相比，节省了大量的人力、物力和时间。通过实地调研我们认为，兰州市在推进城市社会治理智能化的实践过程中，有效地应用网格化管理平台治理辖区内各项社会事务，运用数据云端构建城市社会“一张网格管治理”的格局，因此网格化不但是兰州市数据云端化的推动力，也是其城市社会治理格局由传统型逐步走向智能化实践的成果。

4. 以云施治创新社会治理方式

以云施治。走进兰州市智慧城市运行管理中心，巨大的屏幕上兰州市政府政务外网、1713 个基层网格分布运行、市政和执法人员分布、工单状态、网络安全运行等的实时状态一览无余。兰州市智慧城市云平台由应用、大安全、大数据和网站四个平台组成，有效整合了政府信息系统和公共数据资源，构建了“基础信息资源库 + 主题信息资源库 + 部门信息资源库”的数据库体系，形成了“6 +7 +55”① 的管理应用模式，完成了 55 个单位的数据资源整合入库和 23 个单位的数据共享工作，实现公安、城管、交通、安监、环保等部门的 4. 2 万路视频资源的整合共享，数据共享量超过 100PB。通过数据中心共享人口、车辆和房产，为城市社会治理提供了有力的数据支撑。如市房产局在办理保障房审批事项过程中，通过调用数据中心数据，对申请人工商、车辆、房产、死亡等方面的数据进行全方位核查。再如市公安局在办理案件时，通过数据中心共享数据，全面掌握嫌疑人的住房、工商、社保、用电等数据，提升了案件的办理效率。依托“信用中国”（甘肃兰州）网站建立信用信息公共服务平台，整合了 47 家市级信源单位信用信息数据，形成“征、管、用、控”的信用体系，归集信用信息 690 万余条，双公示信息 20 万余条，把工商登记、税收缴纳、交通违章等各类信息逐步纳入其中，通过与市大数据中心进行对接，形成了较全面的全市社会信用基础信息库，实现了全市各类信用信息数据跨部门、跨行业、跨区域交换共享，逐步打破了信息“孤岛”，推动部门业务和社会治理的协同发展。如市药监局、公积金管理中心等单位使用平台查询公司或个人的黑名单、奖惩等基本信用信息。由此可见，以云施治是带动兰州市城市社会治理方式由传统

---

① “6”指法人、人口、社会信用、电子证照等基础信息库；“7”指健康保障、社会保障、食品药品安全、城乡建设等主题信息库；“55”指由人社、公安、工商等部门信息库构成的兰州市大数据中心。

向智能化转变的关键举措。

5. 以智促治提升社会治理水平

数据释放价值。兰州市以智慧城市建设为契机，推动城市社会治理智能化，让大数据实现价值最大化。兰州市交通大数据公共服务平台，整合了公交车、出租车、气象和个人手机等 10 类资源，融合 GIS 地理信息、GPS 全球定位、车辆信息、视频监控、综合执法等子系统，并与人口信息采集等系统实现信息共享，形成人、地、事、物、车、组织等多信息整合的交通大数据中心，是当前数据整合资源最多的平台。调研现场我们从大屏幕上直观地看到兰州路面形式的交通工具的实时动态，GPS 定位数据显示，路面行驶的出租车约 9000 辆、公交车约 800 辆，屏幕图标还显示了车流量大、行驶速度缓慢的区域，通过交广电台提醒驾驶员绕道行驶避开拥堵路段，对解决兰州市交通拥堵问题起到了缓解作用。再如通过活动在兰州市区人们的手机定位可掌握兰州市 24 小时人口变化趋势，假如某地段发生天然气泄漏事件，平台可以第一时间测算出事发区域面积、人口分布密度、周围建筑物等情况，为应急部门和消防人员提供人员疏散、实施救援的准确数据，减少了突发性事故造成的生命和财产损失。在如市房产、公安、民政、法院、环保等部门，通过共享应用人口、法人、视频、地理、信用信息、电子证照等数据，分别在保障房审批、案件办理、综治维稳、社会救助等领域减少了手续、缩短了办理时间、提高了工作效率。如出租车营运证办理时间由过去 7 个工作日缩短到 3 个工作日。再如兰州市政务网，网上加载了 600 余项在线办理事项，在线办结率达 96.77%，相当于线下的政务大厅，市民足不出户就能在兰州市政务网在线办理养老金、燃气、预约挂号、图书借阅信息查询等个人相关事项。此外，兰州市大数据平台把电子证照数据库与线下政务大厅链接进行数据共享，现在市民去政务大厅办理事项通过电子证照关联就可以提取所需要的相关证照，减少了办事程序和提交资料，在方便市民办事的同时，提高了政府部门办事效率。综上所述，兰州市大数据中心运用现代技术对海量数据进行分析和挖掘，实现了社会治理问题的第一时间发现、第一时间处置、第一时间解决，切实提升社会安全稳定的预测、预判、预警和预防能力。因此，我们认为兰州市以智慧城市建设为载体，在云平台系统通过整合和扩大数据资源共享，最大限度地释放了数据使用价值，对提高城市社会治理智慧化能力的支撑作用凸显。

总之，我们认为兰州市城市社会治理智能化经历了从网格化、12345 民情通热线、三维数字社会服务中心、大数据社会服务管理局到兰州市大数据管理局的发展历程。它以智慧城市建设为契机和载体，从城市社会治理智能化的体制机制、凝聚治理力量、构建治理格局、创新治理方式和提升治理能力等方面做了深入的探索实践，建构了“用数据说话、用数据决策、用数据管理、用数据创新”的城市社会治理智能化模式，实现了从“主观主义”“经验主义”到“实事求是”“数据驱动”的社会治理方式转变，基本形成“人干云算”的社会治理智能化格局。这是一次具有质变性的城市社会治理创新的探索实践，兰州市因此于 2016 年、2017 年分别跻身“中国智慧城市建设”50 强和“中国新型智慧城市创新”50 强。

三 兰州市城市社会治理智能化面临挑战

大数据时代背景下的城市社会治理处于以多主体、多场域和复杂系统为特征的治理场域中，在线政府、数字治理、开放政府等新兴社会治理制度随之而生，我国各级政府社会治理模式从科层官僚制向数据和技术辅助的扁平化转型。兰州市城市社会治理智能化同样面对大数据环境下公共空间与私人领域、在线表达与线下参与、线上互动与政治沟通、参与主体多元化等多重因素和社会风险交集叠加的挑战。

（一）法律制度设计与大数据应用于兰州市城市社会治理智能化的缺失

大数据技术飞速发展已超出了目前我国诸多法律法规的相关规定，尤其在涉及国家安全和个人隐私等方面，现有法律法规和管理制度无法保障数据的有效使用，地方政府和企业对大数据保持高度戒备。在国家层面，目前还没有颁布社会治理数据共享的专门法律法规或条例，已有的相关法律法规可能与实际存在相互冲突，因此大数据共享无法可依、无章可循等问题导致多元社会治理主体尤其是政府部门无所适从、担心泄密不敢进行数据共享，使大量数据被束之高阁，无法在社会治理领域共享。兰州市在城市社会治理智能化实践中，同样存在来自技术标准、部门利益、产权归属、问责压力等方面法律制度层面的制约因素，总体来看，兰州市城市社会治理智能化数据共享制度设计步伐缓慢。

（二）治理理念对兰州市城市社会治理智能化的约束

尽管兰州市运用大数据创新城市社会治理智能化的实践成果得到国家工信部、科技部等部委肯定和市民支持，但在运行过程中，理念层面受传统意识影响，制约因素依然存在。在政府层面，政府部分部门存在对城市社会治理智能化认识不足、意识淡漠和管制思维，导致对运用大数据实施城市社会治理智能化重视不够、数据使用受限等问题。以兰州市大数据工作接口为例，区政府、街道和社区有各自的工作和办事入口，但是市属的其他部门没有工作入口。如市应急办在遇到突发事件时无法在本单位根据自身权限随时预警、预控和评估市内的各种突发事件，需要联系大数据社会服务管理局才能获知相关数据。在市民层面，虽说兰州市民运用互联网的比例逐年提高，但对大数据知识，政府大数据管理、职能应用以及在社会治理中的应用缺乏了解，导致他们的城市社会治理智能化理念具有一定的滞后性，从某种程度上限制了社会公众在监督和推动社会治理变革中作用的发挥。

（三）体制机制对兰州市城市社会治理智能化的约束

持续破解体制机制约束。尽管兰州市成立了大数据局、市大数据库，形成了“6+7+55”的管理应用模式，但大数据占有量最大的政府部门之间还没有完全实现信息的联通共享，在部门化、碎片化城市社会治理格局下形成了诸多“信息孤岛”，大数据具有的开放共享特质与政府不同层级、部门之间的条块分割体制的矛盾冲突依然存在，成为约束兰州市城市社会治理智能化的体制因素。在调研中，我们发现虽然兰州市大数据社会服务管理局有整合全省信用数据库的规划，技术层面可行，但由于其大数据暂时仅供兰州市政府内网使用，市属各部门都不具备直接接入大数据平台的权限，省属部门与之联通共享还没有提上议事日程，因此诸如“信息孤岛”等问题成为制约兰州市城市社会治理智能化的体制机制因素。

（四）人才对推动兰州市城市社会治理智能化的约束

大数据是一项涉及众多部门、诸多层次的系统工程。在调研中，我们深刻感受了大数据应用在决策、建设、组织、协调、规划、监管、运行、维护、安全等诸多事务贯穿于兰州市城市社会治理智能化的全过程，因此需要建立一支专业化、多层次的大数据人才队伍，尤其是既掌握大数据技术又懂得政务的综合型人才承担这项工作。但在调研中发现，兰州市大数据工程是作为一项技术工程运作的，人员的选择、任用和配置局限于大数据技术和基础建设层面，这些人员具有专业的大数据技术知识，但对政府部门工作运行机制、业务流程熟悉程度不够，涉及社会治理领域的数据挖掘分析中，与政府部门对接容易产生供需脱节的问题，缺乏数据管理和分析的复合型人才，使得海量数据难以进行及时、有效、深入分析，缺乏复合型人才制约了大数据在兰州市城市社会治理智能化实践中的运用。

（五）安全对推动兰州市城市社会治理智能化的约束

大数据带来的公共安全和潜在伦理挑战制约了社会治理智能化进程。大数据是一把双刃剑，在促进安全的同时也存在增加新安全隐患的问题。大数据时代，公民的个人信息追踪到处存在，仿佛每个人都置身“全景监狱”之中，在调研中我们深有同感。兰州市大数据平台采集了大量市民信息数据，尽管采取了各项安全保护措施，但“黑客”攻击和数据泄露事件时有发生，有的侵害了市民隐私权，甚至被不法分子利用，给市民造成财产损失，也暴露了大数据时代兰州市政府在数据安全和监管方面的漏洞，如何在数据开放与公民隐私保护之间把握好尺度，也是兰州市城市社会治理智能化面临的巨大挑战。

四　兰州市城市社会治理智能化应对挑战的策略选择

在大数据时代，随着新媒体、自媒体和社交媒体不断发展，各类社会问题急剧扩散、畸形扩大和交叉叠加，产生放大效果，不但形成“无事会生事、小事变大事、大事变大灾”的恶性螺旋，而且在事态发展历时上凸显临界点、爆发点、转折点、衰减点、止损点、平复点等时间节点，给解决社会问题增加了诸多障碍，社会治理难度陡增，因此运用大数据实施社会治理智能化成为我国社会治理模式创新和转型的最佳途径。为顺应运用大数据创新社会治理发展的趋势，建议兰州市城市社会治理智能化应做如下策略选择。

（一）加快兰州市城市社会治理智能化数据共享法律法规规章制度设计步伐

建立健全相关地方性法律法规。尽管国家法律层面还没有出台相关的社会治理大数据使用原则和技术标准，但兰州市可尽快启动地方性大数据领域专项立法或制度的研究工作，比如数据质量、开放、个人数据隐私保护、数据监管等领域的法律法规或规章制度，从法律法规和制度层面破解城市社会治理智能化的数据可靠性、数据开发共享、数据质量、个人数据泄露、隐私权保护以及社会治理领域敏感数据泄露等问题，从而降低和规避兰州市运用大数据实施城市社会智能化治理的数据使用风险，加快兰州市城市社会治理智能化数据共享的地方性法律法规和盖章制度设计的步伐。

（二）树立运用大数据实施兰州市城市社会治理智能化的治理理念

培育新治理理念。运用多种形式加大在政府和社会层面对运用大数据实施兰州市城市社会治理智能化领域重要价值的宣传，使政府工作人员和市民从主观层面深入了解和树立运用大数据实施兰州市城市社会治理智能化的治理理念，为其社会治理智能化提供坚实的思想保障。通过顶层设计和舆论引导，推动兰州市政府各部门和市民对社会治理大数据进行深入分析和实践应用，充分发挥大数据在兰州市城市社会治理智能化中的积极作用。

（三）建立健全多元治理和智能化数据共享体制机制

建立健全多元治理和数据共享体制机制，从根本上解决大数据市政府内网转、对外开放，赋权市属各部门直接接入大数据平台权限，实现信息的联通共享，破除在部门化、碎片化城市社会治理格局下形成的诸多“信息孤岛”等问题，彻底打破数据壁垒，整合各类信息资源库，使海量数据全要素进平台，构建覆盖市级层面的各类社交网络、应用终端的统一采集平台，从而在体制机制层面去除制约不同系统平台、数据结构连接交汇和共享等因素，为兰州市城市社会治理智能化提供坚实的体制机制保障。

（四）培养专业化的兰州市城市社会治理智能化人才队伍

建立社会治理智能化数据研究专业团队。大数据具有强技术属性，涉及统计、计算机和社会科学等多个学科领域，在社会治理领域的研究和运用需要经过数据爬梳、分析和解释等三个专业操作阶段，要求数据分析人员具有多学科知识背景，而以兰州市大数据管理局目前的人员结构状况无法满足。为此建议以开放形式聘请相关领域专家与数据管理局专业技术人员共同组成社会治理智能化数据研究专业团队，围绕兰州市教育就业、医疗卫生、公共交通、食品卫生、环境治理等社会治理难点、热点问题，深入挖掘数据和开展专项数据研究分析，为决策部门提供具有针对性、可操作性的可资参考的成果，为提升兰州市城市社会治理智能化水平提供坚实的人力资源保障。

（五）筑牢兰州市城市社会治理智能化安全网

兰州市运用大数据实施城市社会治理智能化，必然采集海量数据和市民个人信息，因此城市社会治理与大数据技术融合，需要做到以下几点。一是界定清楚在数据采集、存储、分类及交易中，数据开放与公民隐私、数据安全之间的边界。二是依法加大政府监管力度，建立规范而完善的大数据信息安全体系，运用数据开放负面清单，规范信息采集人、管理者等相关主体责任，加强对数据提供和使用机构的监督管理。三是强化资源库安全防卫系统，从软件和硬件层面强化各项安全保障措施，从源头上防止数据泄露等问题发生，确保数据和市民个人信息的安全，为兰州市运用大数据实施城市社会治理智能化提供安全保障。

参考文献

1. 吴湛徽等：《大数据如何改善社会治理：国外“大数据福祉”运动的案例分析和借鉴》，《中国行政管理》2016 年第 6 期。
2. 黄萃等：《智慧治理》，清华大学出版社，2017。
3. 〔英〕迈尔·舍思伯格、库耶克：《大数据时代》，盛艳阳译，浙江出版社，2013。

B.7
甘肃科技创新能力研究报告

袁凤香*

摘　要： 近年来，甘肃省委、省政府坚持以习近平新时代中国特色社会主义思想为指导，深入践行习近平总书记视察甘肃时的重要讲话和“八个着力”的重要指示精神，深入实施创新驱动发展战略，大力推进创新型甘肃建设，科技创新能力逐步增强，创新投入、科技产出、成果转化等方面呈现良好的发展态势，科技创新对经济社会发展的支撑和引领作用不断提升，为甘肃的经济社会发展提供了强有力的科技支撑。本报告通过翔实的数据、比较的方法，分析了近年来甘肃省科技创新能力建设取得的成就、存在的主要问题并提出了相应的对策建议。

关键词： 甘肃　科技　创新能力

当今世界，科技创新能力已成为衡量一个国家或地区综合实力的重要因素和主要标志，成为促进国家经济发展和人民生活方式转变的强大引擎。习近平总书记指出：“谁牵住了科技创新这个‘牛鼻子’，谁走好了科技创新这步先手棋，谁就能占领先机、赢得优势。”深入实施创新驱动发展战略，是新时代推动高质量发展、新旧动能转换的迫切要求和重要支撑，也是推动区域可持续发展、决胜全面小康社会建设、实现中国梦的必由之路。

---

* 袁凤香，甘肃省社会科学院社会学研究所副研究员，研究方向为科技和生态文明建设。

2013年2月，习近平总书记在甘肃调研考察时指出："甘肃实施创新驱动发展战略，是加快转变经济发展方式、提高我国综合国力和国际竞争力的必然要求和战略举措，必须紧紧抓住科技创新这个核心和培养造就创新型人才这个关键，瞄准世界科技前沿领域，不断提高企业自主创新能力和竞争力。"①

近年来，甘肃省委、省政府坚持以习近平新时代中国特色社会主义思想为指导，深入践行习近平总书记视察甘肃时的重要讲话和"八个着力"的重要指示精神，深入实施创新驱动发展战略，大力推进创新型甘肃建设，科技创新能力逐步增强，创新投入、科技产出、成果转化等方面呈现出良好的发展态势，科技创新对经济社会发展的支撑和引领作用不断提升，为甘肃的经济社会发展提供了强有力的科技支撑，创新型甘肃建设不断迈上新台阶。

一　甘肃省科技创新能力发展现状分析

（一）甘肃科技创新能力在全国的排名

1. 在全国区域创新能力评价中的排名

根据《中国区域创新能力评价报告2018》，从区域创新能力评价的5个一级指标和20个固定指标的实力、效率和潜力来看，2018年甘肃科技创新能力综合指标值为20.05，全国排名第25位，与2017年相比下降了4位。从一级指标看，5个一级指标中知识创造综合指标值为17.64，全国排名第22位，与2017年相比下降了2位；知识获取综合指标值为12.82，全国排名第24位，与2017年相比上升了3位；企业创新综合指标值为14.6，全国排名第26位，与2017年相比下降了10位；创新环境综合指标值为22.01，全国排名第25位，与2017年相比下降了1位；创新绩效综

① 习近平在甘肃调研考察时的讲话（2013年2月2日~5日），《人民日报》2013年2月6日。

合指标值为31.66，全国排名第20位，与2017年相比上升了2位（见表1、表2）。

表1 甘肃省2018年科技创新能力综合指标5个一级指标及20个固定指标在全国排名情况

指标名称	综合指标		分项指标排名		
	指标值	排名	实力	效率	潜力
综合值	20.05	25	26	19	21
1 知识创造综合指标	17.64	22	24	11	28
1.1 研究开发投入综合指标	8.96	22	25	17	27
1.2 专利综合指标	16.28	25	25	18	27
1.3 科研论文综合指标	37.7	8	20	3	26
2 知识获取综合指标	12.82	24	27	13	29
2.1 科技合作综合指标	34.39	13	21	5	14
2.2 技术转移综合指标	5.74	29	25	18	30
2.3 外资企业投资综合指标	1.96	30	29	31	24
3 企业创新综合指标	14.6	26	26	19	27
3.1 企业研发投入综合指标	18.31	25	26	19	26
3.2 设计能力综合指标	10.19	26	26	22	16
3.3 技术提升能力综合指标	27.03	13	24	4	30
3.4 新产品销售收入综合指标	3.21	31	27	30	31
4 创新环境综合指标	22.01	25	26	23	5
4.1 创新基础设施综合指标	21.73	21	21	30	2
4.2 市场环境综合指标	26.79	29	30	21	17
4.3 劳动者素质综合指标	26.12	21	27	4	23
4.4 金融环境综合指标	17.88	14	22	17	5
4.5 创业水平综合指标	17.51	25	21	25	13
5 创新绩效综合指标	31.66	20	19	27	6
5.1 宏观经济综合指标	18.34	31	27	31	16
5.2 产业结构综合指标	14.52	27	27	19	22
5.3 产业国际竞争力综合指标	24	13	23	13	3
5.4 就业综合指标	26.99	10	7	29	15
5.5 可持续发展与环境保护综合指标	74.46	7	5	26	3

注：表中为2016年数据。

资料来源：柳卸林、高太山等编《中国区域创新能力评价报告2018》，科学技术文献出版社，2018。

表 2 2017～2018 年甘肃省 5 个一级指标创新能力排名变化情况

年份	综合排名	知识创造	知识获取	企业创新	创新环境	创新绩效
2017	21	20	27	16	24	22
2018	25	22	24	26	25	20

资料来源：柳卸林、高太山等编《中国区域创新能力评价报告 2018》，科学技术文献出版社，2018。

2. 在全国区域科技创新评价中的排名

《中国区域科技创新评价报告 2018》显示，甘肃省综合科技创新水平指数为 51.38%，全国排名第 18 位，位次与上年一致，指数值提高了 0.75 个百分点，在全国综合科技创新水平区域分类中居第二类（综合科技创新水平指数值低于全国平均水平 69.63%，但高于 50% 的地区），科技创新水平处于稳定提升态势。5 个一级指标中，科技创新环境综合指数为 50.40%，在全国排名第 21 位，西部排名第 5 名，西北五省区第 2 名；科技活动投入综合指数为 44.08%，位居全国第 23，居西部第 6，居西北五省区第 4；科技活动产出综合指标为 47.71%，位居全国第 17，西部第 4，西北五省区第 2；高新技术产业化综合指数为 60.98%，位居全国第 18，西部第 5，西北五省区第 2；科技促进经济社会发展综合指数为 56.40%，位居全国第 27，西部第 8，西北五省区第 4（见表 3）。

表 3 甘肃省 2018 年科技创新 5 个一级指标和 12 个二级指标在全国、西部及西北五省区的排名

指标名称	指标值	全国排名	西部排名	西北五省区排名
综合科技创新水平指数(%)	51.38	18	4	2
1. 科技创新环境综合指数(%)	50.40	21	5	2
1.1 科技人力资源指数(%)	60.35	22	6	3
1.2 科研物质条件指数(%)	46.98	19	5	3
1.3 科技意识指数(%)	40.53	15	3	2
2. 科技活动投入综合指数(%)	44.08	23	6	4
2.1 科技活动人力投入指数(%)	70.62	23	6	3
2.2 科技活动财力投入指数(%)	32.71	18	4	2

续表

指标名称	指标值	全国排名	西部排名	西北五省区排名
3. 科技活动产出综合指数(%)	47.71	17	4	2
3.1 科技活动产出水平指数(%)	45.21	18	4	2
3.2 技术成果市场化指数(%)	51.59	16	4	2
4. 高新技术产业化综合指数(%)	60.98	18	5	2
4.1 高新技术产业化水平指数(%)	36.21	19	6	2
4.2 高新技术产业化效益指数(%)	85.76	8	4	1
5. 科技促进经济社会发展综合指数	56.40	27	8	4
5.1 经济发展方式转变指数	39.75	28	9	5
5.2 环境改善指数	78.77	22	7	3
5.3 社会生活信息化指数	70.59	17	6	4

资料来源：柳卸林、高太山等编《中国区域科技创新评价报告 2018》，科学技术文献出版社，2018。

（二）甘肃科技创新能力取得的成就

近年来，甘肃科技工作紧紧围绕经济社会发展大局，科技实力和创新能力不断提升，科技体制改革全面深化，科技创新环境持续改善，科技投入持续增长，技术交易稳步增长，创新创业平台迅速发展，科技对经济增长的贡献率达到52.8%，科技创新能力不断提升，以科技创新为支撑的新产业、新模式、新业态不断涌现，经济发展新动能正在逐步形成。

1. 区域科技创新能力稳步提升

2018年，甘肃主持和参与的6个项目荣获2018年度国家科学技术奖，其中主持的5个项目分别获得国家自然科学、国家技术发明和国家科学技术进步二等奖，参与完成的1个项目获得国家科技进步奖。登记省级科技成果1176项，登记成果中产业化应用330项，小批量或小范围应用316项，试用106项，245项应用技术成果实现转化，共创造经济效益601.22亿元，净利润93.34亿元，实交税金2.37亿元，节约资金10.02亿元。全省共成交技术合同5072项，成交额180.88亿元，同比增长11%，居全国第17位、西部第4位。争取国家项目721项，获得资金支持7.22亿元；省级科技计划项目立项1087项，安排资金3.46亿元。每万人口发明专利拥有量2.62件，科技对经济增长的贡献率达到52.8%。2019年上半年，全省共登记科技成果836项，252项应用技术成果已经实现产业化，共创造经济效益468.19亿元，净利润85.52亿元，实交税金2.81亿元。登记技术交易合同2316项，比上年同期增长3.6%；成交额46.70亿元，同比增长0.6%；获取国家项目32项，获政府拨款20764.8万元。

2. 科技创新资源投入不断加大

科技创新资源是科技创新能力提升的重要保障，科技研发经费和研发人员则是科技创新资源的核心要素，反映了创新活动的活跃程度。近年来，甘肃不断加大创新资源投入，R&D经费和R&D人员水平稳步增长。一是研发投入力度不断加大。2017年全省R&D经费投入88.4亿元，比上年增长1.6%，R&D投入强度（R&D经费与GDP的比值）达到1.19%。其中政府投入33.5亿元，占37.9%，比上一年增加3.5亿元；企业投入50.7亿元，占57.4%，比上一年减少2.5亿元；外资投入0.1亿元，占0.1%，比上一年增加0.01亿元；其他投入4.1亿元，占4.6%，比上一年增加0.5亿元（见表4）。全省科学研究和技术服务业事业单位科技经费支出38.97亿元，同比增长6.53%；其中研发（R&D）经费支出23.00亿元，同比增长12.66%。全省有R&D活动机构665个，其中企业434个，科研机构93个，高等院校73个，事业单位65个。从各市州投入情况来看，2016年，全省有5个市R&D经费投入强度突破1%，其中嘉峪关市高达6.96%，金昌市达到4.95%，兰州市1.81%，张掖市1.28%，酒泉市1.05%。二是科技创新人才队伍不断壮大。科技人才是引领创新发展的核心动力。新中国成立以来，甘肃省高层次人才在学术领域的支撑引领作用逐步显现。目前，甘肃省拥有两院院士20人，国家杰出青年基金获得者51人、优秀青年基金获得者39人，省杰出青年基金获得者71人、省基础研究创新群体团队44个，“西部之光”人才培养计划入选者55人，享受国务院政府特殊津贴专家1393人，国家“千人计划”特聘专家24人，“万人计划”学者28人，“长江学者”28人，“百千万人才工程”国家级人选29人，领军人才924人。

表4 2016~2017年甘肃省研究与试验发展（R&D）经费投入情况比较

单位：亿元

年份	年度总投入	政府投入	企业投入	外资投入	其他投入
2016	86.99	30	53.2	0.09	3.6
2017	88.4	33.5	50.7	0.1	4.1

资料来源：甘肃省科技厅网站，https://kjt.gansu.gov.cn/——科研服务（科技统计）。

3. 科技创新产出能力稳步提升

科技产出是科技创新能力的最直接表现。近年来，甘肃科技成果在低投入的状态下保持稳定产出，科技成果登记数量逐年增加，专利申请量、授权量、技术交易量均呈现齐升的趋势。一是专利产出稳步提升。2018年，专利申请量27882件，比上年增长14.0%，其中发明专利申请量6035件，比上年增长4.3%；实用新型专利申请量17400件，比上年增长27%；外观设计专利申请量4447件，比上年少525件，下降10.6%（见表5）。专利授权量13958件，比上年增长44.3%，其中发明专利授权量1280件，比上年下降4.5%；实用新型专利授权量10696件，比上年增长61.2%；外观设计专利授权量1982件，比上年增长16.9%（见表6）。有效发明专利6879件，比上年增长13.4%，每万人口发明专利拥有量2.6件，比上年增长12.1%。二是技术合同交易总量持续增长。2018年，甘肃省共登记技术合同5072项，成交额达到180.88亿元，较2017年增长11.0%。其中，技术咨询合同成交额占5.46%，技术服务合同成交额占81.40%，技术开发合同成交额占11.56%，技术转让合同成交额占1.58%（见表7）。2019年上半年，全省技术市场登记技术交易合同2316项，与上年同期对比增长3.6%；成交额46.70亿元，同比增长0.6%。

表 5　2017～2018 年甘肃国内三种专利申请量比较

单位：件

年份	总量	发明	实用新型	外观设计
2017	24448	5785	13691	4972
2018	27882	6035	17400	4447

资料来源：甘肃省科技厅网站。

表 6　2017～2018 年甘肃国内三种专利授权量比较

单位：件

年份	总量	发明	实用新型	外观设计
2017	9672	1340	6637	1695
2018	13958	1280	10696	1982

资料来源：甘肃省科技厅网站。

表 7　2017～2018 年甘肃技术合同交易量与交易额比较

单位：项，亿元

年份		总量	技术开发	技术转让	技术咨询	技术服务
2017	交易量	5850	538	77	712	4523
	交易额	162.95	15.74	1.53	16.77	128.92
2018	交易量	5072	813	64	430	3765
	交易额	180.88	20.92	2.87	9.87	147.23

资料来源：甘肃省科技厅网站。

4. 企业创新主体地位日益提升

企业是开展创新活动的重要主体，也是区域创新体系的重要组成部分。企业创新的规模和质量，在很大程度上代表着一个地区的创新能力与水平。从统计数据来看，甘肃近年来企业创新能力在不断提升。一是企业研发投入持续增加。2017 年，全省企业 R&D 经费支出 49.1 亿元，占全部支出的 55.5%。高新技术企业从业人员 12.89 万人，同比增长 14.99%；科技活动投入 46.93 亿元，同比增长 12.93%。二是企业创新成果不断丰富。统计数据表明，2017 年全省高新技术企业拥有有效专利 9990 件，同比增长 32.70%；注册商标 1344 件，软件著作权 1728 件，植物新品种 136 件，发表科技论文 1488 篇。2018 年，甘肃企业职务发明创造专利申请量为 10209 件，占总量的 57.9%。其中职务发明专利申请量为 2069 件，占 46.4%；实用新型专利申请量为 6675 件，占 59.5%；外观设计专利申请量为 1465 件，占 75.5%。职务发明专利授权量为 6550 件，占总量的 63.4%。其中发明专利授权量为 491 件，占总量的 42.5%；实用新型专利授权量为 5180 件，占总量的 64.7%；外观设计专利授权量为 879 件，占总量的 75.2%。[①] 从 2018 年甘肃三种专利申请量和授权量来看，企业创新主体地位日益凸显。

5. 科技创新创业环境持续优化

创新环境是提升创新能力的重要基础和保障。近年来，甘肃不断加强科研基础设施建设，科研保障能力稳步提升。一是创新平台体系日益完善。2018 年，新备案 6 家省级产业技术创新战略联盟，全省达到 13 家。新认定 12 家省级科技企业孵化器，全省共有国家级科技企业孵化器 8 家、省级 47 家，产业孵化发展体系持续完善；新增 24 家省级众创空间，全省拥有国家备案众创空间 30 家、省级众创空间 127 家；新增 29 家科技部备案星创天地，全省拥有 82 家科技部备案星创天地。1 家国家农业科技园区获得科技部批准建设，新建 5 家省级农业科技园区，目前全省拥有国家农业科技园区 9 家、省级农业科技园区 29 家。新认定省级技术转移示范机构 25 家，全省共有国家级技术转移示范机构 9 家、省级 60 家。二是多层次支持科技型企业发展。2018 年，新认定省级科技创新型企业 197 家，总数达到 397 家。入库科技型中小企业 612 家，其中 256 家享受研发费用加计扣除减免所得税 1.54 亿元。新扶持科技“小巨人”企业 24 家、科技型中小企业 80 家、科技型小微企业 100 家，向 993 家单位发放科技创新券 4965 万元。三是创新创业形成良好氛围。放管服改革持续深化，工商登记由“先证后照”改为“先照后证”，前置审批事项压减 87% 以上，注册资本由“实缴制”改为

---

① 国家知识产权网站，http：//www.sipo，gov.cn。

"认缴制"，"多证合一、一照一码"改革深化，企业注册所需时间大幅缩短，便利化程度大为提高。

6. 科技创新绩效不断提高

一是新产品开发实现新突破。2017 年甘肃规模以上工业企业实现利润 270.4 亿元，比上年增长 20.1%。其中，国有及国有控股企业利润为 168.4 亿元，增长 25.8%。全省开展技术交易的企业共 370 家，技术成交额达 133.70 亿元，占成交总额的 73.9%。2018 年统计数据表明，2017 年全省高新技术企业实现营业收入 1127.54 亿元，较上年增长 65.45%；产品销售收入达 968.86 亿元，同比增长 66.75%；实际上缴税收 55.41 亿元，同比增长 51.56%。2018 年，全省高新技术企业总数达到 897 家，较 2017 年净增长 285 家，同比增长 46.57%。二是高技术产品出口规模逐步扩大。近年来，甘肃省积极探索与共建"一带一路"国家间开展科技合作促进技术成果转移的新模式，依托丝绸之路"科技走廊"转移转化甘肃省先进科技成果，涉外技术交易实现较快增长。2018 年甘肃省技术流向中国港澳台地区及国外 12 项，实现成交额 2.62 亿元，占总成交额的 1.4%，是上年技术出口成交额的 2.3 倍。其中流向中国澳门 1 项，成交额为 170 万元。其余 11 项技术出口至欧洲、北美洲和大洋洲。技术出口的国家主要包括英国（3 项，成交额 0.64 亿元），德国（2 项，成交额 0.49 亿元），俄罗斯（1 项，成交额 0.48 亿元），美国（2 项，成交额 0.38 亿元）。甘肃省涉外技术不断增长，表明甘肃省自主创新能力和承接国际技术项目的能力不断提升。

二 甘肃省科技创新能力发展存在的主要问题

尽管甘肃在实施创新驱动发展战略、建设创新型社会中，科技创新能力得到了一定提升，每年的科技成果都有国际领先、国内领先，国际先进、国内先进，但整体创新能力仍然偏弱，原有的基础水平仍然偏低，与北京、上海、深圳等国内先进地区相比，与省内经济社会发展的现实需求相比，还存在许多短板和差距，主要表现为以下几方面。

（一）科技成果转化率不高

习近平总书记指出："核心技术脱离了它的产业链、价值链、生态系统，上下游不衔接，就可能白忙活一场。"① 甘肃每年有1000多项科研成果，实现转化的成果不足三成，其余除少部分流向省外，大部分都未能转化。其因有：一是科技成果转化机构尚未形成规模，产权激励机制还不到位，部分科技成果停留在理论阶段，实际转化应用价值不大；二是由于"经济"与"科技"的结合不够紧密，科技成果就地转化的承接能力有限，造成成果研发主体外迁流失；三是产学研用协同创新体系不完善，存在研究方向与生产实际、市场需求之间联系不够紧密的问题，创新成果与产业对接、创新项目与现实生产力对接、研发人员创新劳动与利益收入对接的体制尚未形成。

（二）科技创新人才严重短缺

科技创新，人才是关键。发展高新技术产业，必须依靠有创造性的高知识科研人员。目前，甘肃省一方面普遍缺乏高层次科技人才，特别是科技领军人才和团队，另一方面本土的科技人才不断向外流失的状况没有得到根本改变，无论是高端人才，还是高技能实用人才，都受发达地区人才引进力度不断加大的影响。中小企业技术人员断层严重，人才引进困难重重。科技评价体系还不够健全，人才评价制度不够合理，唯论文、唯职称、唯学历的现象仍然严重。受政策、地域、企业规模等因素影响，出现"引才难、留才更难"的局面，高层次人才和专业技术人才比重偏低，创新型人才总量不足，导致企业不完全适应创新转型的需要。

（三）科技创新投入不足

一是科技资源合理配置有待进一步优化，甘肃目前的研发投入强度为1.19%，离"十三五"末1.5%左右的目标还有很大的差距，利用财政资金

① 习近平：《在网络安全和信息化工作座谈会上的讲话》，《人民日报》2016年4月19日。

撬动企业、社会资金投入还不够。二是科技投入与经济发展水平极不相称。近年来，甘肃省科技经费投入虽然一直保持增长的态势，但与经济发展不相适应，与发达地区相比差距较大。2017 年，甘肃省财政科技支出为 25.83 亿元，占财政总支出的比重为 0.78%。三是部分企业在科技创新、产品研发等方面受传统思想、资金紧缺、产业规模、发展前景等方面的影响，创新投入明显不足。

（四）企业创新能力不足

一是创新主体地位不够凸显。企业创新能力不足，创新主体地位不够凸显，科技型中小企业数量少、规模小。截至 2018 年底，甘肃仅有高新技术企业 897 家，在全国占比不足 0.5%。二是企业创新投入、R&D 投入严重不足，主体作用没有发挥出来。三是企业“双创”活动少。在市场主体方面，甘肃创新型企业少，规模以上企业虽有一部分开展了创新活动，但所占比例不高，且企业“双创”活动少，还没有真正成为创新主体。四是企业创新水平低。由于经济结构层次较低，大多企业产品单一，产业结构不合理，区域间产业同质现象比较普遍，存在无序竞争，经济效益低下。五是企业对基础研究重视不够，缺乏重大原创性成果，底层基础技术、基础工艺能力不足。

（五）科技创新环境不优

一是政策落实没有形成合力。近年来，甘肃省委、省政府出台的科技创新政策力度很大，号称“黄金 30 条”，但在实施过程中，由于一些地方和部门缺少对政策的宣传和切实可行的配套措施，许多重大决策落实还没有形成合力，企业税收优惠政策、创新容错机制、人才吸引措施的集合效应不明显。科技创新政策与经济、产业政策的统筹衔接还不够，全社会鼓励创新、包容创新的机制和环境有待优化。二是科技平台支撑能力弱。在平台建设方面，创新资源与产业资源整合缺少沟通与协调，难以形成资源共享的规模效益，平台支撑能力与产业发展协调度较差。三是科研力量还比较分散，企业、高校、科研院所创新主体在创新链不同环节的功能定位还不够清晰。四是区域创新体系整体效能还不强，科技创新资源分散、重复、低效的问题依然存在。

三　甘肃科技创新能力发展的对策建议

针对甘肃科技创新能力发展中存在的问题，以问题为导向，以需求为牵引，在实践载体、制度安排、政策保障、环境营造上下功夫，在创新主体、创新基础、创新资源、创新环境等方面持续用力，创新活力必将充分激发，发展潜能必将充分释放。

（一）加强科技成果转化

一是健全科技成果转移转化直通机制。支持高校院所和企业设立新型科技成果转化平台，发挥好各类开发区、大学科技园科技成果产业化基地的作用，推动科技成果和企业需求信息有效对接。实施更加灵活的分配激励政策，鼓励科技人员到企业兼职从事科技成果转化活动，创办领办科技型企业。二是加快科技成果转移转化服务体系建设。支持高校、科研院所建设一批专业化技术转移机构，培育和发展各类技术交易市场、中介机构、科技服务机构，促进不同领域开展技术交易和成果转化。健全省市县三级技术市场和成果转化工作网络，围绕优势产业和地方需求开展成果转化。三是继续实施促进科技成果转移转化行动。发布促进全省产业转型升级急需的科技成果，全面运行全省科技成果信息系统。加强科技成果信息汇交，推广科技成果在线登记汇交系统。打造线上与线下相结合的省级技术交易网络平台，积极推进市州分市场建设，实现科技成果信息资源共享。四是加强技术转移体系建设。加快发展甘肃省技术市场，健全技术转移机制，发展壮大技术市场人才队伍，促进科技成果资本化和产业化。推进省级技术转移服务机构建设和市场化专业化发展，新认定一批省级技术转移示范机构，依托高校院所争取建设专业化国家技术转移机构。

（二）加大研发资金投入

一是加大财政研发经费投入力度。要充分发挥财政资金“四两拨千斤”的作用，不断加大财政科技资金对研发经费支出的支持力度。保持财政科技支出持续稳定增长，实施研发准备金奖补政策，运用财政补助机制激励引导企业建立研发准备金制度。积极落实好企业研发投入税前加计扣除、高新技术企业税收激励、技术转让税收优惠等政策支持。二是加大企业主体投入研发力度。以兰白试验区技术创新驱动基金投放为重点，发挥好市级各类创投基金对科技型小微企业的扶持作用，与省级创新驱动基金共同形成梯度互补的支持体系。壮大创新企业群体，推动更多的企业开展研发活动，激发企业的创新活力。三是建立多元研发投入机制。逐步建立起以企业为主体，多渠道、全方位的保障体系。大力发展科技保险、融资租赁、信托等业务，提升金融服务能力，为科技型企业发展提供更多融资渠道。通过银行信贷、产权交易市场吸纳社会资金投入，创新知识产权金融手段，建立贷款、保险、财政风险补偿捆绑的专利权质押融资服务模式，增强知识产权金融服务实体经济的能力。

（三）重视创新人才培养

人才是创新的第一资源和核心要素。硬实力、软实力归根结底要靠人才实力。一是大力培养科技人才队伍。发挥人才第一资源支撑引领作用，持续深化省自然科学基金资助，聚焦基础研究和科学前沿，注重交叉学科，支持科技人才培养和创新团队建设。探索项目、人才、基地相结合的绩效评价机制，遵循人才培养规律，大力支持引进人才与本土人才在前沿领域的科学研究，着力对有潜质的中青年科技人员给予重点培养和持续支持。二是提升人才聚集效果。围绕产业链、部署创新链、配置人才链，优化引才环境，加大引才力度，不断扩大科技人员规模，努力培养造就一大批具有“高精尖特”的科技人才、科技领军人才、青年科技人才和高水平创新团队，开启聚集高端人才资源服务甘肃省经济社会发展新模式。三是依托自然科学基金促进人才成长。引导省属高校、科研院所制定激励措施，协调中央在甘单位与省属高校、科研院所联合申报，争取在地区基金上取得新的更大突破。建立健全创新基地和人才评价体系，加大本土中青年科技人才的培养，培育高层次领军人才和创新团队。四是建立有效的激励机制。改变人才评价中唯论文、唯职称、唯学历等不合理现象，建立健全以创新能力、质量、贡献为导向的科技人才评价体系，建立以技术入股、员工持股等激励机制，激发各类人才创新活力。

（四）着力改善创新环境

企业技术创新能力的提高，既取决于企业自身的努力，又取决于外部的推动。一是深化科技奖励制度改革。要充分发挥科技奖励的激励导向作用，建立公开、公平、公正的评奖机制，提高科技奖励的公信力和权威性，来调动科技创新人员的积极性和创造性。二是扩大科研主体自主权。贯彻落实《国务院办公厅关于抓好赋予科研机构和人员更大自主权有关文件贯彻落实工作的通知》要求，强化高校、科研院所的科研人员在技术路线选择、资金使用、团队组建、成果转化等方面的自主权、人财物支配权，切实减轻科研人员负担，充分释放创新创造活力，调动科研人员的积极性。三是彻底打破“唯论文、唯职称、唯学历、唯奖项”的用人倾向，坚持评用结合，强化用人单位人才评价主体地位。进一步完善人才评价标准、激励机制和保障体系，积极营造尊重知识、尊重人才、尊重科技人员劳动的氛围，努力创造人尽其才、才尽其用的良好环境。

（五）提升企业创新能力

一是强化企业技术创新主体地位。以省级科技计划为抓手，引导各类创新资源向企业集聚，聚焦关键共性技术、前沿引领技术创新和前瞻性研发攻关，努力提升企业核心竞争力。鼓励企业进一步加大研发投入力度，以革命性、颠覆性举措推动工艺革新、降本增效和结构性矛盾破解，加快技术集成配套和转化应用，切实增强企业的发展后劲，支撑产业向价值链高端迈进。

二是打造“双创”升级版。加快建设专业化、市场化众创空间，促进产学研深度融合，促进企业、科研院所、高校、创客等创新主体协同创新，推动各类创新要素高效配置和有效集聚。推进“众创空间＋孵化器＋加速器”载体建设，共同构建创新孵化链条，孵化培育一批“专精特新”科技型中小企业，推动形成线上线下结合、产学研用协同、大中小企业融合的创新创业格局。三是激发企业创新创业活力。支持国有企业开展创新创业制度创新，以创新创业推动企业“裂变式”成长，增强发展的内生动力。进一步降低创新创业成本，加大研发费用加计扣除、高新技术企业、科技企业孵化器（大学科技园、众创空间等）税收优惠落实力度，把线上与线下的创新活动融合起来，充分释放中小企业创新活力。

（六）强化基础研究，增强源头供给

基础研究是科技创新的源泉，在创新能力建设中发挥着重要的基础性作用。一是增强创新源头供给。鼓励和支持高等学校和科研院所充分发挥学科、人才、科研三位一体优势，全面加强基础科学研究，聚焦领跑、并跑领域，着力实现前瞻性基础研究、引领性原创成果的重大突破。引导市州、县区、企业和其他社会力量加大基础研究投入，鼓励企业开展目标导向类应用基础研究，建立新型研发机构。二是推动基础研究与应用研究融通发展。围绕创新链前端优化基础研究配置，在新材料、核技术、航空航天和文物保护、新能源、有色金属、生物医药等甘肃省特色优势领域，超前部署应用基础研究重大项目，为甘肃省创新驱动发展提供内生动力。三是优化省级科技创新基地布局。聚焦全省重大战略任务和长远发展，持续推进科技创新基地优化整合。瞄准科技前沿和学科交叉领域，重点布局一批省重点实验室；围绕特色优势产业重点领域，优先建设一批省工程研究中心和技术创新中心；针对重大临床医学需求，加快组建一批省临床医学研究中心；整合科技基础资源条件，建设省级科技创新服务平台和野外科学观测台站，为提升原始创新和自主创新能力提供支撑。

小　结

通过对甘肃省科技创新能力的分析研究可知，甘肃省创新能力不足的原因主要有科技成果转化率不高、科技创新人才严重短缺、科技创新投入不足、企业创新能力不足、科技创新环境不优等。因此，应通过提高 R&D 资金投入、重视 R&D 人才的培养、改善科技创新环境和加强企业创新能力等来提升甘肃省的创新能力，为促进甘肃经济发展、实现创新型甘肃建设提供科技支撑。

参考文献

柳卸林、高太山等编《中国区域创新能力评价报告 2018》，科学技术文献出版社，2018。

李文卿主编《2018 甘肃科技发展报告》，甘肃科学技术出版社，2018。

B.8 甘肃青少年社会主义核心价值观培育和践行研究报告

吴绍珍*

摘　要： 党的十八大以来，甘肃省政府宣传部门、教育部门非常重视青少年社会主义核心价值观培育和践行工作，紧紧围绕立德树人根本任务，开展了一系列形式新颖、喜闻乐见、针对性强的社会主义核心价值观教育实践活动，社会主义核心价值观在青少年中得到广泛认同，形成青少年践行社会主义核心价值观的生动局面。但是，社会主义核心价值观培育和践行工作仍存在部分青少年对核心价值观认同感不强、社会责任感缺失、对核心价值观的信念不坚定等问题。建议通过建立健全保障制度、强化师德建设、推进校园文化建设、加强思想政治教育等途径，深入开展甘肃省青少年社会主义核心价值观培育和践行工作。

关键词： 青少年　社会主义核心价值观　甘肃

党的十八大报告提出："倡导富强、民主、文明、和谐，倡导自由、平等、公正、法治，倡导爱国、敬业、诚信、友善，积极培育和践行社会主义

---

* 吴绍珍，甘肃省社会科学院社会学研究所副研究员，研究方向为马克思主义中国化和社会学。

核心价值观。”[①] 24 字的社会主义核心价值观，对于巩固马克思主义在意识形态领域的指导地位，形成全社会共同的理想信念，促进人的全面发展，掌握意识形态和价值观念的主动权、主导权、话语权，实现富强、民主、文明、和谐、美丽的社会主义现代化国家，具有十分重大的意义。习近平总书记指出，“青年是国家的未来、民族的希望，青年的价值取向决定了未来整个社会的价值取向，而青年又处在价值观形成和确立的关键时期，抓好这一时期的价值观养成十分重要”。[②] 这表明在今后思想政治教育领域的工作方向是培育社会主义核心价值观，而社会主义核心价值观培育的重点对象是青少年群体。根据西方心理学的研究观点，青少年时期是指十一二岁至二十一二岁的阶段，青少年处于最重要的学习阶段即小学五六年级、初中、高中、大学初期。这一时期是青少年身心发展、价值观形成确立的关键期。社会主义核心价值观培育的目标是促进青少年把外在的价值规范转化为主体内部信仰的一部分，并能够自主地践行社会主义核心价值观，做到“知”与“行”的统一。甘肃省政府宣传部门、教育厅将社会主义核心价值观建设摆在突出位置，推进 24 字“人知人晓”“人信人守”工程，把培育和践行社会主义核心价值观融入学校教育全过程，坚持高起点谋划、高标准设计、高水平建设，弘扬时代新风、注重文化涵养，教育引导青少年形成人知人晓的浓厚氛围，通过不同维度、层面的培育路径使青少年社会主义核心价值观培育和践行取得了积极成效。但是从甘肃省青少年社会主义核心价值观培育和践行的现实总体情况来看不容乐观。本报告通过对甘肃省兰州市、临夏回族自治州、白银市等市（州）部分政府部门领导干部、大学生、中学生、学校教师及青少年家长进行问卷调查和访谈，发放调查问卷 405 份，回收有效问卷 400 份，有效问卷回收率 98.77%。通过调查了解该地区青少年对社会主义核心价值观的认知与践行中的真实表现，分析其中存在的问题，并提出解决路径，为甘肃省青少年社会主义核心价值观培育和践行提供借鉴。

---

① 《胡锦涛在中国共产党第十八次全国代表大会上的报告》，《人民日报》2012 年 11 月 18 日。

② 习近平：《青年要自觉践行社会主义核心价值观》，《人民日报》2014 年 5 月 5 日。

一 甘肃省青少年社会主义核心价值观培育和践行取得的成就

（一）甘肃省开展青少年社会主义核心价值观培育和践行工作的主要做法

1. 多方式引导，营造浓厚氛围

甘肃省政府宣传部门、教育部门等社会各方面通过各种途径大力弘扬和宣传社会主义核心价值观，营造了浓厚氛围，对青少年产生了积极影响。“2017 年 3 月份，省委宣传部等 11 部门印发方案，部署开展社会主义核心价值观主题宣传教育十大创建行动，力争在 1 至 3 年内，在全省建成一个广覆盖、多功能的主题宣传教育阵地网络体系，实施有效的大众文化渗透，多方式营造价值引导的社会氛围，以推动社会主义核心价值观落地生根、落细落小，建构和巩固主流权威意识。”① 全省各级各类学校在校园广播、报纸刊物开设专栏向师生宣传社会主义核心价值观，长期在黑板报、宣传橱窗张贴社会主义核心价值观宣传海报，在学校办公楼、教学楼、教室、校门口等醒目位置张贴社会主义核心价值观宣传画，一些学校各年级音乐教师编排《核心价值观之歌》，通过唱歌曲使每个学生熟记 24 字的社会主义核心价值观。各高校组织 60 多个社会主义核心价值观宣讲团在全体师生中进行广泛宣讲。加强学校校史馆、图书馆、博物馆、网络论坛、BBS 等阵地治理，强化核心价值观教育引导，营造积极向上的良好氛围。面向各级各类学校每年评选命名 50 所“示范学校”、50 名“好校长”、500 名“好教师”实施培育和践行社会主义核心价值观工作“三五工程”。全省通过利用新媒体、主题景观、电子滚动屏、建筑工地围挡等展示宣传 24 字核心价值观的公益广告牌、专题节目、新闻稿件、标语等，让社会主义核心价值观无处不在、无时

---

① 徐锦涛：《甘肃省全面推进社会主义核心价值观主题宣传教育十大创建行动综述》，《甘肃日报》2017 年 10 月 13 日。

不有，加强社会宣传，为青少年营造了一个崇德向善的生活环境、奠定了坚实社会主义核心价值观培育的社群基础，对青少年社会主义核心价值观培育和践行起到了春风化雨润无声的引领作用。甘肃省青少年在日常生活学习中经受社会主义核心价值观教育洗礼，培育和践行社会主义核心价值观的自觉性、坚定性不断增强，青少年中已经形成了良好的学习和实践社会主义核心价值观的氛围，青少年在理想信念、诚实守信、责任担当、文明守纪、珍爱生命、节俭环保等方面有了显著好转。

2. 多渠道融入，切实抓好“三进”

甘肃省教育厅以社会主义核心价值观培育和践行作为学校教育的根本任务，研究制定《全面深化课程改革　落实立德树人根本任务的意见》《完善中华优秀传统文化教育指导纲要实施方案》，充分发挥课堂主阵地、主渠道作用，把党的教育方针和社会主义核心价值观融入中小学各学科课程标准、教学过程、考试评价之中，要求各级各类学校开展社会主义核心价值观“三进一落”（进教材、进课堂、进头脑、落实到行动上）主题教育实践活动，大多数思想政治理论课在教学中已经开始注重促进学生对社会主义核心价值观的认识、学习和弘扬；许多学校的党政部门和共青团、少先队也程度不同地将其融入管理和活动之中，蕴涵核心价值观的校园文化活动丰富多彩，一些学校主题教育月、文化节等活动特色鲜明，把培育和践行社会主义核心价值观融入青少年思想道德建设的全过程。实施学校思想政治理论精品学科工程建设，开展“领导干部进校园”“高校领导进课堂”活动，开展优秀教学成果评选展示活动。健全学校、家庭、社会齐抓共管的核心价值观教育网络，落实“三会一课”（教育见面会、恳谈会、交心会和道德现场教育课）制度。组织编写《社会主义核心价值观教育读本》《我身边的榜样　我身边的警示》等宣传教育读本70多种。所有这些举措对促进青少年学生认知、理解、培育、践行社会主义核心价值观产生了积极的作用。

3. 多样化推进，丰富活动载体

青少年社会主义核心价值观培育的生命力在于每一个青少年自觉践行。甘肃省坚持社会主义核心价值观教育和实践两手抓，努力做到以教育引导实践、以实践深化教育。各级各类学校广泛开展“传家风、树校风、正学风”活动，广泛开展家校共育大课堂、智慧父母大讲堂及文明新风大颂堂等五堂建设，深入开展“小手拉大手文明全家行”系列活动、“文明礼仪我宣讲、文明校园我助力、文明环境我维护、文明交通我践行、文明餐桌我行动、文明行为我养成”等主题实践活动。高校重点开展“我学习、我践行”“爱心献社会、孝心献父母”“寻找身边活雷锋”“暑期红色之旅”等主题教育实践活动。各级各类学校将社会主义核心价值观与学校教学活动、校园文化建设、校园特色创建、校园各项主题活动相结合，与师生的道德建设、学生良好行为习惯培养相结合，组织精彩大课间、主题班会、文艺会演、社团活动等以鲜明生动、喜闻乐见的形式，调动广大师生广泛参与，努力培养青少年的健康人格、积极态度、高尚品质，使社会主义核心价值观内化为青少年学生的坚定信念、外化为自觉行动。

（二）甘肃省青少年对社会主义核心价值观有较高的认同

1. 社会主义核心价值观得到广泛的普及，青少年认知度较高

社会主义核心价值观培育和践行是对社会主义核心价值观信念内化于心、外化于行的过程，这一过程必须经过理论认知的推动。青少年社会主义核心价值观的培育和践行，首先是从对社会主义核心价值观的理论认知开始，只有理论被青少年了解、认知、认同、接受了，才能达到对其的信仰，让其入脑、入心，最后达到外化于行的目的，青少年做事才会有定力，才能坚定理想信念、勤奋学习、勇于探索、报效祖国。调查数据显示：对社会主义核心价值观的内容“很熟悉”的占被访者占 80.5%，“了解一些”的占 14.5%，“很熟悉和了解一些”这两项的比重和是 95%（见图 1）。81.25% 被访者能正确选择“倡导富强、民主、文明、和谐，倡导自由、平等、公正、法治，倡导爱国、敬业、诚信、友善”是社会主义核心价值观内容；74.0% 的被访者认为社会主义核心价值观是引领社会思潮、维护我国意识形态安全的迫切要求（见表 1）。能对 24 字社会主义核心价值观内涵完全理解的被访者占 52.75%，基本理解的被访者占 19.5%，完全理解和基本理解的

共占72.25%（见图2）。从以上数据可以看出甘肃省经过政府宣传部门、教育部门、社会各界对社会主义核心价值观宣传教育和舆论氛围营造的作用，社会主义核心价值观在青少年中得到了广泛的教育普及，青少年对社会主义核心价值观的认知度较高，核心价值理念日益深入人心，核心价值取向和要求在大部分青少年中形成共识。

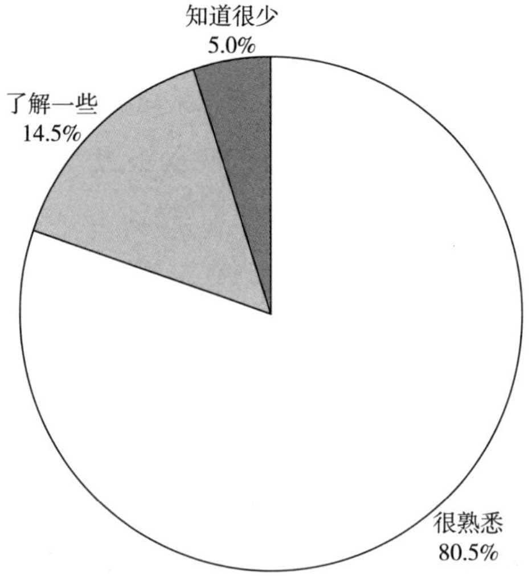

图1　青少年对社会主义核心价值观认知情况

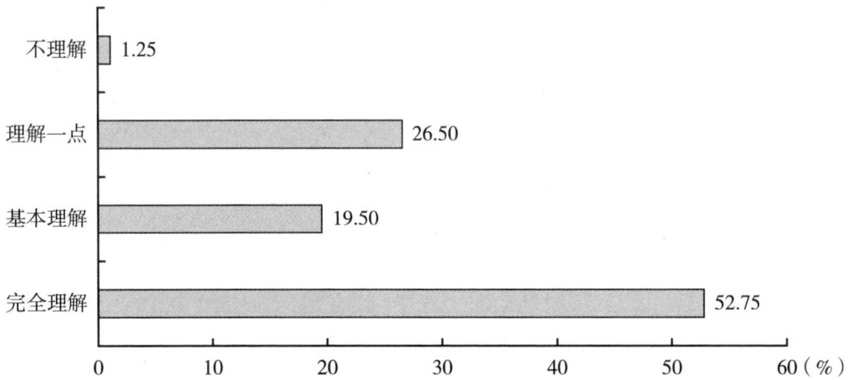

图2　青少年对24字社会主义核心价值观内涵的理解情况

2. 青少年对社会主义核心价值观认同度较高

青少年对社会主义核心价值观认同是在对社会主义核心价值观认知基础上的深化与悦纳，具有价值导向、凝聚及整合形成精神支撑的作用，充分调动青少年对社会主义核心价值观从认知到评价选择再到接受认可最后到积极肯定、主动接受的过程，只有青少年发自内心认同社会主义核心价值观，才能从他律到自律转化为对社会主义核心价值观自觉追求，最终达到积极主动的践行。青少年对社会主义核心价值观的普遍认同与自觉实践是社会主义核心价值观生命力根本所在。在调查中70.25%的被访者认为培育和践行社会主义核心价值观非常必要、能够实现，90.75%的被访者认为倡导社会主义核心价值观与每个人生活息息相关、需倡导更需践行，68.00%的被访者认为社会主义核心价值观对个人价值观、日常行为有深刻影响（见表1）。在与几名青少年交谈中，他们认为社会主义核心价值观是中华民族的传统美德和精神灵魂，承载着民族和国家的精神追求，对社会主义核心价值观的文化凝聚力和号召力给予积极肯定。青少年是国家的后备建设人才，是国家的希望所在，在培育和践行社会主义核心价值观中责任重大，是培育和践行社会主义核心价值观主要人群，青少年应该认真学习、自觉践行社会主义核心价值观。从以上调查我们可以看出，在倡导社会主义核心价值观方面，甘肃省大部分青少年能正确认识培育和践行社会主义核心价值观的重大意义和必要性，对社会主义核心价值观自觉认同度高，充分肯定社会主义核心价值观对自身成长成才的作用。

表1　青少年对培育和践行社会主义核心价值观的看法

单位：人，%

项　目		频数	比例
请您选择社会主义核心价值观倡导的内容	倡导富强、民主、文明、和谐，倡导自由、平等、公正、法治，倡导爱国、敬业、诚信、友善	325	81.25
	倡导爱国主义、倡导社会主义、倡导集体主义	54	13.50
	倡导社会公德、倡导职业道德、倡导家庭美德	21	5.25

续表

项　目		频数	比例
您认为培育和践行社会主义核心价值观是否有必要	非常必要，能够实现	281	70.25
	非常必要，难以实现	97	24.25
	没有必要，难以实现	9	2.25
	说不清	13	3.25
您对倡导社会主义核心价值观的基本看法	与每个人息息相关，必须倡导和践行	363	90.75
	是少数人讨论的问题，与自己无关	37	9.25
您如何看待社会主义核心价值观	是维护我国意识形态安全的迫切要求	296	74.00
	是现阶段的口号，以后会被逐渐淡忘	86	21.50
	只存在于书本上，与我的现实生活没有关系	11	2.75
	我对此不关心	7	1.75
您认为社会主义核心价值观对个人价值观的形成有影响吗	深刻影响社会日常生活和行为	272	68.00
	偶尔会在行动中参照	103	25.75
	完全没影响	25	6.25

3. 采取多种渠道对青少年开展社会主义核心价值观培育和践行工作

甘肃各级政府部门把青少年积极培育和践行社会主义核心价值观作为工作重点，通过多种途径加以推进。89.75%的被访者认为主要通过“学校教育”了解社会主义核心价值观，70.18%的被访者认为主要通过“报纸、广播、电视、网络”等新闻媒体了解社会主义核心价值观，可见学校在青少年培育和践行社会主义核心价值观中具有主导作用，新闻媒体对培育社会主义核心价值观有很大的帮助（见图3）。学校是青少年社会主义核心价值观培育的主体单位，甘肃省各级各类学校推动文明校园创建活动，要求把社会主义核心价值观融入治校、教育教学各个方面，着力培育社会主义核心价值观，着力加强和改进青少年德育教育工作，着力提升师生文明素养和校园文明程度。在调查中，有79.0%的被访者注意到了学校里有相关社会主义核心价值观内容的宣传橱窗板报和标语牌，认为学校举办过相关活动的被访者占65.75%，参加过两次以上志愿者活动的被访者占42.75%，参加过志愿者活动的被访者占71.25%；认为学校思想政治理论课对社会主义核心价值观的培养有很大帮助的被访者占50.25%，有帮助的被访者占24.25%（见表2）。在交谈中几位教师和青年学生表示学校能落实社会主义核心价值观进教材、进课堂、进头脑要求，通过教学、举办辩论赛、演讲比赛、主题班会等一些相关活动开展社会主义核心价值观教育。从调查结果可知甘肃各级政府采取新闻媒体、宣讲、讨论会、学习班等多位一体的育人平台对青少年积极培育和践行社会主义核心价值观。

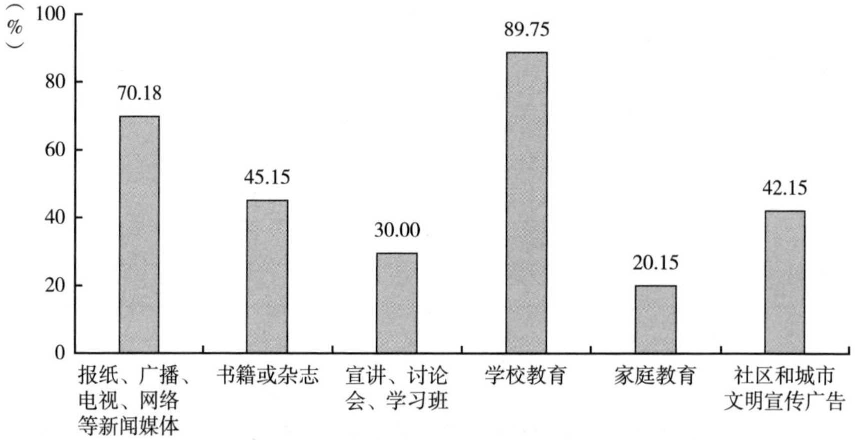

图3　甘肃青少年了解社会主义核心价值观的渠道

表2　学校开展社会主义核心价值观培育情况

单位：人，%

项　目		频数	比例
您认为学校思想政治理论课对社会主义核心价值观的培养有帮助吗	帮助很大	201	50.25
	有帮助	97	24.25
	效果不大	89	22.25
	说不清	13	3.25
您学校有相关社会主义核心价值观内容的宣传橱窗板报和标语牌	有	316	79.00
	没有	26	6.50
	没注意	58	14.50

续表

项　目		频数	比例
您认为学校举办过社会主义核心价值观培育的实践活动吗	经常举办相关的活动	172	43.00
	偶尔举办相关的活动	183	65.75
	没有举办过	26	6.50
	不清楚	19	4.75
您如何看待社会主义核心价值观	是维护我国意识形态安全的迫切要求	296	74.00
	是现阶段的口号,以后会被逐渐淡忘	86	21.50
	只存在于书本上,与我的现实生活没有无关系	11	2.75
	我对此不关心	7	1.75
您参加过学校组织的志愿者活动	参加过两次以上志愿者活动	171	42.75
	参加过二次志愿者活动	73	18.15
	参加过一次志愿者活动	41	10.25
	从未参加过	115	28.75

4. 大部分青少年能正确地进行价值判断和价值选择

青少年对社会主义核心价值观认同程度关键要看青少年是否能进行客观正确地价值判断和价值选择，是否能落实到自觉行动中，青少年能自觉地践行社会主义核心价值观实践的广度、深度才能真正反映培育和践行社会主义核心价值观取得效果。在交谈中大部分青少年对我们国家的富强非常自豪，对习近平新时代中国特色社会主义思想给予高度认同，对中国特色社会主义道路充满信心，认为中华民族伟大复兴的中国梦一定能实现。表示要坚决听党的话、跟党走，高举中国特色社会主义旗帜，为国家的繁荣富强努力学习、历练本领。而个人层面的爱国、敬业、诚信、友善更是青少年普遍认可的价值评判标准。71.25%的被访者表示任何时候都会有爱国主义情怀；84.50%的被访者表示通过做利国利民的实事表达对国家的爱国情怀（见表3）。青少年对于一些国家热点问题、社会现象和个人成长发展的问题持有正确的态度。如谈及中美贸易摩擦时，要热爱自己的国家是青少年的普遍共识，并认为落后就要挨打，必须要认真勤奋学习，努力提升我国科学技术，让我国更加强大，才能防患于未然。大部分青少年相信党和政府会采取最为合理的处理措施实现大陆与台湾的统一；他们认为加强爱国主义教育非常必要，爱国主义教育对激发人们的爱国热情和树立正确的爱国情感有重要作用。这充分反映了甘肃省青少年社会主义核心价值观培育和践行工作成效显著，绝大部分青少年热爱自己的祖国，愿意为自己的国家奉献青春和智慧，他们能够对国家未来发展走向、社会现实状况和个人发展方向做出正确的价值判断和价值选择。

表3　青少年关于爱国事实的价值判断

单位：人，%

项　目		频数	比例
您在什么情况下会产生爱国主义情怀	任何时候都有	285	71.25
	当发生某些相关事件时	115	28.75
您会选择以下哪些方式来表达您的爱国情怀（多选）	做利国利民的实事	338	84.50
	学好本领，报效祖国	366	91.50
	国家有需要时，义不容辞	358	89.00

二　甘肃省在社会主义核心价值观培育和践行中存在的问题

（一）部分青少年对社会主义核心价值观认同感不强

青少年对社会主义核心价值观认知个体差异大，大部分青少年对核心价值观认知度很高，但有少部分存在认知率比较低。被访者中对核心价值观“了解一些”“知道很少”这两项的占比和是19.5%（见图1）；在选择社会主义核心价值观的内容时，13.50%的被访者选择倡导爱国主义、倡导社会主义、倡导集体主义，5.25%的被访者选择倡导社会公德、倡导职业道德、倡导家庭美德；21.5%的被访者表示社会主义核心价值观是现阶段的口号，以后会被逐渐淡忘，2.75%的被访者认为社会主义核心价值观“只存在于书本上，与现实生活没有关系”（见表1）。从统计结果可知少部分青少年对社会主义核心价值观的“三个倡导”表述认知模糊，缺乏全方位、深层次认知，甚至认识出现错误。事实说明有少部分青少年对于社会主义核心价值观持漠视态度。社会主义核心价值观要说服青少年、掌握青少年，必须要让青少年对理论有深入彻底的理解，只要彻底理解社会主义核心价值观的重要性，就能说服人，才能在日常生活中遵循社会主义核心价值观的行为要求，规范自己的言行举止。因此，甘肃省对青少年社会主义核心价值观的培育要达到人知人晓的大众化目标，必须把社会主义核心价值观与现实生活紧密结合，从“深度、广度、细度三个维度”落实对青少年社会主义核心价值观的培育，方能深入人心、赢得共鸣。

（二）部分青少年对社会主义核心价值观的信念不够坚定

青少年对社会主义核心价值观信念决定社会主义核心价值观培育和践行成效。在青少年社会主义核心价值观培育和践行中不断增强青少年对社会主义核心价值观的信念，才能实现社会主义核心价值观在其心中的主导地位。在调查问卷中，认为马克思主义不能指导我国继续前进的被访者占20.75%，不清楚的占6.25%（见图4）；19.00%的被访者对中国特色社会主义的前途命运“有所怀疑”，10.75%的被访者选择了“不好说”（见图5）；27.50%的被访者表示“在关系到自己的利益时会背叛自己的朋友”，6.25%的被访者赞同“人不为己，天诛地灭”的人生信条，有4.50%的被访者赞同“有钱能使鬼推磨”的金钱观。由此可见，部分青少年受腐朽的价值观念，各种低俗、庸俗、媚俗的信息，资本主义文化价值观渗透，学校思想品质教育不到位、社会舆论缺乏正确的宣传引导等不利因素的影响，对社会主义核心价值观还处于认知表层的概念、知觉阶段，不能从理性上达到高层次的价值判断、价值选择、内化于心的认同，不能完全认同马克思主义，存在政治意识薄弱、信仰迷茫，道德认知和道德行为不相一致，尤其是当关乎自己切身利益时，对社会主义核心价值观的认同显示出摇摆性、妥协性。

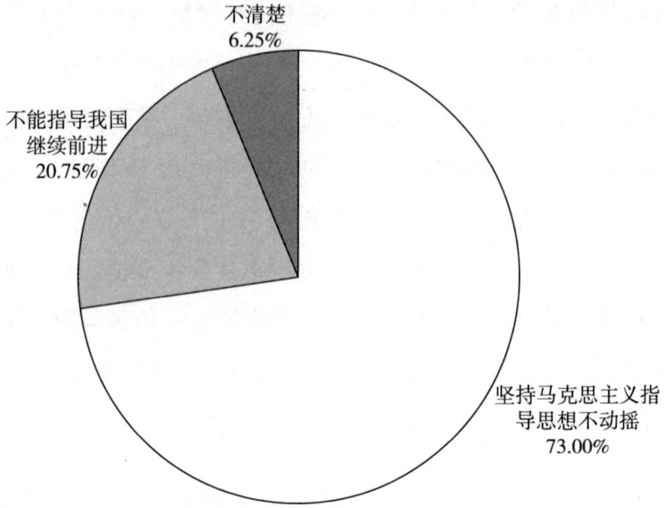

图 4　青少年对马克思主义指导思想的看法

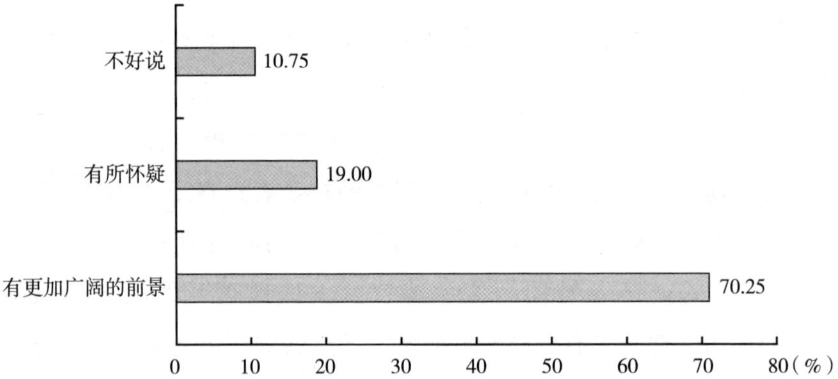

图 5　青少年对中国特色社会主义道路的看法

（三）部分青少年社会责任感缺失、道德观念淡漠、价值观扭曲

在我国现阶段社会责任感基本内涵就是对核心价值观的自觉践行，高度的社会责任感是青少年自觉践行核心价值观的前提条件和基本要求，青少年都应该将践行社会主义核心价值观作为自己的主要社会责任。在调查中

9.25%的被访者认为倡导社会主义核心价值观只是少数人讨论的问题，与自己无关；1.75%的被访者对社会主义核心价值观不关心（见表1），4.75%的被访者对学校举办过社会主义核心价值观培育的实践活动不清楚（见表2）。有10.50%的被访者对公交车上为老弱病残让座表示“看情况而定”；18.25%的被访者对“看到校园内有不文明行为”时选择“不会制止”，32.25%被访者选择“看情况而定”；25.75%被访者认为人生的价值在于“衣食无忧，个人需要得到最大满足”；50.50%的被访者对“为达到某种目的请客、送礼、塞红包”的看法表示可以理解；25.75%的被访者对“经常旷课、迟到的青少年”表示可以理解，18.25%的被访者认为“无所谓”。由此可见少部分青少年缺乏社会责任感，不能正确认识培育和践行社会主义核心价值观的重要意义和必要性。少部分青少年理想信念缺失、价值观扭曲、政治上追求趋弱、功利主义和个人本位主义充斥头脑，对社会上的一些不正之风持宽容的态度，缺乏是非标准。

（四）部分学校存在与培育社会主义核心价值观的要求不相适应现象

目前在青少年培育和践行社会主义核心价值观的过程中培育与实践脱节，没有做到知行统一。在调查问卷中，16.8%的被访者认为教育和实践两张皮，缺乏有效联系；7.2%的被访者认为宣传教育形式单一，内容空洞；在访谈中，有部分青少年认为树立和弘扬社会主义核心价值观不仅要加强宣传教育，更重要的是社会实践活动，只有在社会实践活动中才能进一步理解把握社会主义核心价值观，并将其内化为自身的价值观念，最终外化为自己的行为习惯。但是，在实际生活中社会主义核心价值观离自己太远，好像从来没有跟自己“亲近”过。一些学生反映个别教师理论素养不高，思想政治素质较弱，甚至有守不住政治底线、法律底线、道德底线的问题存在。部分青少年、教师及家长反映在学校追求升学率、一本率等硬性指标作用下，学校、老师、家长唯分数思想仍然存在，在学校教学、课外活动中存在重“教书”、轻“育人”、重成绩轻德育，德智体美劳全面发展的素质教育得不到贯彻落实，在学校教育中对社会主义核心价值观实践活动开展很少，学校评三好学生主要看学生的考试成绩。如上所述，部分学校、家长存在重成绩轻育人现象致使德育教育或价值观培养缺失，需要学校牢固树立教书育人的观念，不断完善学生的评价标准，彻底落实素质教育，引导青少年全面发展。

三 甘肃省青少年社会主义核心价值观培育和践行路径

（一）做好青少年社会主义核心价值观培育和践行的保障工作

建立青少年社会主义核心价值观教育的保障工作，就是要做好组织保障、制度保障、物质保障工作，为青少年社会主义核心价值观教育工作营造良好的环境和条件。第一，组织保障。开展青少年社会主义核心价值观教育工作，要建立起学校、政府、社会和家庭之间的协同共建机制，形成全社会高度重视、协调沟通、齐抓共管、共同推动的格局，以强大工作合力，保障社会主义核心价值观培育和践行工作深入推进，让社会主义核心价值观在广大青少年心中深深扎根，并茁壮成长为参天大树。第二，制度保障。政府部门要不断完善社会政策制度和提升法制水平，用完善政策制度和法律条例规范社会大众的日常行为，为青少年营造一个遵纪守法、崇善向德、公平公正、乐于奉献的社会环境。学校要建立和完善学校培育和践行社会主义核心价值观的各类制度，完善各种运行机制，科学谋划、统筹安排、强化管理青少年社会主义核心价值观的教育工作，把核心价值观的要求贯彻到学校各项政策制度和规则之中，具体细化为青少年学生的核心价值认知、养成、实践和学习质量评价标准，有机融入学校各学科的专业标准、课程标准、教材编写和考试评价之中，使学校的管理服务机制体现价值指导作用，确保社会主义核心价值观教育成为学校教育的有机组成部分，形成人人遵循制度规则的同时不断强化对核心价值观的理解、掌握、认同，融化在心灵里、体现在行动上。第三，物质保障。要动员政府、学校和社会各方面力量多渠道筹集资金，加大青少年培育社会主义核心价值观经费投入力度，争取建立起专项基金和奖励基金，用于开展青少年社会主义核心价值观各类教育活动的经费支出、教师座谈研讨、宣传培训、教师学生表彰的经费，为开展青少年社会主义核心价值观培育和践行工作提供可靠的经费来源。

（二）强化师德建设，为青少年树立良好的榜样

教师的价值观念、治学态度和言论导向不仅会影响到青少年知识的积累和才干的增长，而且还会对青少年的品德养成、价值观和精神信仰的形成产生鲜明的导向性。教师作为青少年学生学习的价值标杆和道德标尺，用爱岗敬业、勤于奉献、诚信友善、为人师表的实际行动积极发挥行为示范和引领带动作用，为青少年树立榜样，引导他们自觉践行社会主义核心价值观。教师要主动加强自身政治学习和道德修养，培育自己的爱国情操、胸怀天下、担当守则、自强不息、厚德载物、行胜于言的道德风范，做到对社会主义核心价值观真服、真信、真懂、真会、真教、真行，旗帜鲜明、立场坚定的做社会主义核心价值观的宣传者、推进者和实践者，落实核心价值观进教材、进课堂、进头脑的要求，教授功课的同时对学生渗透理想信念教育、爱国主义教育、诚信教育，使学生形成对核心价值观的广泛认同和共识、达到核心价值观内化于心，外化于行的目的。教师要努力创造一个平等、民主、和谐的师生关系，给青少年以人格上的尊重，长期保持耐心，多鼓励和赞许，给予学生自由表达观点的权利，不断强化其正面品质，清除负面品质，从而保证青少年始终行走在核心价值观养成的正确轨道上。

（三）加强学生的思想政治教育

思想政治教育是青少年社会主义核心价值观教育的主要渠道，要增进青少年对社会主义核心价值观认同，学校应切实把思想政治教育放在教育第一位的重要位置，加强和改进思想政治教育的内容和教学方式，根据不同年龄阶段的青少年特点深入挖掘提炼各学科蕴含的核心价值观元素，不断补充和完善思想政治教育内容体系，更新思想政治教育方法，通过认知的启发、方

法的引导和行动的示范增强思想政治教育实效性、针对性和兼容性。首先，落实思想政治教育的“三维目标”（知识与技能、过程与方法、情感态度价值观）。思想政治教育要以学生为本，从学生的思想实际出发，及时解答青少年关注的社会热点问题、焦点问题、难点问题，充分发挥社会主义核心价值观的引领作用，提高社会主义核心价值观的说服力和影响力，引导青少年树立远大的志向、遵纪守法、奋发图强。还要培养学生独到的精神气质和独特的思维方式，如分析问题的能力、解决问题的能力、应对挫折的能力、价值选择的能力等，引导青少年成为会反思、敢质疑、能创新、守规则、会合作、有担当的现代化建设需要的高质量人才。其次，改进思想政治教育手段。思想政治教育应充分利用网络、新媒体等现代教育技术手段开发学生乐于接受、易于接受的媒体中介，运用以其承载社会主义核心价值观教育的信息，拓宽学生接受教育信息范围，提高思想政治教育实际效果。最后，青少年要主动加强自身修养，把“三个倡导”与日常生活紧密结合起来树立报效祖国、服务人民的远大志向，坚定理想信念，把握青春年华，从自己做起、从现在做起、从小事做起，勤学苦读，夯实基础知识和专业文化知识，努力在德、智、体、美、劳方面提升自己，使社会主义核心价值观铭刻于心，努力使自己成为符合社会要求的社会主义建设者。

（四）推进校园文化建设，营造良好氛围

加强校园文化建设是增进青少年社会主义核心价值观认同的重要路径和方法。校园文化建设要以社会主义核心价值观培育为价值追求，用积极健康的人生信仰、道德观念、审美情趣去引导青少年树立正确的世界观、人生观、价值观。一是挖掘校训、校歌、班训、班歌等校本资源，扩展教育渠道。通过校训、校歌、班训、班歌等文化载体的征集活动，开展健康向上、格调高雅、内容丰富的校园文化活动，通过多样化、特色化、个性化培育方式弘扬优良校风、传播社会主义核心价值观，让青少年参与到学校的环境建设和校园文化活动中，在潜移默化、润物无声中促进核心价值观内化为青少年的精神追求，外化为青少年的自觉行动。学校需要利用手

机传媒、电子网络及校园广播等新媒体，定期用青年学生熟悉、亲近的语言和方式，深入浅出、情理交融进行法律知识、环保知识、心理健康知识、校园安全知识进行宣传，加强网络负面信息的“过滤”，避免一些黄赌毒、个人主义、拜金主义等信息在传媒载体上的横行，给予学生一些积极向上、具有社会正面影响的价值理念，使社会主义核心价值观扎根校园。二是加强校园基础设施建设，包括承载和体现社会主义核心价值观的雕塑、标语、标志和建筑等。设计体现时代特色的建筑、雕塑、路标和教学楼名称等营造良好校园环境，为培养社会主义事业的合格建设者和接班人增加助推力。

（五）开展社会实践活动，促进青少年知情意协同发展

社会主义核心价值观既是一个思想问题，更是一个实践问题。针对青少年思想活跃、群体朝气蓬勃、意气风发、可塑性强的特点，根据各学校自身办学特色和办学宗旨，把践行社会主义核心价值观作为融入学校开展实践活动的关键环节来抓，积极策划校内外实践活动，制定和开展具有特色的学生实践项目，注重行为积累，抓好习惯养成，在身体力行中使青少年受到社会主义核心价值观的陶冶和滋养。如通过组织青少年参观展览馆、烈士陵园、博物馆、纪念馆等爱国主义教育基地，加强青少年革命传统教育、中华传统美德教育、民族精神教育、感恩教育、国防教育，更好地引导广大青少年树立正确理想信念、远大奋斗目标；开展理论讲座、经典诵读比赛、读书交流会、演讲、辩论赛、征文、诗歌朗诵、国学学习等活动，引导青少年在学习中提高知识积累和是非辨别能力，在青少年参与中认知、认同社会主义核心价值观；同中华民族的传统节日相结合，参加义务清洁家园、关爱空巢老人、文明交通宣传，开展爱心募捐、资助灾区及困难家庭学生等公益活动，促进青少年确立正确的人生理想，培养责任感，树立奉献意识，养成吃苦耐劳、艰苦奋斗的精神和作风；还可以利用入党入团入队、升旗仪式大力弘扬爱国主义精神。在开展活动过程中引导青少年弘扬中华民族的传统美德和价值观念，使爱国、敬业、诚信、友善成为青少年的普遍追求。

（六）为青少年健康人格养成营造一个良好家庭环境

家庭教育是最具广泛性和基础性的教育，父母是青少年的第一任老师，良好家庭环境的营造以及在家庭中树立正确的价值标准对青少年个性塑造、价值养成影响深刻。政府相关部门要加倍重视对家长群体的教育、培训和指导，通过多种方法和途径努力创办有利于提高家长素质的各种类型家长学校，学校邀请家长参与到学校的管理、活动中来，培养家长的集体观念、法治观念，增强家长团结邻里、尊老爱幼、与人友善、保护环境、维护正义等良好思想，使社会主义核心价值观内化为家长的价值观念，外化为家长的日常行为，以利于家长对子女的正确教育和引导。家长要自己不断进行自我教育，严于律己、宽以待人，提高自身素质，自觉地摒弃不良文化生活，积极优化家庭教育的环境，严格遵守社会主义核心价值观做好公民，以社会主义核心价值观作为行为规范时时处处给孩子做榜样，善于从各种小事中教会孩子崇尚真善美、远离假丑恶，及时了解孩子思想动态、行为变化、心理需求，经常沟通感情，帮助他们解决各种困惑。父母通过自身对社会主义核心价值观的认同和实践抵制不良社会文化，以好的家风传承、好的品质、好的行为、好的方法教育子女。

（七）为青少年营造一个健康、和谐的外部社会环境

用社会主义核心价值观武装青少年是全社会的共同责任。为青少年营造一个健康、和谐的外部社会环境对于青少年的健康成长是非常重要。首先，利用广播、电视、网络、广告等媒体对社会主义核心价值观、先进道德模范进行广泛宣传，持续推进“社会主义核心价值观人知人晓工程”，使社会主义核心价值观人人皆知。积极营造和睦相处、宽容谅解、诚信为本、操守为重、崇德向善的社会氛围，充分发挥先进文化的熏陶感染作用，榜样人物的垂范作用，良好社会风气的引领作用。其次，要动员一切社会力量，通过完善网络法规、强化网络信息过滤，同时加强网络监督和正面引导等方式来不断优化网络环境，积极引导广大青少年自觉抵制、规避网络不文明现象，牢

牢掌握网络教育的主动权，从而共同建构起健康清洁、积极向上的网络环境，不断为青少年的学识增长与品行培养提供正面引导。最后，要整合各种社会资源，搭建社会活动平台，引导社会力量发挥各自优势，精心开展形式多样的社会主义核心价值观教育实践活动，如学校、社区和社会团体广泛开展青年志愿者、文明出行、节水节能等微公益活动，带领青少年走进乡镇、走进敬老院、走进工厂展开社会调查。在社会实践中引导青少年更多地了解国情、经受锻炼、拓宽视野，反复训练和深化对核心价值观的理解，增强他们践行核心价值观的自觉性，使社会主义核心价值观成为青少年思想品质健康向上的价值追求和生活导向。

B.9
甘肃省就业状况与就业形势分析报告

郑　苗*

摘　要： 就业问题不仅关系到国民经济的增长，而且是社会稳定的重要保障。甘肃劳动力资源丰富，而经济状况相对于国内经济发达省份来讲还相对落后。为了更好地促进甘肃经济社会健康、全面、协调和可持续的发展，本报告对甘肃就业现状进行了细致分析，提出了优化劳动力市场、加强人力资本建设等对策建议，期望对改善甘肃就业状况和就业形势有所启示。

关键词： 甘肃　就业状况　就业形势　劳动力供需

一　甘肃省就业现状概述

甘肃省在《“十三五”促进就业规划》的指导之下，充分结合省实际情况构建了以市场为导向的就业机制，在解决本省就业问题方面发挥了非常重要的作用。随着社会经济的快速发展，更要进一步落实与就业有关的政策，从而推动甘肃省就业规模不断扩大，并不断优化整个就业改革，使就业渠道能够更加灵活多样。从现阶段甘肃省就业状况来看，通过各方面的改善，取得了一定的成绩。

---

* 郑苗，甘肃省社会科学院社会学研究所助理研究员，研究方向为社会伦理学。

（一）甘肃省近五年就业基本现状

1. 甘肃省城镇就业现状概述

（1）失业人员就业状况

2016 年全省下岗失业 9.77 万人，失业率达 2.2%，新增就业 43.7 万人，再就业 14.9 万人，其中困难人员再就业 4.8 万人。到 2017 年底，失业人数 9.65 万人，比 2016 年减少 1200 人（见表 1）。全省共帮助 9.65 万名失业人员和 3.7 万名就业困难人员实现就业，2612 名去产能分流职工全部安置到位。助力供给侧结构性改革，统筹运用阶段性降低社保费率、发放失业保险补贴政策，失业保险费率、工伤保险费率平均分别降至 1% 和 0.74%；发放失业保险稳岗补贴 2.59 亿元，涉及企业 1891 户，受益职工 47.86 万人。

表 1　甘肃城镇失业人数及失业率

单位：万人，%

年份	失业人数	失业率	新增就业人员	失业人员实现再就业人数	就业困难对象再就业人数
2013	9.28	2.35	43.46	16.1	5.89
2014	9.71	2.19	43.5	15.81	5.19
2015	9.48	2.14	43.7	16.8	4.8
2016	9.77	2.2	43.7	14.9	4.8
2017	9.65	2.71	43.78	15.7	3.7

资料来源：甘肃发展年鉴编委会编《甘肃发展年鉴》，中国统计出版社，《甘肃发展年鉴》2018。

注：除特别说明外，本报告分析数据均来源于甘肃发展年鉴编委会编《甘肃发展年鉴》，中国统计出版社，2018。

（2）新增劳动力就业状况

数据显示，近五年来甘肃省城镇新增就业人数整体保持稳定趋势，2013 年城镇新增就业人数为 43.46 万人，2017 年甘肃省城镇新增就业 43.78 万人（见图 1），完成年目标任务的 109.5%。五年来累计城镇新增就业 218.14 万人，共帮助 20.7 万名失业人员和就业困难人员就业；高校毕业生就业率达到92.8%；新发放创业担保贷款24.2亿元，吸纳带动5.6万人就业；输转城乡富余劳动力522万人，创劳务收入1110亿元。城镇登记失业率保持在3%以内。

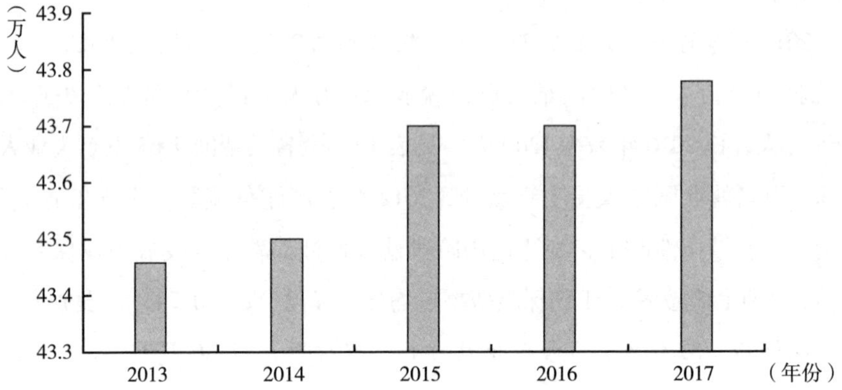

图1　甘肃城镇新增就业人数统计

2. 甘肃省农村就业现状概述

（1）务农农民的就业情况

随着改革开放的不断深入以及甘肃省对各项就业政策的践行与落实，目前甘肃省农民的就业情况已经发生了前所未有的变化。其中，为了能够最大限度保障土地等重要生产要素充分发挥其价值，农民可以基于自身实际情况而自主选择与之适合的农业工作。然而从实际情况来看，现阶段我国工业化进程逐步加快，市场经济不断发展，而农民实际生活水平并未实现预期的提升，甘肃省部分地区的农民生活水平依然比较低，尤其是就业条件、就业环境等方面均不完善，导致农民生活压力越来越大。

（2）有关失地农民的就业情况分析

在市场经济快速发展的背景下，我国城市化进程不断加快。尤其是在城市规模不断扩大的趋势下，城郊土地征用不断加深，使大部分农民失去了依托土地获得就业的机会。以此为基础，这部分农民也转向了非农部门。但是，目前我国所实施的征地安置政策还有不完善之处，体现在无法有效避免失地农民的贫困，这一点也被很多实际案例所证明。目前，甘肃省的失地农民在土地被征用时获得就业安置的人数占整个失地农民人数的比例不到10%。

（3）外出农村劳动力就业状况

2017年全年全省输转城乡富余劳动力529.5万人，完成年目标任务的105.9%。其中省外输转195.6万人，省内输转333.9万人。创劳务收入1028.7亿元，完成年计划的106.1%。完成农民工技能培训68.2万人，完成年计划的104.9%。

（二）甘肃省近五年各产业就业状况

分产业来看，2017年底，全省共有就业人员1553.84万人。其中第一产业852.44万人，比上年减少14.23万人；第二产业244.26万人，减少2.3万人；第三产业457.14万人，增加21.63万人（见表2）。三次产业就业结构为54.86∶15.72∶29.42。就业人数最多的是第一产业，占就业总人数的55%；其次是第三产业，占就业总人数的29%；从业人员最少的是第二产业，只占就业人员总数的16%（见图2）。第三产业就业人员比重稳步提高，比上年提高1.3个百分点。

表2　甘肃分产业就业人数统计

单位：万人

年份	第一产业	第二产业	第三产业	合计
2013	891.86	241.55	371.56	1504.97
2014	881.88	244.71	393.27	1519.86
2015	876.27	247.39	412.03	1535.69
2016	866.67	246.56	435.51	1548.74
2017	852.44	244.26	457.14	1553.84

（三）甘肃省近五年不同所有制就业状况

基于不同所有制的特点来看，甘肃省最近五年的私营就业结构实现了

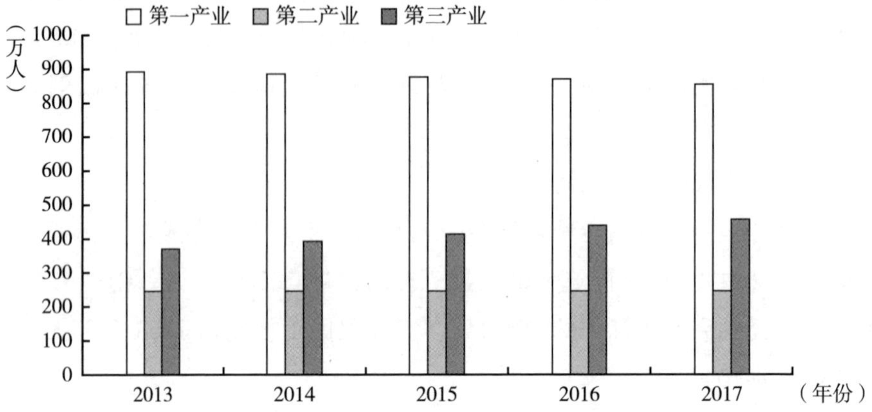

图 2　近五年甘肃就业人员产业分布

有效优化，无论是私营，还是个体，其从业人员数量实现了有效提升（见图 3）。甘肃省 2013 年私营、个体就业人数为 257.92 万人，到了 2017 年增长到了 358.14 万人（见表 3），年增长率高达 38.9%。国有集体单位就业人数一直处于一个稳定的水平，就业规模保持在 311 万左右。从这一点可以看出，甘肃省倘若要解决就业方面的问题应当从私营就业、个体经营这些方面重点开展。

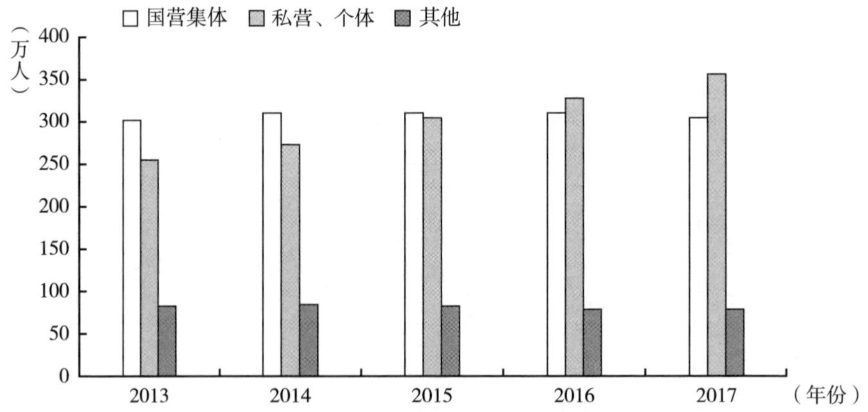

图 3　甘肃不同所有制从业人数分布

表 3　甘肃不同所有制从业人数统计

单位：万人

年份	国营集体	私营、个体	其他
2013	302.51	257.92	83.63
2014	311.1	274.33	86.55
2015	311.16	305.7	83.69
2016	311.03	330.05	81.99
2017	306.16	358.14	80.71

二　甘肃省劳动力供需状况

（一）甘肃省劳动力供给分析

通常来讲，劳动力的供给直接关系到社会经济的发展与稳定，而且一个区域的劳动力就业情况、失业情况等，均会受到该区域劳动力供给效果的影响。甘肃省作为西部第二人口大省，在社会经济快速发展的趋势下，其就业与失业问题越来越突出，而导致这个问题的根本原因在于该省劳动力与就业需求之间出现了不平衡。基于此，本部分将对甘肃省劳动力供给情况进行分析，具体如下所示。

1. 甘肃省劳动力供给现状

（1）劳动参与率

劳动参与率非常重要，它是对一个国家或地区从事经济活动的劳动年龄人口规模进行衡量的关键指标，具体指的是经济活动人口（就业人口、失业人口）占劳动年龄人口的具体比例。通过分析劳动参与率，可以深入了解一个区域的劳动者个人对于工作收入的具体要求，从而有针对性地提出改善措施。劳动者个人性别、年龄等特征，家庭实际收入规模、保留工资等因素，以及社会保障水平以及覆盖率、劳动市场运行的实际情况等方面，都将对劳动参与率产生一定的影响。其中个人因素对劳动参与率影响最大，即个人劳动力供给，加之其他社会因素的影响，从而形成的整个效益对社会整体劳动参与率产生影响。通常来讲，劳动力供给量与劳动参与率是成正比的。

倘若劳动年龄人口数量已经确定，那么劳动力实际供给量还主要受劳动参与率的影响。从《甘肃省统计年鉴 2018》对全省劳动年龄人口以及经济活动人口的统计来看，其历年劳动参与率的实际变动情况如表 4 所示。根据表中数据分析，甘肃省的劳动参与率整体保持上升的趋势。

表 4　甘肃劳动参与率统计

单位：万人，%

年份	劳动年龄人口	经济活动人口	劳动参与率
2013	1921. 67	1514. 25	78. 79
2014	1928. 68	1529. 56	79. 30
2015	1888. 16	1545. 19	81. 83
2016	1884. 12	1558. 51	82. 71
2017	1880. 53	1563. 49	83. 14

现阶段，甘肃省非常重视收入分配方面的改革，充分根据“十三五”规划，对就业结构进行优化，从而营造出和谐的就业环境，以期能够扩大就业规模，提升就业劳动报酬。通过各种有效的措施，激发劳动者的积极性，这样才能有效提升该省的劳动参与率。此外，社会经济的发展，使家务劳动的社会化程度实现了提升，意味着将会有更多女性参与到社会经济活动中来。随着物质生活水平的提升，服务行业发展越来越快，一定程度上有利于劳动参与率的有效提升，而这一点也是甘肃省劳动参与率能够缓慢回升的关键。

（2）劳动力素质

在对国家或者地区生产力水平进行分析时，劳动力素质是非常重要的指标之一，即国家或者地区在一定时期内，劳动力所具有的综合能力，例如，对世界的认知能力、对世界的改造能力等，而具体与劳动力实际的受教育程度、个人职业综合水平、综合素质等方面有非常密切的关系。

如今，社会经济发展越来越快、科学技术日新月异，催生了很多新行业、新工种、新工艺，虽然就业渠道越来越多，但是对于就业者的综合素质也提出了更高的要求。通常来讲，受教育程度是影响劳动者劳动能力以及就业质量的关键因素。一般情况下，劳动者受教育程度越高，劳动力素质就会越高，其就业机会自然就会越多。目前，甘肃省最大的就业问题便是劳动力受教育程度普遍比较低，劳动力的整体素质比较差。从我国创业人口统计来看，高中及以上教育水平的人口占整个创业人口的25%，同一数据在美国则达到了86%，而在韩国这一比例也达到了66%。

中国有14亿人口，其中农民数量超过9亿，大部分农民收入水平比较低，其生活条件也比较差，尤其是受教育程度普遍都很低，对一些当代的科学技术难以有效掌握与应用，无法满足当前工业化、城镇化、信息化的要求。受教育程度较低，导致劳动力综合素质比较差，成为阻碍农村剩余劳动力有效转移以及城镇化新增劳动力有效实现的主要因素。从相关统计来看，我国城镇失业人口中高中以下受教育程度人数占94%之多。

甘肃省相对全国来说，教育水平和规模还是比较落后。从我国第六次全国人口普查情况来看，常住人口中，甘肃省的大学学历人数共计192.3万人，其中包括了大专以上学历者，这部分人占总人数的7.5%，另外其中的高中学历人数为324.4万人，其中包括中专学生，这部分人占总人数的12.7%，再者是初中学历的人数为798.3万人，这部分人占到了总人数的31.2%。小学文凭的人数和初中文凭的人数大致接近，为831.3万人，这部分人占总人数的32.5%。以上所有学历统计，都包括了毕业生、在校生以及肄业生。与2000年我国第五次全国人口普查的数据结果相比较，第六次人口普查结果中，大学学历者的数量大大增加，另外高中、初中学历者的数量也明显提高，小学学历者数量有一定的下降。这完全可以看出，甘肃省在教育方面的成果，劳动人口的文化水平、学历处在上升的状态。

近些年，甘肃省在教育方面的重视和投入不断加大。从实际数据情况来看，2010年底，全省的“两基”覆盖率，就已经达到了97%，全省所有县中，82个县都按标准达成了“两基”建设目标，这使全省的“文盲”数量大大减少，文盲率低于5%。普通高等学校从2013年的37所发展到2017年的44所；幼儿园（学前教育）从2013年的3141所发展到2017年的7122所（见表5）。截至2017年底，高等教育各类在学总规模约67万人，其中普通高等教育水平的人数在47万人左右，还有3万人以上的研究生（见表6）。在高中的升学率方面，2017年也较2013年大大升高，2013年仅为85%，2017年达到了94%（见表7）。

表5　甘肃各级各类学校数量

单位：所

年份	普通高等学校	普通中学		职业中学	普通小学	特殊教育学校	学前教育
		高中	初中				
2013	37	428	1561	133	9640	32	3141
2014	38	402	1538	126	8979	33	3471
2015	40	386	1491	118	8052	37	3971
2016	44	379	1482	114	6924	40	6441
2017	44	384	1468	105	6172	41	7122

表6　甘肃各级各类教育规模对照

单位：万人

年份	2013	2014	2015	2016	2017
幼儿在园人数	54.98	62.01	70.11	89.20	92.97
九年义务教育在校生数	290.32	277.32	271.16	269.78	271.18
高中阶段教育在校生人数	102.27	96.95	90.12	85.37	77.11
其中：中等职业教育	35.62	31.51	27.18	25.02	19.38
高等教育各类在学总规模	80.14	65.55	66.67	66.82	66.51
其中：研究生	2.94	2.90	2.96	3.11	3.45
普通高等教育	44.29	45.23	45.04	45.72	46.61
其中：高等职业教育	16.28	16.39	15.96	16.55	17.36
从业人员继续教育	9.30	9.15	8.84	8.06	7.31

表 7　甘肃小学学龄儿童净入学率和各级普通学校毕业生升学率

单位：%

年份	小学学龄儿童净入学率	小学升学率	初中升学率	高中升学率
2013	99.78	90.21	52	85
2014	99.8	97.06	59.18	90
2015	99.83	96.9	60	92
2016	99.89	97.09	61.81	93
2017	99.9	97.1	61.27	94

不可否认，当前甘肃省劳动力的文化水平、学历，有了很大的提高，不过其平均水平依然还较低，还有很大的提升空间，这就需要我们进一步加大相关的研究、探讨与实践力度，增加投入，优化教育，使地方劳动力的文化水平、学历可以上升到更高的层次，这对于甘肃省未来的建设、发展来说，是具有重要意义的。

2. 影响劳动力供给的因素分析

从劳动力市场的实际情况来看，会影响劳动力供给的因素是较多的，全面、客观地认识、了解这些因素，才能帮助我们更好地调控劳动力供给。

（1）劳动力的人口弹性分析

在劳动力的研究领域当中，“人口弹性”指劳动力供给增长率和总人口增长率的比值，是衡量总人口每增长 1%，劳动力供给量随之变动情况的综合性指标，计算公式为：劳动力的人口供给弹性 = 劳动力供给量增长率/总人口增长率。劳动力的人口供给弹性可根据劳动力供给量和总人口的环比增长率计算，亦可根据二者的定基增长率计算，后者可消除随机变动的影响，准确揭示劳动力人口供给弹性的变动趋势和规律。

表 8 所显示的是甘肃省从 2008 年到 2017 年总人口数量以及劳动力供给的变化情况，这十年甘肃省的生育率水平相对较低，因此总人口数量的增长率呈逐年下降的趋势，尤其是在 2011 年的时候，这个趋势相当显著。

劳动力人口供给弹性在 2009 ~ 2013 年整体呈现了较大的波动性（见图 4），隐含了一定的变动规律：2009 ~ 2010 年劳动力的人口供给弹性骤减，并自2012年劳动力人口呈现负增长；2013年又开始回升，2013～2016年人口供给弹性在3.5上下波动，并呈现递减的趋势，表明劳动力供给量的增长速度小于人口增长速度。在一个区域当中，如果其所有人口当中的中青年人数居多，或是青年人数居多，其劳动力人口弹性便会大大升高，相反，如果中青年人数、青年人数居少，而老年人群数量居多的话，劳动力人口弹性就会明显降低。

表8　甘肃近十年总人口和劳动力供给

年份	经济活动人口(万人)	年增长率(%)	总人口(万人)	年增长率(%)	劳动力供给率(%)	劳动力的人口供给弹性
2008	1455.77	—	2550.88	—	57.06	—
2009	1498.91	2.96	2554.91	0.157	58.66	18.85
2010	1510.28	0.758	2559.98	0.198	58.99	3.82
2011	1511.06	0.051	2564.19	0.164	58.92	0.31
2012	1501.29	-0.646	2577.55	0.521	58.24	-1.23
2013	1514.25	0.863	2582.18	0.179	58.64	4.82
2014	1529.56	1.011	2590.78	0.333	59.03	3.03
2015	1545.19	1.021	2599.55	0.338	59.44	3.02
2016	1558.51	0.862	2609.95	0.4	59.71	2.15
2017	1563.49	0.319	2625.71	0.603	59.54	0.52

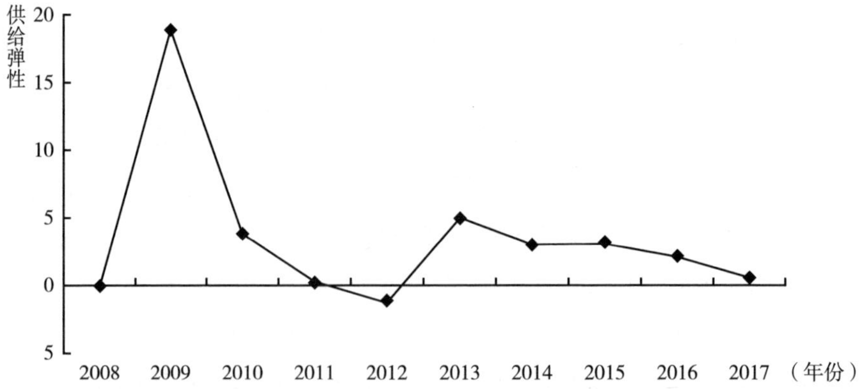

图4　近十年甘肃劳动力人口供给弹性

（2）劳动力供给的人口年龄结构演变分析

通常情况下，如果人口的总数保持不变的话，处在劳动年龄的人数越多，所占比例越大，那么其劳动力的供给必然就会越大，这是非常简单的一条规律。相反，人口总数不变，处在劳动年龄的人数越少，所占比例越低，那么其劳动力的供给，也就会减少。所以年龄结构问题，是影响劳动力供给水平的一个关键因素。从整个国际社会的情况来看，如果0岁到14岁的人口数量，占到总人口数量的40%以上，这个国家则可以被看作年轻型人口国家。如果65岁及以上的人口数量占到总人口数量的10%以上，则为老年型人口国家。老年型人口国家的劳动力供给，是会受到明显限制的。在计划生育政策的影响下，甘肃省的人口增长率受到了很大的影响，其增长趋势明显减缓。第六次人口普查结果数据显示，全省0岁到14岁的人口数量，经占到了人口总数的18.2%。65岁以上人口占所有人口总数的8.23%，其与15岁到64岁的人口，共占全部人口总数的73.6%。这些数据与第五次人口普查的数据相比较，0岁到14岁人口的比重显著下降，15岁到64岁的人口比重以及65岁及以上的人口数量比重明显上升。从表9中可以看出，甘肃省的负担老年系数、负担少儿系数，以及总负担系数明显地每年增长，而劳动力供给，却明显不足。从2007年开始，甘肃省就进入了所谓的老龄化社会，老年人口数量大增，社会劳动力供给严重不足。这给甘肃省未来的生产、建设与发展造成了很大的阻碍，要求甘肃省必须做出相应的政策与策略调整。

表9 2013～2017年甘肃人口负担系数

单位：万人，%

年份	年底总人口数	总负担系数	负担少儿系数	负担老年系数
2013	2582.18	34.37	22.95	11.43
2014	2590.78	34.33	22.84	11.49
2015	2599.55	37.68	24.14	13.53
2016	2609.95	38.52	24.16	14.36
2017	2625.71	39.63	24.38	15.25

（二）甘肃省劳动力需求状况分析

从目前的实际情况来看，甘肃省就业需求的压力主要体现在以下几个方面：第一，劳动年龄人口数量不断增长，提高了劳动力供给；第二，在经济结构调整以及产业升级的情况下，资本构成的有机性越来越高，部分劳动力会被资本所替代，在这样的情况下，就业岗位尤其是生产制造业的就业岗位数量便会减少；第三，农村的剩余劳动力还是进一步向城市转移，农业生产从业人数减少，非农业生产从业、待业人数增多；第四，劳动力市场的运行、管理、监督还不完善，与劳动者相关的多项社会问题尚未能得到妥善解决，如户籍问题、劳动保障问题、子女教育问题等；第五，劳动供给体系自身本来就存在结构性问题，高素质劳动力数量少，低素质劳动力过剩。

1. 甘肃省劳动力需求现状

（1）劳动力需求数量

从图5可以看出，从2000年开始，甘肃省的劳动力需求趋势为增长、下降、再增长。第一阶段（2000～2004年）劳动力需求增长迅速，且增量较大。第二阶段：到了2005年，劳动力需求大大减少。第三阶段（2006年到2011年）劳动力需求又有了提高。第四阶段即2012年劳动力又骤减，由2011年的1500.26万人锐减到1491.59万人。第五阶段（2013～2017年）劳动力需求又缓慢回升，由2013年的1504.97万人增加到2017年的1553.84万人。2018年第一季度，甘肃省人力资源市场共举办各类人才招聘会43场次。提供就业岗位12.2万个，11.2万名求职者入场求职，岗位求人倍率为1.09，达成意向性就业协议3.85万份。其中，高校毕业生达成意向性就业协议1.24万份。与上年同期相比，参会单位、就业岗位数、入场求职人数均有所增加，其中就业岗位数增加了34.1%，入场人数增加了15.1%；岗位求人倍率（岗位需求人数与求职人数的比例）降低了0.14个百分点。用人单位提供的就业岗位数高于求职人数，由此可见，在求人倍率一直增长的情况之下，劳动力的供给便会显得较为紧张，这就会加大甘肃省的劳动力供给压力，激化劳动力市场结构矛盾。

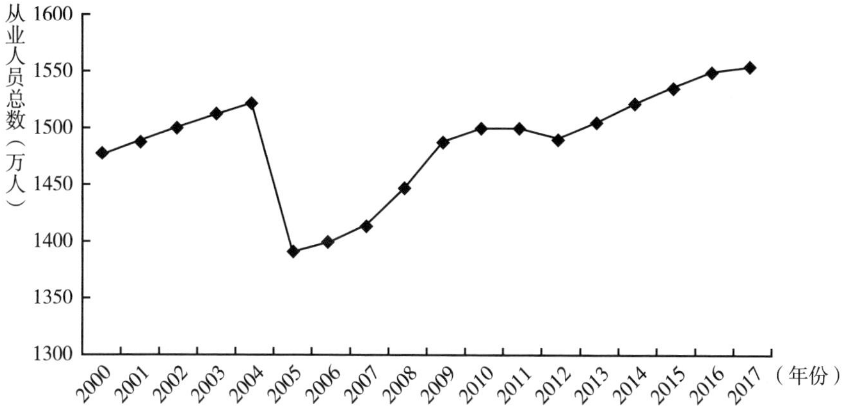

图5　甘肃历年从业人员总数变动情况

（2）甘肃省劳动力产业需求结构现状

从表10来看，甘肃省近五年的产业就业呈现“一、三、二”的结构特征，即第一产业所占比重最大，第三产业次之，第二产业居第三位。第一产业近五年来需求人数呈逐年递减的趋势，所占比重比2013年下降了4.4个百分点。所占比重最小的第二产业，需求人数波动式下降，所占比重比2013年下降了0.34个百分点。第三产业需求人数呈逐年递增的趋势，所占比重比2013年增加了4.73个百分点。第三产业包括了以往失业下岗人员，为再就业提供了渠道，这在缓解社会就业压力、消除社会矛盾方面，起到了非常重要的作用。

表10　甘肃近五年人口按产业分组的需求人数

单位：万人，%

年份	第一产业需求人数	所占比重	第二产业需求人数	所占比重	第三产业需求人数	所占比重	合计需求人数
2013	891.86	59.26	241.55	16.05	371.56	24.69	1504.97
2014	881.88	58.02	244.71	16.1	393.27	25.87	1519.86
2015	876.27	57.06	247.39	16.11	412.03	26.83	1535.69
2016	866.67	55.95	246.56	15.92	435.51	28.12	1548.74
2017	852.44	54.86	244.26	15.71	457.14	29.42	1553.84

2. 影响劳动力需求的因素分析

一个国家或一个区域内，对于劳动力的需求并不是稳定不变的，而会受到诸多因素影响。

（1）产业结构和经济总量变动对劳动力需求的影响

某一段时间内，一个国家或一个区域内，在其就业总人数保持不变的情况下，劳动力的变化主要是受当地生产技术、生产规模以及产业结构、资源配置、就业政策等因素的影响。

通常来说，劳动力需求和生产规模是成正比关系的，也就是说生产规模越大，其对于劳动力的需求也就会越高。因此，要想解决就业这个广受社会关注的难题，就必须首先发展好产业，扩大生产规模，一旦生产规模扩大，其对于劳动力的需求就会提高，进而创造出更多的就业岗位，解决就业难题。从表11可以计算得知，2017年与2013年相比三次产业的增加值分别扩大了1.306倍、0.925倍和1.462倍；第一产业就业人数减少4.4%；第二产业就业人数减少0.34%；第三产业就业人数扩大4.73%，总就业人数扩大3.25%。因此，总就业人数的扩大，第三产业规模的扩大导致了劳动力需求增加。

表11　甘肃近五年各产业增加值和GDP

单位：亿元

年份	第一产业	第二产业	第三产业	GDP
2013	658.1	2767.94	2760.7	6186.74
2014	695.77	2952.83	3032.33	6680.93
2015	733.37	2521.99	3366.62	6621.98
2016	800.75	2515.56	3690.79	7007.10
2017	859.75	2561.79	4038.36	7459.90

如果地方的产业结构相对滞后，如工业化、城镇化的水平较低，其主要的生产力需求，便肯定会集中于第一产业，第二产业乃至第三产业的劳动力需求会明显减少；相反，如果其工业化水平、城镇化水平升高，第三产业和

第二产业的劳动力需求又会上升，第一产业的劳动力需求又会减少。归根结底，这主要取决于产业的发展问题。根据表 11 的数据可计算出，2013 年三次产业增加值的比例为 6.58∶27.67∶27.60，三次产业增加值占 GDP 的比重分别为 10.63%、44.73%、44.62%；2017 年三次产业增加值的比例演变为 8.59∶25.61∶40.38，三次产业增加值占 GDP 的比重演变为 11.52%、34.34%、54.13%。产业的非农化率由 1990 年的 89.36% 减少到 2017 年的 88.48%，就业的非农化率由 1990 年的 40.74% 提高到 2010 年的 45.14%。通过上述数据可以看出，之所以农业生产的劳动力占比不断降低，这主要是因为工业化生产和城镇化建设所致，所以要想解决第一产业劳动力的剩余问题、转移问题，就必须要加快工业化建设、城镇化建设，同时辅助第二产业、第三产业的共同发展。

（2）经济增长对劳动力需求的影响

在就业和经济增长之间是存在直接关系的，很明显的一种情况是，在就业率越高的情况下，社会经济的增长也必将更加迅速。相反，如果就业率降低，劳动力的就业问题得不到解决，不能创造经济价值，那么社会经济的增长，就肯定会受到限制。这也就进一步使经济的增长，成为一种影响就业的主要因素。进入 21 世纪之后，甘肃省经济进入新一轮快速增长期，如表 12 所示，2013 ~2017 年 GDP 年均增长率达 4.85%，高于全国平均增长速度。从长期变化趋势来看，就业增长率和就业需求的 GDP 弹性波动较大，2014 年就业增长率为 0.99%，就业弹性为 0.12，2017 年就业增长率为 0.33，就业弹性为 0.05，整体呈现下降趋势，这似乎符合一位美国经济学家的观点，中国是无就业增长的经济增长，即经济增长很快，但就业增长缓慢。甘肃省是农业大省，具有典型的二元经济结构，甘肃省就业人数从 2013 年 1504.97 万人上升到 2017 年 1553.84 万人，新增就业数量 48.87 万人，年均增长率为 0.28%，其中城镇从业人员从 514.55 万人增加到 617.36 万人，增加 102 万人；乡村从业人员从 990.42 万人减少到 936.48 万人。城镇的从业人员增长数量明显地比乡村地区从业人员数量增长更为快速。工业化生产的发展、城市化建设的推进，促使了甘肃就业结构的变化，这种变化主要体现在非农业生产就业人数的大量增长和农业就业人数的大量减少，不过整个社会的就业人数也增长较为缓慢，这又显现了就业结构不合理的问题。

表 12　甘肃近五年劳动力就业分析

年份	GDP	总就业人数（万人）	就业需求GDP弹性	GDP年增长率(%)	就业增长率(%)
2013	6186.74	1504.97	—	—	—
2014	6680.93	1519.86	0.12	7.99	0.99
2015	6621.98	1535.69	-1.18	-0.88	1.04
2016	7007.1	1548.74	0.14	5.81	0.85
2017	7459.9	1553.84	0.05	6.46	0.33

三　解决甘肃省就业问题的对策建议

（一）对人口年龄进行优化，使生育保持适度的水平

现在，甘肃省正是劳动年龄人口的关键时期，加之教育投入不足，如此多的劳动年龄人口无法进行全面有效的素质教育，劳动力的综合素质较低，无法获得较好的就业，因此具有较大的就业压力。甘肃省已经处于低生育水平区间，人口出生率降到了1.2%，人口自然增长率也大大减小。但我们也要发现，甘肃省控制低生育水平的关键方式还是行政方式，人们的生育思想还没有从根本上转变，很多地区还是有多子多福的传统理念。甘肃省现在的经济发展水平较低，没有完善的社会保障机制。计划生育工作若放松，那么人口的出生率就会快速反弹；如果再次强化计划生育工作，对人口的增长进行掌控，这能够较好地缓解就业压力。

要再次强化教育与宣传工作，并让群众进行人口管理，使家庭、地区、国家的管理方式结合在一起。倡导与传播新的生育思想，让计划生育的思想成为自觉的生育思想。尤其是要促进计划生育利益导向制度的形成，促进计

划生育通过行政管理向利益导向的发展，从而改变人口结构，使就业压力得到减缓。

（二）加大人力资源的成本建设，提高劳动人员素质

强化人力资本投资，积极利用甘肃省现在和将来十年十分充足的劳动年龄人口。政府需要在政策上展现应有的效果，注重科技研发与人力资源的投入，给大专院校与公司科研以政策优惠，从而使技术得到快速进步，提升劳动人员的技能与素质。积极抓住甘肃人口的红利期，让人力资源投资得到应有的回报，让劳动力资源得到科学配置，确保经济高速增长。

强化高等教育与基础教育的建设。转变技能与知识结构，增强劳动年龄人口的就业技能，从而满足产业的发展要求。尤其要注重职业院校的技术培训，例如明确先培训再上岗的机制，促使全部学员都能够增强劳动技能，并可以较好地避免低年龄劳动人口过早进入劳动力市场的问题，使就业压力得到缓解。

构建完善的在职岗位培训机制，逐步增强劳动人员技能，从而满足经济和技术的发展要求。促进培训与教育的发展，这不但能够增强劳动年龄人口的就业技能，而且在发展职业教育的过程也增加了更多的就业机会。例如，增加管理人员、教学人员、师资培训、教学设备、就业基础设备等，这也能够增加很多的就业机会。

大力促进终身教育。大量使用多种业余教育的方式，例如成人技术培训、函授、电大、成人教育、自考等，积极为青壮年提供多种学习机会，但这离健全的终身教育机制还存在一定的距离。社会与政府需要构建合适的条件，为不同年龄段的人提供其所需求的教育，例如已经拥有大学文化程度的人员，可以为其提供再次进行学习的机会与场所。

（三）健全劳动力市场，引导劳动力流动

构建城乡平等的劳动力市场机制，即城乡劳动力市场一体化，使城乡就

业更加完善，并在再就业与城乡就业之上，促进农村劳动力向城镇与非农产业发展，并让城镇劳动力向涉农产业发展，使劳动力在农村与城市之间科学地流动，使劳动力资源得到优化。促进农业产业的循环发展，政府需要再次丰富惠农支农服务，从项目、贷款、政策等多个方面予以倾斜，加大对农业结构性调整资金的投入力度，积极调动社会多方面的力量，鼓励外资、个体、私营等多种企业的发展，加大对农业产业化、农业生产、农业科技进步等的资金投入，使农业快速发展。如果农民的收入增加了，那么他们就不用再离开家乡、离开土地了。

促进新农村建设，加快城乡一体化建设。再次展现城镇对农村的带动辐射作用，努力增加农民的收入，减小城乡之间的差异。政府不但需要加强对农村生活基础设施的投资建设，同时要对城乡生态环境进行改善，注重城乡公共安全，加强城乡文化建设，促进新农村建设，使城乡能够协调发展。

科学地对劳动力进行引导。原来农村劳动力转业的关键方式是劳务输出，是将来农村劳动力转移的关键补充。由于公司的改革逐步深入，技术含量也更高，这就使劳务输出更加困难，亟须进行更高层次的劳务输出，从而满足新时期的发展需求。从现在的劳务输出状况来看，通常是自发转移，没有秩序的流动问题十分严重，使转移成本大大提升。因此，需要对农村劳动力市场增大转移力度，促进城乡劳动力市场加速形成，强化地区之间的沟通与合作，构建劳务中介部门，增强劳务输出的秩序性，使劳务输出管理得到培训。并且，根据甘肃省的实际，有效组织各种劳动力在省内就业十分艰难，希望通过走出去的方式，缓解就业压力，增加收入。

（四）健全就业服务机制，拓宽就业渠道

健全就业服务机制，需要公司注重发展，政府积极引导，社会多个方面积极参与进来，例如提供培训服务、就业信息、介绍服务、就业咨询等。增大职业介绍的规模，健全职业介绍服务的途径与设施，并健全就业服务的运

行机制，增强服务的能力，让服务体系变得社会化、制度化与专业化。例如构建就业服务的信息沟通共享机制，较好地化解劳动力市场的信息不对称难题。

增加就业渠道，实现再就业。随着竞争的白热化，出现了很多劳动年龄失业人口与大量下岗职工。整个社会包括政府都十分关心他们，希望能够帮助他们树立有效的择业观念与竞争意识，能够改变他们的就业思想，让他们注重再就业，从而能够适应市场经济环境。对应部门需要定期进行再就业职能讲解，从而提高他们的劳动水平，使就业机会增加。对于有能力的创业人员，政府能够给予他们支持，让他们拥有主动性与积极性，并且让他们得到更多的工作岗位。对于一些希望再就业的老年人，政府可以帮助他们进入教育、顾问、咨询等行业。

（五）科学改变产业结构，形成更多就业岗位

新时期就业困难的挑战需要政府优化产业结构，促进经济快速转型，通过多种方式增加就业机会。首先，需要努力发展第一产业中的养殖产业，特别是最近甘肃省十分火热的特种养殖业。政府需要强化对特种养殖业的技术支持与资金支持，让特种养殖业能够得到有效的发展，并产生更多的劳动机会，极大地减缓农村剩余劳动力进入城镇就业的压力，且能够获得社会上的闲置资金，从而优化资源配置。其次，需要构建完善的工业机制，增强工业的核心竞争能力与技术能力，积极发展具有较强竞争能力的中小型公司，尤其是乡镇的中小公司。作为经济新增长点的中小公司，是吸纳劳动力的关键，资料显示，中小型公司较多的乡镇，就业压力更小。再次，对第三产业进行大力扶持，增强服务质量与水平，使经济结构得到平衡。第三产业拥有吸纳劳动力强、灵活性大、增长潜力大、就业成本低的优势，能够促进农村劳动力实现较快的转业，满足甘肃人口年龄结构改变的需求。首先需要鼓励甘肃发展商贸流通、餐饮、旅游等第三产业，另外还需要努力发展第三产业中吸纳就业能力强、发展潜力大的新兴产业。

（六）努力发展老龄产业，促进就业

甘肃省的老龄人口很多，他们的年龄也越来越大，随着市场消费的发展，对应的老龄服务总量以及消费量将会越来越大，随着市场的引导，有关老年人服务需求与消费需求将会获得更多的社会资源。所以政府需要颁布对应的优惠政策，让民间资本与社会资源进入该行业，努力发展老龄产业，这样不但能够使投资更加多元化，同时能够让社会上的剩余资金得到更加有效的利用，并带动当地的就业。老龄产业予以发展，需要从以下几个方面着手。其一是需要发展老年人商品市场，大多为老年日用品市场，例如保健品、辅助医疗设备、药品、服装、食品等。现在，我国的老龄产业大部分都是保健品，很多老年人的用品都十分简单，没有得到有效的开发。目前，在西方发达国家，大部分老年人用品都已经有自身的品牌。西方很多公司都把目光投向了我国，并且十分看好我国的老年人日用品市场，一些公司已经开始向我国市场进军。其二是需要健全养老服务业，该行业的范围十分宽广，从医疗专业技术方面的康复与护理，再到老年人生活照顾，抑或是健康领域的维护与防护；从养老院到护理院，再到老年公寓；它的服务对象是完全无法自理的老人或者生活半自理的老人以及生活能够完全自理的老人。养老服务行业有较大的发展空间。其三是精神上的需求，一般是老年人休闲文化行业，例如老年人旅游、老年人兴趣爱好学校、婚姻咨询服务等。现在很多以疗养休闲为主的老龄旅游项目，以较慢生活方式，满足了老年人的身体特点与兴趣爱好，受到了大部分老年人的欢迎。老年产业是一个新兴产业，它具有十分广阔的服务市场与消费市场。

B.10

甘肃城市环境综合治理精细化分析报告

段翠清*

摘　要： 甘肃省作为西北地区经济发展落后的省份，面临城市发展和环境污染治理与防治的双重严峻考验。近年来，甘肃省各级政府不断加大城市环境的治理力度并取得了一定的成效，但是城市环境污染问题依旧非常严峻。当前，城市环境治理需要在完善环境政策法规、生态转移补偿、提升现代化工业科技水平、利用大数据等现代技术方面实现精细化，提升甘肃城市环境治理的水平。

关键词： 城市环境　污染治理　精细化

十九大报告中提出的新目标“建成富强、民主、文明、和谐、美丽的社会主义现代化强国”，增加了一个词“美丽”，三大攻坚战中的污染防治是工作的中心和重点，因为这关系到“美丽”的目标能否实现。随着我国城市化进程的加快，城市人口愈发密集，在利用和消耗大量自然资源的同时，产生了大量的污染物质和废弃能量。当这些污染物质和废弃能量超过城市环境自净能力时，城市的环境就会受到污染和破坏，从而对居民的健康和城市景观带来负面影响。

甘肃省目前有14个地级市州，包括兰州市、白银市、酒泉市、嘉峪关市、张掖市、金昌市、武威市、定西市、陇南市、庆阳市、平凉市、天水

* 段翠清，甘肃省社会科学院助理研究员，研究方向为农村经济学、生态经济学。

市、临夏回族自治州、甘南藏族自治州，除此之外，还有17个市辖区、5个县级市、57个县、7个自治县。截至2018年末，甘肃城市主要城区面积达1000平方公里，城镇人口为1218.07万人，实现地区生产总值（GDP）8246.1亿元，其中，第一产业增加值921.3亿元，第二产业增加值2794.7亿元，第三产业增加值4530.1亿元，三次产业结构为11.2∶33.9∶54.9。[①] 近年来，随着甘肃省城市社会经济的发展，地区经济发展和生态环境的矛盾日益突出，生态破坏与环境污染愈发严重，生态环境的承载力已十分脆弱，已经明显影响和制约了区域社会经济的可持续发展和城市居民的幸福度。尽管这些年通过不停地整治，城市生态水平逐渐提高，城市总体防治污染的潜能逐渐增大，可是另一方面，随着城市规模不断扩大，人民对生活的要求逐渐提升，城市环境的治理仍然存在很多问题，影响着未来的发展前景。

一　甘肃省城市环境保护与治理现状

总体来说，甘肃省近年来在城市环境治理方面还是做出了巨大的努力，省委、省政府牢固树立和践行“绿水青山就是金山银山”的理念，深刻汲取祁连山生态环境破坏问题的沉痛教训，坚决担起建设和维护西部生态安全屏障的政治责任，加大监管力度，狠抓工作落实，全省环境状况总体改善，各项目标任务顺利完成。在2017年国家首次发布的绿色发展指数中，甘肃省综合排名居第16位、西北地区居第1位。[②] 在14个市州中，陇南市、张掖市、庆阳市的全年空气质量达到了国家空气质量的二级标准，占10.2%；全年优良天数比例为85.4%；剔除沙尘影响后，细颗粒物（PM2.5）年均浓度为33微克/立方米；可吸入颗粒物（PM10）年均浓度为76微克/立方米。甘肃省68个地表水考核断面中，67个断面水质综合评价结果达到考核目标要求。5个地表水省界入境断面中，水质达到（优于）考核目标的有2

① 《2018年甘肃省国民经济和社会发展统计公报》，甘肃省统计局官网，2019年3月。

② 《2018年甘肃省政府工作报告》，每日甘肃网，http://gansu.gansudaily.com.cn/system/2018/02/02/016902498.shtml，2018年2月2日。

个；14 个出境断面全部达到考核目标。甘肃省 129 个县级（含）以上城市饮用水源地中，121 个水质达到Ⅲ类标准，具体措施如下所示。

（一）加强环境保护监督机制，约束性指标任务圆满完成

近年来，在中央环保督察整改工作深入开展的基础上，甘肃省环保厅认真履行整改办公室职责，制定整改方案，加强调度督导，严格落实定期调度和清单销号制度，新制定的设账、分账、挂账、盘账、结账的账本式管理制度得到国家环保督察办的充分肯定。62 项整改任务中，2018 年度应完成的 46 项任务和 2019 年应完成的 6 项任务均已得到落实，2020 年应完成的 10 项正在积极推进中。2018 年，根据《甘肃省环境保护督察方案》，组建了由省人大常委会、省政府、省政协副省级领导担任组长的省级环保督察组，对庆阳、陇南、酒泉 3 市开展为期 15 天的进驻督察，现场督察自然保护区、饮用水源地重点河流断面、工业园区、污水处理厂、工矿企业等 204 处，调阅资料 18219 份。督察组共受理来电举报 855 件，经梳理合并向 3 市交办环境信访投诉 568 件，目前已基本办结。督察期间，共立案处罚 27 家企业，责令整改 247 家企业，处罚金额达 83.98 万元，约谈 27 人，问责 16 人。

2018 年，国家下达的对甘肃环境约束性指标有 9 项，其中水环境质量 2 项、大气环境质量 3 项、总量减排 4 项。经过努力，9 项指标均已完成。其中总量减排连续 7 年完成国家下达的目标任务。2 项水环境质量约束性指标：甘肃省 38 个地表水国考断面水质优良（达到或优于Ⅲ类）比例达到 89.5%，劣Ⅴ类水体比例不超过 2.6%。其完成情况：甘肃省 38 个地表水国考断面水质优良（达到或优于Ⅲ类）比例为 92.1%，超出国考目标 2.6 个百分点，无劣Ⅴ类断面。3 项大气环境质量约束性指标：参与国考的 12 个地级市可吸入颗粒物（PM10）浓度较 2013 年下降 12%，未达标地级及以上城市细颗粒物（PM2.5）浓度较 2015 年下降 4.7%，14 个市州空气优良天数比例达到 81.3% 以上。其完成情况：剔除沙尘影响后，参与国考的 12 个地级市可吸入颗粒物（PM10）浓度较 2013 年下降 19.1%，超出国考目标 7.1 个百分点。13 个未达标地级及以上城市（除嘉峪关）细颗粒物

（PM2.5）浓度较2015年下降20.9%，超出国考目标16.2个百分点。14个市州平均优良天数比例为85.4%，超出国考目标4.1个百分点（优良率未剔除沙尘影响）。剔除沙尘影响后，甘肃省14个市州平均优良天数比例为91.1%，同比增加3.4个百分点。4项总量减排约束性指标：二氧化硫、氮氧化物、化学需氧量、氨氮排放量分别比2015年下降4.8%、4.8%、3.28%、3.20%，重点工程减排量分别为2.8万吨、1.9万吨、0.96万吨和0.11万吨。完成情况：二氧化硫、氮氧化物、化学需氧量、氨氮排放量分别比2015年下降6.1%、5.3%、6.49%、5.81%，分别超出国考目标1.3个、0.5个、3.2个、2.6个百分点，重点工程减排量分别为3.6万吨、2.9万吨、2.11万吨、0.20万吨。

（二）大气污染防治工作

2018年，甘肃省各级环保组织坚持日分析、旬调度、月预警工作制度，按照空气质量“黄、橙、红”三级预警机制进行通报和约谈，甘肃省大气办对阶段性工作进展滞后的10个市州进行通报，对9个市州进行约谈。开展11轮次督察检查，对14个市州实现全覆盖。安排专项资金2.32亿元，用于实施大气污染治理、超低排放改造、“以奖代补”专项资金，年度淘汰整治燃煤锅炉4234台21064蒸吨，累计完成火电机组超低排放改造22台计891万千瓦时。建成优质煤集中配送中心37个，配送网点829个，淘汰黄标车和老旧车96041辆。剔除沙尘影响后，14个市州政府所在城市可吸入颗粒物（PM10）浓度均值为76微克/立方米，同比下降7.3个百分点。空气质量平均优良天数比例达到91.1%，提高3.4个百分点，顺利完成国务院“大气十条”第一阶段目标任务。①

（三）水污染防治工作

2018年，甘肃省各级环保组织坚持每月分析全省水环境质量，每季度

① 《2018年甘肃省政府工作报告》，每日甘肃网，2018年2月2日，http://gansu.gansudaily.com.cn/system/2018/02/02/016902498.shtml。

召开通报会。采取预警、通报、约谈、限批等措施，严格执行任务清单销号和预警通报制度，推进全年重点工作任务落实。督促相关地区政府开展葫芦河、渭河、马莲河达标整治工作。探索启动渭河流域定西—天水段横向生态补偿试点工作。积极争取中央水污染防治专项资金 4.46 亿元，用于重点流域水污染防治、水质较好湖泊生态环境保护。组织开展市县乡三级集中式饮用水水源地环境状况评估，做好地表水、饮用水水源地水质监测工作。全省 38 个国家考核地表水监测断面水质优良比例达到 92.1%，18 个国家考核地级集中式饮用水源地水质全部达到考核目标要求。①

（四）土壤污染防治工作

2018 年，甘肃省政府成立土壤污染防治领导小组，印发实施年度《土壤污染防治工作计划》，加强组织领导和工作指导。组织完成甘肃省土壤重点行业企业地理位置信息遥感核实、详查实验室筛选确定、问题突出区域排查等基础工作，制定《甘肃省土壤污染状况详查实施方案》，启动全省土壤污染状况详查。强化土壤环境管理，制定发布省级土壤环境重点监管企业名单，督促重点项目加快实施。研究制定《甘肃省矿产资源开发集中区域重金属污染物特别排放限值实施方案》，出台《甘肃省土壤污染治理与修复“十三五”规划》《甘肃省土壤污染治理与修复项目管理办法》。

（五）生态环境保护工作

甘肃省生态文明创建工作有序推进，平凉市获得“国家生态文明建设示范市”称号。重点生态功能区转移支付绩效评估考核工作顺利开展。安排资金 5004 万元，实施 45 个建制村和 77 个贫困村环境整治项目，改善农村人居环境。安排资金 1780 万元，实施 98 个规模化畜禽养殖污染减排和 9 个有机肥加工项目，推进畜禽养殖废弃物综合利用。

① 马寅：《马克思主义生态观视域下甘肃绿色发展研究》，西北民族大学硕士学位论文，2018 年。

（六）环境风险隐患排查工作

组织甘肃省环境风险隐患排查整治工作专项督查；对枯水期水污染联防联控工作进行现场督查；认真开展环保项目“邻避”问题排查。组织督查考核全省危险废物规范化管理工作，开展重点地区、行业专项督查。开展废铅酸蓄电池收集和废包装桶处置利用管理制度创新试点工作。会同有关部门开展固废法实施情况专项执法检查、打击洋垃圾违法行为专项行动、电子废物等再生利用行业清理整顿工作。制定甘肃省“十三五”核与辐射安全规划。开展核与辐射安全监管工作省级督查，对重点核技术利用单位进行现场检查。组织开展放射源安全检查专项行动。完善《突发环境事件应急响应流程》《突发环境事件应急响应工作程序》，组织开展市、县、区突发环境事件联合应急演练。2018 年参与调度处置 14 起突发事件，其中突发环境事件 5 起，均为一般性事件。

（七）环境保护工作

甘肃省政府成立环保机构监测监察执法垂直管理工作领导小组，开展前期准备工作，对市县环保局机构编制、人员经费、财产资产情况进行摸底调查。争取中央环保专项资金 7. 5 亿元。组织申报 4 个项目进入中央项目储备库，已下达专项资金 4. 3 亿元。张掖黑河湿地保护项目获得中央环保专项资金 1303 万元。安排省级环保专项资金 4. 2 亿元，重点支持革命老区、藏区、少数民族地区、贫困地区、祁连山片区工作开展。出台《甘肃省生态环境监测网络建设实施方案》。省级环境空气质量监测网、空气质量预报系统平台建成投运。张掖市基本建成祁连山监测网络。推进环境监测市场化，指导社会机构成立环境监测行业协会。编制《甘肃省“十三五”环境保护科技发展规划》，积极开展科技计划项目 15 项，获得省级科研立项项目 3 项。组织编制 3 项环保地方标准，发布实施 1 项。完成 211 家企业年度清洁生产审核工作。启动开展第二次全国污染源普查，组建成立领导机构，编制工作要点及宣传工作方案，拟定《甘肃省第二次全国污染源普查实施方案》。修订

《甘肃省石油勘探开发生态环境保护条例》，实施环境污染责任保险，开展重大执法决定法制审核、行政许可标准化工作。开展“世界环境日”“世界水日”“地球日”“低碳日”系列环保宣传活动。积极推进绿色创建工作，截至2017年底，已创建国家级绿色学校7所，省级绿色学校206所，省级绿色社区127个。

二 甘肃城市环境治理的主要制约因素

（一）甘肃城市原始生态环境基础薄弱，生态环境恶劣

甘肃生态环境脆弱、自然灾害频发，这已成为全省农业和农村经济发展的重大制约因素。从生态环境看，甘肃85%的国土面积属于山地高原和沙漠戈壁，45.12%的国土面积不同程度地荒漠化，沙漠化土地面积占全省土地面积的28%，退化草地面积占年利用草地面积的39%，在甘肃省主要的粮食生产基地河西走廊，荒漠化土地更是高达358.4万公顷。而且，甘肃省年均降雨量在35～800毫米，年蒸发量为1100～3500毫米，人均水资源量相当于全国平均水平的一半，耕地（公顷）平均水资源量不到全国平均水平的1/3。极端脆弱的生态环境和严酷的自然条件，导致农业生产受到很严重的威胁。

甘肃仅有的主要城市区域除天水、陇南的环境较好外，其主要的城市都处于1000公里的河西走廊地带，常年降水稀少，年蒸发量远远大于年降水量，森林植被覆盖率极低，沙漠是城市的主要构成部分。如酒泉市，其面积占甘肃总面积的42%，共19.2万平方公里，但是，城市周边基本被戈壁沙漠包围，“山脉连绵，浩瀚戈壁”的西北风光正是酒泉的特色写照。定西市，位于甘肃中部黄土高原地区，极度干旱缺水，曾被联合国称为“最不适合人类居住的地方”，但是这里居住着269.8622万人，其中城镇人口96.41万人，终年和恶劣的生态环境做着不懈的斗争。

（二）城市发展起步较晚、产业结构单一，城市发展和环境保护之间形成了双重矛盾

纵观甘肃城市发展状况，基本以重化工企业为支持的资源型城市和以农业产业为支撑的农业城市为主。仅有的服务业也是以第一、第二产业为基础。从甘肃省统计局公布的数据来看，2017 年甘肃省 14 个市州 GDP 排名，排名前五位的分别是兰州市、天水市、庆阳市、酒泉市和白银市（见表 1），人均 GDP 排在前五位的分别是嘉峪关市、兰州市、酒泉市、金昌市和张掖市（见表 2）。

表 1　2017 年甘肃省 14 个市州 GDP 排名情况

单位：亿元

地区	GDP 产值	第二产业	排名
兰州市	2500. 8019	881. 7386	1
嘉峪关市	209. 8721	109. 4237	13
金昌市	221. 4939	112. 8810	12
白银市	450. 5206	175. 6735	5
天水市	598. 9529	189. 4016	2
武威市	430. 4359	127. 9453	6
张掖市	376. 9624	97. 4488	7
平凉市	354. 6556	95. 3128	8
酒泉市	551. 7725	190. 6286	4
庆阳市	585. 4994	283. 3275	3
定西市	327. 3102	76. 1568	10
陇南市	342. 7168	70. 2597	9
临夏州	232. 2273	43. 1789	11
甘南州	141. 4158	19. 4707	14

资料来源：甘肃发展年鉴编委会：《甘肃发展年鉴》，中国统计出版社，2018。

表 2　2017 年甘肃省 14 个市州人均 GDP 排名情况

单位：亿元

地区	人均 GDP 产值	第二产业	排名
兰州市	6.7269	881.7386	2
嘉峪关市	8.4677	109.4237	1
金昌市	4.7177	112.8810	4
白银市	2.6150	175.6735	6
天水市	1.7979	189.4016	10
武威市	2.3617	127.9453	8
张掖市	3.0729	97.4488	5
平凉市	1.6825	95.3128	11
酒泉市	4.9200	190.6286	3
庆阳市	2.6031	283.3275	7
定西市	1.1693	76.1568	13
陇南市	1.3113	70.2597	12
临夏州	1.1411	43.1789	14
甘南州	1.9828	19.4707	9

资料来源：甘肃发展年鉴编委会：《甘肃发展年鉴》，中国统计出版社，2018。

但是，根据甘肃省生态环境厅公布的数据，在 2019 年 7 月，甘肃省 14 个市州环境空气质量由好到差分别为：陇南、天水、甘南、张掖、定西、金昌、临夏、庆阳、平凉、酒泉、嘉峪关、武威、白银、兰州（见表 3）。甘肃省 14 个市州 PM2.5 月均浓度值为 14 微克/立方米，兰州为 19 微克/立方米，嘉峪关为 15 微克/立方米，金昌为 12 微克/立方米，白银为 16 微克/立方米，天水为 10 微克/立方米，武威为 16 微克/立方米，张掖为 15 微克/立方米，平凉为 10 微克/立方米，酒泉为 15 微克/立方米，庆阳为 14 微克/立方米，定西为 12 微克/立方米，陇南为 9 微克/立方米，临夏为 14 微克/立方米，甘南为 14 微克/立方米。全省 14 个市州平均优良天数比例为 95.2%，兰州为 64.5%，嘉峪关为 93.5%，金昌为 100%，白银为 93.5%，天水为 100%，武威为 96.8%，张掖为 96.8%，平凉为 96.8%，酒泉为 96.8%，庆阳为 93.5%，定西为 100%，陇南为 100%，临夏为 100%，甘南为 100%。从甘肃省各县区 2019 年 7 月环境情况看：86 个县（市、区）

和兰州新区、嘉峪关市城区环境空气质量平均优良天气比例为97.2%；PM2.5月均浓度范围为6~36μg/m³，平均浓度为18μg/m³；PM10月均浓度范围为14~72μg/m³，平均浓度为44μg/m³。环境空气质量排名前10位的依次为徽县、肃南县、舟曲县、迭部县、武都区、卓尼县、华池县、礼县、康县、清水县；环境空气质量相对较差的后10位依次为皋兰县、崆峒区、泾川县、白银区、华亭县、环县、七里河区、西固区、安宁区、城关区（见表4）。

从统计数据的总体情况来看，甘肃省14个市州的GDP总量、人均GDP与本地区的城市环境状况形成了鲜明的对比和反差。兰州、白银、嘉峪关、金昌等几个资源型城市的环境质量都排名靠后，但是这几个城市的产值位列前茅，这与城市环境质量形成的鲜明的对比。总体呈现的情况为：在GDP总量和人均GDP越高的城市，其环境空气质量越差，环境污染物排放量越高。

表3　2019年7月甘肃省14个市州环境空气质量排名情况

地区	环境空气质量综合排名	环境空气质量综合指数	主要污染物
陇南市	1	2.21	—
天水市	2	2.22	—
甘南州	3	2.30	—
张掖市	4	2.35	—
定西市	5	2.40	—
金昌市	6	2.48	—
临夏州	7	2.50	—
庆阳市	8	2.51	—
平凉市	8	2.62	—
酒泉市	10	2.68	—
嘉峪关市	11	2.69	—
武威市	12	2.75	—
白银市	13	3.14	—
兰州市	14	3.82	O_3、NO_2

资料来源：甘肃省生态环境厅提供数据。

表4　2019年7月全省各县（市、区）环境空气质量排名情况

排名	县（市、区）	综合指数	主要污染物	排名	县（市、区）	综合指数	主要污染物	排名	县（市、区）	综合指数	主要污染物
1	徽县	1.53	PM10	30	庆城县	2.49	PM10	61	兰州新区	2.84	O_3
2	肃南县	1.59	O_3	32	渭源县	2.50	O_3	62	庄浪县	2.85	O_3
3	舟曲县	1.61	O_3	33	麦积区	2.52	O_3	62	凉州区	2.85	O_3
4	迭部县	1.77	O_3	34	肃州区	2.53	O_3	62	阿克塞县	2.85	PM10
5	武都区	1.83	O_3	35	两当县	2.54	NO_2	62	临夏市	2.85	O_3
6	卓尼县	1.89	O_3	35	积石山县	2.54	O_3	66	榆中县	2.86	O_3
7	华池县	1.98	O_3	37	永登县	2.55	O_3	67	平川区	2.87	O_3
8	礼县	2.07	O_3	37	陇西县	2.55	O_3	68	天祝县	2.92	O_3
9	康县	2.08	O_3	39	甘州区	2.56	O_3	69	景泰县	2.93	PM10
10	清水县	2.18	O_3	40	岷县	2.57	O_3	69	合作市	2.93	O_3
11	碌曲县	2.19	O_3	40	正宁县	2.57	O_3	71	宁县	2.98	PM10
12	民乐县	2.23	O_3	42	金川区	2.58	O_3	72	红古区	3.00	O_3
13	崇信县	2.24	O_3	42	东乡县	2.58	O_3	73	灵台县	3.02	O_3
14	秦安县	2.27	O_3	44	肃北县	2.61	O_3	74	玉门市	3.08	O_3
15	西和县	2.31	O_3	45	秦州区	2.63	O_3	74	永靖县	3.08	O_3
16	宕昌县	2.32	O_3	45	和政县	2.63	O_3	76	康乐县	3.09	O_3
17	漳县	2.34	O_3	47	临泽县	2.64	O_3	77	张家川县	3.11	PM2.5
18	夏河县	2.38	O_3	47	瓜州县	2.64	O_3	78	广河县	3.14	PM10
19	嘉峪关市城区	2.39	O_3	49	会宁县	2.66	O_3	79	皋兰县	3.24	O_3
20	玛曲县	2.40	O_3	50	文县	2.67	PM2.5	80	崆峒区	3.29	NO_2
20	临潭县	2.40	O_3	50	金塔县	2.67	PM10	81	泾川县	3.35	O_3
22	武山县	2.41	O_3	52	古浪县	2.69	O_3	82	白银区	3.38	O_3
23	临夏县	2.42	PM10	53	高台县	2.70	O_3	83	华亭县	3.39	PM2.5
24	西峰区	2.44	O_3	54	静宁县	2.71	O_3	84	环县	3.54	PM10
24	通渭县	2.44	O_3	55	永昌县	2.72	O_3	85	七里河区	3.76	NO_2
24	甘谷县	2.44	O_3	55	敦煌市	2.72	O_3	86	西固区	3.85	O_3
27	合水县	2.45	O_3	57	临洮县	2.78	O_3	87	安宁区	3.99	O_3
28	山丹县	2.48	O_3	58	安定区	2.79	O_3	88	城关区	4.26	NO_2
28	成县	2.48	O_3	58	靖远县	2.79	O_3				
30	镇原县	2.49	O_3	60	民勤县	2.80	O_3				

资料来源：甘肃省生态环境厅提供数据。

城市化发展总是与工业化发展程度相伴相随，相互促进，甘肃城市的发展也不例外。伴随大量稀有矿产资源的开发和利用，以及重化工产业的崛起，甘肃出现了很多新型工业化城市。包括以石化为重要产业支撑的兰州市，集稀有金属开采、冶炼和加工于一身的金昌市、白银市，以钢铁冶炼和生产为主的嘉峪关市，以煤炭开采为主的平凉市。随着工业化的崛起，这些城市的 GDP 都位于甘肃前列，为甘肃省的经济发展贡献了巨大的力量。但是，甘肃城市化程度较高的城市，同样面临着环境污染严重、治理难和压力较大等问题，这与城市化过程中过度依赖资源的开发和引进重化工业有关，形成城市环境污染与城市发展之间的双重矛盾。

（三）城市产业现代化技术含量较低，资源的不合理、不充分利用现象普遍

纵观甘肃各主要城市的工业化进程，往往都是以发展为先，治理在后。为了城市产业迅速得以发展，城市快速扩张，GDP 迅速上升，不惜以牺牲环境为代价，引进高耗能、高污染产业。由于工业化的发展主要是依托城市地区不可再生的稀有矿产资源的存储和开采，以原始加工为主，缺乏深层次的资源精细化加工和利用。同时，由于甘肃主要城市的工业生产以重金属、稀有金属和重化工业为主，而在生产过程中缺乏合理的废弃物处理设备，从而造成该地区严重的环境污染。从甘肃省统计局下发的 2017 年甘肃 14 个市州一般工业固体废物产生及处理利用情况来看，固体废弃物排放总量金昌市居第 1 位，嘉峪关市居第 2 位，张掖市居第 3 位，白银市居第 4 位，陇南市居第 5 位（见表 5）。从甘肃省各地区废水排放总量来看，兰州市居第 1 位，天水市居第 2 位，白银市居第 3 位，平凉市居第 4 位，金昌市居第 5 位（见表 6）。甘肃省废气及主要污染物排放量居前五位的城市分别是：嘉峪关市、兰州市、平凉市、白银市、金昌市。二氧化硫、氮氧化物、烟（粉）尘排放中，来自工业产业的排放量占各地区主要污染物排放量的 90% 以上（见表 7）。总体来看，甘肃几座重要

的资源型城市废弃物的排放量仍然位居14个市州的前列，其城市环境污染程度较高，环境质量较差，环境治理面临巨大的难度。

表5　甘肃省14个市州一般工业固体废物产生及处理利用情况（2017年）

单位：万吨

地　区	一般工业固体废物产生量	一般工业固体废物综合利用量	一般工业固体废物贮存量	一般工业固体废物处置量	危险废物产生量	固体废弃物排放总量排名
兰州市	320.58	282.24	0.49	39.29	17.51	7
嘉峪关市	927.61	583.08		344.53	50.26	2
金昌市	1150.88	168.46	804.98	183.75	7.83	1
白银市	505.88	311.76	139.75	76.06	24.51	4
天水市	28.16	20.46	7.30	0.40	0.01	12
武威市	57.30	49.03	6.58	2.19	0.04	9
张掖市	746.24	580.84	163.96	13.74	4.48	3
平凉市	375.52	223.32	75.15	102.29	1.45	6
酒泉市	303.65	120.34	170.73	12.58	1.68	8
庆阳市	21.07	18.70	0.02	2.76	3.88	13
定西市	31.48	23.26	11.82	0.35	8.87	11
陇南市	488.79	9.53	265.22	215.84	17.82	5
临夏州	8.95	8.95			0.01	14
甘南州	52.50	27.38	16.75	8.53	23.50	10

资料来源：甘肃发展年鉴编委会：《甘肃发展年鉴》，中国统计出版社，2018。

表6　甘肃省各地区废水排放情况

单位：万吨

地区	废水排放量	工业废水排放总量	化学需氧量排放量	氨氮排放量	废水排放总量排名
兰州市	21961.99	3627.30	1.24	0.14	1
嘉峪关市	2862.20	1555.70	0.14	0.03	11
金昌市	3853.94	1550.33	0.29	0.05	5
白银市	3963.98	373.21	1.23	0.33	3
天水市	5428.45	287.65	1.51	0.19	2
武威市	2870.18	209.13	0.94	0.11	10
张掖市	3121.53	415.37	0.14	0.07	9

续表

地区	废水排放量	工业废水排放总量	化学需氧量排放量	氨氮排放量	废水排放总量排名
平凉市	3933.45	779.67	0.56	0.09	4
酒泉市	3435.70	368.19	0.93	0.10	8
庆阳市	3628.03	273.34	1.36	0.25	6
定西市	2062.85	145.44	1.73	0.17	13
陇南市	3490.43	400.95	1.59	0.21	7
临夏州	2851.46	312.51	1.16	0.16	12
甘南州	934.42	11.51	0.42	0.05	14

资料来源：甘肃发展年鉴编委会：《甘肃发展年鉴》，中国统计出版社，2018。

表7　甘肃省各地区废气及主要污染物排放情况（2017年）

地　区	工业废气排放量（亿立方米）	二氧化硫（万吨）	#工业二氧化硫（万吨）	氮氧化物排放量（万吨）	#工业氮氧化物（万吨）	烟(粉)尘排放量（万吨）	#工业烟(粉)尘（万吨）	总量排名
兰州市	2160.86	3.13	2.03	3.09	2.84	2.04	1.59	2
嘉峪关市	2526.50	2.91	2.88	2.49	2.48	4.27	4.26	1
金昌市	526.62	4.06	3.68	0.57	0.52	1.12	0.85	5
白银市	722.59	1.20	1.02	0.88	0.84	0.66	0.53	4
天水市	307.13	1.64	0.48	0.46	0.36	0.98	0.25	8
武威市	173.99	1.57	0.46	0.40	0.26	1.79	1.23	11
张掖市	240.02	1.12	0.64	0.43	0.37	0.65	0.25	9
平凉市	864.61	2.75	1.06	1.22	1.02	1.19	0.36	3
酒泉市	339.51	1.79	0.64	0.89	0.72	1.23	0.43	7
庆阳市	179.25	1.68	0.47	0.29	0.19	0.72	0.21	10
定西市	525.90	1.61	0.83	0.58	0.53	0.58	0.31	6
陇南市	169.49	1.18	0.27	0.48	0.38	0.65	0.23	12
临夏州	97.74	0.60	0.33	0.19	0.15	0.54	0.39	13
甘南州	26.04	0.44	0.06	0.15	0.11	0.29	0.09	14

资料来源：甘肃发展年鉴编委会：《甘肃发展年鉴》，中国统计出版社，2018。

三　甘肃省城市环境精细化治理的对策建议

甘肃城市环境治理主要需要解决城市工业现代化发展和环境保护之间的矛盾，应在环境政策法规的完善、生态转移补偿、提升现代化工业科技水平、利用大数据等现代技术方面进行精细化治理，共同提升甘肃城市环境污染治理的水平。

（一）推动产业结构转型升级，加快发展节能环保产业

加快培育一批综合竞争力强的大型节能环保企业，在节能环保产品制造、节能环保服务总承包领域培育20家以上骨干企业，形成2~3个产业配套能力强、辐射带动作用大的产业集聚区。争取在2020年甘肃省的节能环保产业产值达到1000亿元，产业增加值占甘肃省生产总值的3%左右，实现总产值比2015年翻一番。到2025年，甘肃省节能环保产业产值达到2000亿元，产业增加值占全省生产总值5%左右，实现总产值比2020年翻一番，节能环保产业快速发展，质量效益显著提升，集中度明显增强，逐步发展成为甘肃支柱产业。

强化新兴节能装备培育与发展。提高半导体封装产品等优势技术的集成整合能力，培育甘肃省节能装备新动能。引进一批在余热余压利用装备制造、节能新材料、能耗在线监测计量技术装备等方面具有先进技术水平和明显产业竞争优势的企业在甘肃省投资建厂。争取2020年，在兰州新区建成甘肃省节能环保产业基地，提升甘肃节能产业技术水平和发展规模。

（二）全面推动全域无垃圾行动

发挥重点企业示范带动作用，强化工业生产过程中大宗废弃物综合利用，提高煤矸石、粉煤灰、脱硫石膏、冶炼废渣等大宗工业固体废弃物的综合利用水平。全面推动全省全域无垃圾行动，支持城市生活垃圾和建筑废弃物综合利用，积极推进废旧沥青混合料、建筑废弃物再生利用，推进农林清

洁工程建设和禽畜粪便等资源综合利用工程，提高城乡生产生活废弃物资源化利用。在2018年制定甘肃省全域无垃圾规划的基础上，于2019年争取无害化处理设施覆盖率达100%，到2020年，在煤矸石、粉煤灰、脱硫石膏、冶炼废渣等固废综合利用率达到73%以上，全面完成全域无垃圾专项行动目标任务。

（三）利用大数据提升环境监测水平

目前，手机、电脑在城市各类污染监控方面发挥着越来越重要的作用。“兰州蓝”监测平台在兰州市成功应用，可以在手机上实时看到兰州市各个街道空气质量以及工地抑尘情况，从显示屏上还能看到重点监控企业排污情况。近年来，兰州市通过各类监测平台，对全市污染源排污状况进行监控。目前已形成污染源自动监控系统、重点污染源综合监控及智能预警系统和污染源视频监控系统三位一体的综合监控体系，实现了对全市重点排污企业的全方位监控。

下一步，可以将“兰州蓝”监测平台向甘肃省其他市州推广。一是通过污染源自动监控系统，对甘肃省重点污染源企业和排污口实行连续不间断在线监控并自动上传监控数据。各市州环保局要安排专人对在线数据进行分析，发现超标及时判定并转办。二是建立重点污染源综合监控及智能预警系统。降低城区火电厂等重点污染对大气环境质量的影响，尽最大可能减少其污染物排放，通过对重点污染源企业环保设施的在线监管，可以实现对企业异常情况早发现、早预警、早采取措施，防止企业污染物超标排放。三是建设污染源视频监控系统。与三维数字企业合作，主要在企业污染防治设施、排放口、原料堆场等安装高清视频头，实时掌握现场情况。四是逐步建立网格化精准监测平台系统，对城市主要网格实现实时监控。该系统不但可以对主要污染物指标进行监控，而且用于开展溯源分析与污染物迁移研究，便于各市州大气指挥办公室对网格环境空气质量异常的调度和考核。当发现某一区域污染物因子异常升高时，大气指挥办公室可以准确指挥临近网格监管人员赶赴现场进行调查核实，提高了调度的精准性。

（四）建立以生态补偿制度为主的横向转移支付制度

在城市发展的过程中，重污染、高消耗的企业应该为保护环境担负更多的社会职责。甘肃省应尽快建立横向转移支付制度，按照“谁投资、谁开发、谁经营、谁受益”的政策和固定承包期的措施，鼓励民间资本参与到环境治理和生态补偿项目中。采用“公司型”“民营型”“联营型”“支部型”“合伙型”“自营型”“国营型”“入股型”“招商引资型”等多种投资模式，解决城市环境治理过程中生态补偿资金单一的问题。[①] 鼓励和支持非公经济组织投资环境治理项目，拓宽融资渠道，增大资金扶持力度。环境治理、保护及补偿项目是跨部门、跨区域的项目，见效慢、投资大，应建立各部门资金使用的统筹协调机制，积极探索市场化多元投入的路子。充分发掘民间资本优势，通过政策引导、项目扶持、技术服务等措施，积极鼓励和支持非公经济组织参与到环境治理和补偿中来，这样也可以进一步促进甘肃省城市环境精细化治理。

对政府性的投资项目，各市州应建立稳定增长的财政投入机制，集中财力，加大投入，确保重点。统筹安排天然林保护、公益林补偿、生态农业开发、生态旅游开发、污染防治、水上保持、河道整治、企业清洁生产技术改造等项目资金，确保环境治理与建设工作的持续开展。按照“统一规划，渠道不变，管理不乱，各记其功，各负其责”的原则，加强不同渠道投资和项目的有机整合，提高资金使用效率。

（五）引导形成绿色发展方式和生活方式

一是促进经济绿色低碳循环发展。对城市污染的重点区域、重点流域、重点行业和产业布局开展规划环评，调整优化不符合生态环境功能定位的产业布局、规模和结构。严格控制重点流域、重点区域环境风险项目。对各类

① 舒旻：《论生态补偿资金的来源与构成》，《南京工业大学学报》（社会科学版）2015 年第 1 期。

工业园区、高新区等进行集中整治，限制进行达标改造。加快城市建成区、重点流域的重污染企业和危险化学品企业搬迁改造。在能源、冶金、建材、有色、化工、电镀、造纸、污染、农副食品加工等行业，全面推进清洁生产改造或清洁化改造。

二是推进能源资源全面节约。强化能源和水资源消耗、建设用地等总量和强度双控行动，实行最严格的耕地保护、节约用地和水资源管理制度。严格实施国家节水行动，完善水价形成机制，推进节水型社会和节水型城市建设。健全节能、节水、节地、节材、节矿标准体系，大幅降低重点行业和企业能耗、物耗，推行生产者责任衍生制度，实现生产系统和生活系统循环连接。鼓励新建建筑采用绿色建材，大力发展装配式建筑，提高新建绿色建筑比例。

三是引导公众绿色生活。加强生态文明宣传教育，倡导简约适度、绿色低碳的生活方式，反对奢侈浪费和不合理消费。开展创建绿色家庭、绿色学校、绿色社区、绿色商场、绿色餐馆等行动。推行绿色消费，出台快递业、共享经济等新业态的规范标准，推广环境标志产品、有机产品等绿色产品。提倡绿色居住，节约用水用电，合理控制夏季空调和冬季取暖室内温度。大力发展公共交通，鼓励自行车、步行等绿色出行。①

---

① 《中共中央　国务院关于全面加强生态环境保护　坚决打好污染防治攻坚战的意见》，新华社，2018 年 6 月 16 日。

调 查 篇

Social Survey Reports

B.11 甘肃精准扶贫中的可持续发展研究

——基于G村的调查报告

刘徽翰*

摘　要： 脱贫攻坚已进入决胜冲刺阶段，绝大多数贫困村和贫困户能够按期完成脱贫任务，现阶段的脱贫工作应更加注重对脱贫成果的巩固和提升。本报告以一个贫困村的精准扶贫工作实践为例，初步总结了影响精准扶贫工作及其成效的四个方面，即政策可持续、资源可持续、组织（机制）可持续、产业可持续。随后分别讨论了这四个因素对于精准扶贫工作及其成效的作用方式和影响，最后针对精准扶贫工作及其成效的可持续发展从上述四方面提出了对策建议。

* 刘徽翰，甘肃省社会科学院社会学研究所助理研究员，研究方向为社会理论和社会问题。

关键词： 精准扶贫 工作成效 可持续发展

一 精准扶贫工作的可持续发展：概念和意义

精准扶贫工作已进入决胜冲刺阶段，相较于前一阶段注重集中大量帮扶资源补齐贫困地区基础设施和公共服务的历史欠账和现实短板，现阶段的脱贫工作更加强调对脱贫成果的巩固和提升。通过几年的脱贫攻坚工作，绝大多数贫困村已经实现了整体脱贫，道路交通、安全饮水、住房安全等农村基础设施的状况和农民的生产生活条件得到了根本性改善。集体产业、特色产业、技能培训、有组织的劳务输出等脱贫增收的渠道也已稳固建立，越来越多的贫困村和村民可以通过自己的力量实现稳定脱贫，并且为今后的增收致富打下了良好的基础。

衡量脱贫攻坚成效的重要标准在于脱贫成果是否稳固，能否可持续。从现阶段各地的精准扶贫实践来看，一般情况下，通过帮扶单位和帮扶干部以及当地干部群众的共同努力，在几年时间（也就是2020年底前）内按照“两不愁、三保障”的目标完成脱贫攻坚任务，实现整体脱贫应该不成问题。事实上，绝大多数贫困村现在已经实现了整体脱贫，在剩余的时间里，脱贫攻坚的主要任务是巩固脱贫成果，提升脱贫质量，最终实现脱贫村和脱贫农户的可持续发展。

精准扶贫中的可持续发展大体上可分为两块内容，一是精准扶贫本身的可持续，包括扶贫工作的方式、组织、政策、资源等；二是精准扶贫效果的可持续，主要是指脱贫村和脱贫户是否具备了自我发展能力，其中包括已建立的村集体产业能否持续发挥效益，贫困村和贫困户是否与外界的市场体系和流通网络建立了稳固的联系，农户家庭包括个体是否具备了参与现代市场经济的相应技能和心理素质等。精准扶贫工作自身可持续类似于“存量改革”，即通过“精准识别、精准帮扶、精准管理”等更精准、更细致、更科学、更注重信息网络大数据等现代技术手段和管理体制，从扶贫工作的工作模式、组织形式、资源投入方式、运作机制、保障措施等各个方面改变过去

“大水漫灌”“富区不富民”“输血有余造血不足”等传统扶贫工作的缺陷和不足，保障所有贫困户实现在现有标准下的整体脱贫，消灭绝对贫困。精准扶贫工作效果可持续类似于“增量改革”，即在完成“两不愁、三保障”脱贫目标的基础上培育贫困村和贫困户的自我发展能力。宏观层面（中央和省级）的政策供给；中观层面（地市和县级）的主导产业培育、县域经济发展、增加财政收入；微观层面（村镇层面）完善村镇管理体系、增加公共投入、改善基础设施条件；在贫困户层面，通过能力建设、增进参与、资金扶持、困难救助等保障“村有产业、户有能力”，而且产业要“既能致富、又能持续”。让有自我发展能力和意愿的农户能够比较顺利地融入现代社会秩序、参与市场经济，最终实现增收致富。

通过区分精准扶贫工作可持续的两方面内容，我们可以在理论层面建立一个衡量或分析精准扶贫工作可持续发展的简单框架。首先通过精准识别来确定真正需要帮助的贫困户，其次通过精准帮扶根据每一户的具体情况制定具体帮扶措施，然后按照帮扶计划投入特定资源实现脱贫，最后通过精准扶贫工作的一系列环节，形成一个有效识别、精准帮扶、动态管理、政策兜底、能力培养的完整链条，同时建立一套政府培育乡村和农户“能脱贫、能稳固、可持续、能致富”自我发展能力的工作机制。这种工作机制可以在脱贫攻坚工作完成后持续发挥作用，从而实现脱贫后农村和农户的可持续发展。因此，精准扶贫工作的可持续可分为政策可持续、资源可持续、机制可持续、产业可持续四个环节，其中政策可持续是制度基础，资源可持续是重要保障，机制可持续是动力源泉，产业可持续是物质载体和重要依托（见图1）。

图1　精准扶贫可持续发展

在建立一般的分析框架之后，我们通过一个贫困村的具体帮扶案例来详细说明精准扶贫工作及成效的可持续性是如何在实践中取得和体现的。

二 G村精准扶贫工作的可持续性发展

（一）G村的基本情况

G村位于甘肃省天水市清水县S镇东南部，距S镇政府所在地16公里，属于深度贫困村。全村下辖8个自然村，总人口158户697人。G村南北均是山地，面积11.6平方公里，耕地面积3194亩（其中2207亩为35度以上山坡地），人均耕地面积2.84亩，人均产粮584公斤。2004年7月村组建制调整，该村由原来的关山村、罗垣村和苗山村合并组建而成。G村海拔高度在1700～1800米，冬季漫长，春季短暂，年平均温度5℃～6℃，森林覆盖面积大，气候高寒阴湿。受气候条件等因素的影响，小麦、玉米等农作物难以成熟，核桃、苹果和花椒等不宜生长，缺乏主导产业。2013年底有建档立卡贫困人口96户434人，贫困发生率为62.18%，2014～2018年全村累计减贫60户277人。2018年初有贫困人口48户209人，有一、二类低保户共4户6人，特困供养人员6户7人，其中纳入建档立卡贫困户的有2户2人。2018年底剩余贫困人口36户157人，贫困发生率为22.49%。

从致贫原因来看，主要有以下几个方面：全村基础设施建设薄弱，交通不便，没有主导产业，群众思想保守，致富带头人少；高寒阴湿的气候，使得因病致贫现象相对普遍；G村建档立卡贫困户中约80%主要家庭劳动力长期在外打工，家中均是留守老人、儿童，村内发展产业脱贫缺乏主要劳动力；村民自身发展动力不足。

（二）G村的脱贫攻坚工作情况

自精准脱贫工作开展以来，G村在村两委和帮扶单位共同努力下，“抓党建、促脱贫”，注重扶贫同扶志、扶智相结合，积极开展帮扶。2017 年，根据甘肃省委、省政府的统一安排部署，甘肃省社会科学院作为 G 村的定点帮扶单位开展帮扶工作，东西部协作扶贫由天津市河北区对口帮扶清水县。通过近几年的精准扶贫工作，G 村的贫困状况得到了极大改善，计划于 2019 年底实现整村脱贫。其中教育扶贫方面：G 村小学现有学生 15 人（一年级 4 人、二年级 3 人），教师 3 名，高中生 17 人，中专生 6 人，在校大学生 7 人。已全部落实有关政策，义务教育阶段无学生辍学情况发生。健康扶贫方面：全村村民均纳入新型农村合作医疗保障范围，全村大病患者 1 户，慢病卡已办理 27 人。住房安全方面：全村现有土坯房 18 户（其中马台组 1 户，关山组 4 户，罗垣组 13 户；常年无人居住 18 户；已拆除危房关山组 3 户，罗垣组 10 户，西沟组 1 户），在县城及外地购买房屋的 7 户，建档立卡户中的锁门户 15 户，通过危房改建工程，全村彻底解决了危房存量问题。饮水方面：关山新村 17 户全部为自来水，五保家园 10 户全部为自来水，其他户饮用井水或泉水，饮水安全有保障。产业扶贫方面：主导产业为传统种植和畜牧养殖，其中养牛 30 户 96 头，养猪 143 头，养蜂 80 余箱。

1. 项目扶贫情况

（1）2018 年庭院硬化 53 户，户均补助 3000 元。旱厕改造 36 户，户均补助 1600 元。全村有 4 户获得了到户项目，其中 3 户每户养牛 1 头，户均补助 5000 元，另 1 户是养羊项目，共补助 6000 元。

（2）2018 年全村落实六大产业 20 户，包括牛产业和羊产业，共补助项目资金 48 万元。

（3）天津对口帮扶项目：东西协作扶贫到户项目，共补助项目资金 34.2 万元。其中上报的项目有能繁母牛、能繁母羊、能繁母猪等，兴建 1 处农家乐，2 户对牛棚进行加固和维修，还有五保家园的改炕和集中供暖设施建设。

2. 党建扶贫情况

G 村党支部由 4 人组成，驻村工作队由甘肃省社科院和清水县 4 名干部联合组成，其中由省社科院 1 名正处级干部担任驻村第一书记，2019 年甘肃省社科院又增派两名队员，均为副处级干部。目前全村共有党员 28 名（女党员 1 名），各种村级组织机构基本健全。党支部在 G 村脱贫攻坚工作中发挥了核心领导作用，提供了组织资源。

（1）把学习始终贯穿到工作中，以支部标准化建设为抓手，助力脱贫攻坚。深入开展基层党建工作，严格落实“三会一课”制度，坚持“四议两公开”。协助村党支部书记召开组织生活会，勇于开展批评与自我批评，民主评议党员。村党支部每月召开主题党日活动，通过学党章、树信念等党内集中教育，把全面从严治党的要求落实到党支部、落实到每名党员，增强村党组织和广大党员的政治责任感、党员意识，全面服务脱贫攻坚的工作大局。认真学习习近平总书记扶贫论述摘编、习近平总书记 3 月 7 日在十三届全国人大第三次会议甘肃代表团审议时的重要讲话，把学习、贯彻好讲话精神作为当前的头等大事和首要政治任务。学习习近平总书记在重庆考察、解决“两不愁、三保障”突出问题座谈会的重要讲话。把学习作为对党员政治立场是否坚定的直接检验、“两个维护”是否坚决的现实考验，作为抓好脱贫攻坚的第一民生工程和底线任务。把学习始终贯穿到脱贫攻坚工作的实际中，坚持以村党支部标准化建设为抓手，助力脱贫攻坚，不断提高基层村党组织的凝聚力、战斗力。

（2）筑牢村党支部战斗堡垒，发挥党员先锋模范作用。坚持村党支部书记“双述双评”制度，由村党支部书记就履职尽责和承诺兑现情况，分别向党员群众和乡镇党委述职，并接受评议。采取“党组织 +”模式，加强支部班子建设，通过创办的清水县红岩农民专业合作社、隆辉种养殖农民专业合作社，加大村产业发展，筑牢村党支部战斗堡垒。坚持“好人 + 能人”标准，让先进党员、致富能人在村两委、合作社担任职务，带头发展产业，起到模范带头作用。思想决定一切。扶志、扶智任重道远，需常抓不懈、久久为功。村党支部书记与第一书记带头遍访贫困户，深挖贫困户思想深处的穷根，解放思想，改变落后守旧、等靠要的思想观念和生活中的陈规陋习，建立致富光荣、贫困可耻的奖惩机制，激发贫困户内生发展动力。通过主题党日、组织生活会，协助支部培养 55 岁以上老党员和新发展党员做新时代党员，不断学习新时代中国特色社会主义思想、新文化、新技术，切实起到先锋模范作用。

（3）采取“党社联建”模式，结合本村实际，发展特色产业。采取“党支部+合作社+基地+农户”的“党社联建”发展模式，结合村产业优势，甘肃省社科院投资42.76万元，建设G村黑木耳种植基地，投放3.5万株木耳菌棒培育、生产特色“高原木耳”，预计年产值15万元，带动95户贫困户户均年增收1500元。以村党支部为引领，全面开展农村“三变”改革，采取“村集体+合作社+农户”经营模式，推进规模化种植、标准化管理、市场化营销，增加农户收入，实现G村稳步脱贫。通过党支部民主决策机制和合作社公开民主监督机制相结合，使“党社联建”管理模式逐渐实现制度化、规范化。

通过对G村2019年未脱贫户逐户摸底，村党支部动员有劳动能力贫困户外出创业，增加劳务收入。对在家务农贫困户指定脱贫途径：一是劳务输转加产业脱贫9户46人；二是依托合作社种植的木耳、饲草加家庭养殖业（牛、羊、猪、鸡、蜂）脱贫20户94人；三是公益性岗位加养蜂脱贫3户4人；四是易地搬迁加劳务脱贫2户11人；五是政策兜底2户2人。共计36户157人。

合作社经营村流转土地种植青贮饲草玉米132亩，预计年收入19.8万元，户均增收2084元。社员分别入股当地县农发公司和宇鑫牧业。支部带动合作社经营，支部带动党员、党员带动95户贫困户脱贫增收。项目收益后，由合作社负责收益分红，促进社员增收，合作社运营增收。

3. 产业扶贫情况

G村发展扶贫产业是一个逐步摸索的过程，2017年甘肃省社科院定点帮扶之后，一直在探索适合G村实际的产业发展路子，先后实施过养牛、养蜂、养羊等产业，但这些产业的经济效益和辐射带动效应始终不尽如人意。2019年，甘肃省社科院聚焦精准扶贫战略，大力助推帮扶贫困村“三变”改革，采取“党支部+合作社+基地+农户”的“党社联建”发展模式，结合村产业优势，筹措资金在G村建设了木耳种植基地，以村党支部为引领，推进规模化种植、标准化管理、市场化营销，积极增加农户收入。通过党支部民主决策机制和合作社公开民主监督机制相结合，使“党社联建”管理模式逐渐实现制度化、规范化。2019 年 4 月，G 村大棚投放 4 万株木耳菌棒进行培育生产。6 月下旬，G 村木耳喜获丰收，已经顺利产出 5000 斤鲜木耳，第一茬木耳经过采摘、晾晒、包装等环节，已经上市销售。经有关方面的专家鉴定，G 村由于海拔高、昼夜温差大、生态环境好，产出的木耳品质较好，营养价值高，是非常不错的产中珍品。

木耳丰收之后，销售环节就显得十分关键。甘肃省社科院通过积极努力，不断拓宽销售渠道。目前 G 村已经委托县农发公司签订扶贫产业农特产品订购协议，订购方是对口帮扶清水县的天津市河北区相关部门。同时，2019 年 5 月甘肃省军区司令员视察 G 村木耳产业基地时表示：“甘肃省社会科学院帮扶 G 村木耳种植项目因地制宜，积极带动贫困户发展产业脱贫，做得非常好！”预计 2019 年 G 村木耳产业年收入为 15 万元，95 户贫困户户均增收 1500 元左右，具有很好的脱贫示范引领效应。

三　精准扶贫可持续发展面临的困难与挑战

（一）政策能否可持续是精准扶贫可持续的最大挑战

精准扶贫是一项有目标有期限的国家工程，它的首要目标是要在 2020 年底前实现现行标准下的整体脱贫，彻底消灭农村绝对贫困。按照中央统一部署安排，各地都采取了相似的政策手段和工作机制，投入了大量的资源来实现这个目标。从政策力度上讲，精准扶贫是有史以来国家对整个农村和贫困地区绝大多数农民实施的规模最大、范围最广、力度最强的一项政策，今后很难出现这样的国家行为；从组织动员角度看，精准扶贫又是一次党委、政府、社会包括城乡居民整体动员的社会行动，几乎发动了全社会的各种力量来参与，各种组织资源、人力资源、物质资源的投入在某种程度上已经到了不计成本的地步。这种超常规的动员力度和投入力度在行政成本和经济成本上很难长期维持，完成脱贫目标之后，政府已经做出“脱贫不脱政策、脱贫不脱帮扶”的承诺，但是无论在政策层面还是实践层面，今后的扶贫工作都不会以现在这种力度开展。对于习惯了各种帮扶的脱贫村和脱贫户而言，一旦失去了这种外界的强大助力，能否通过自己的力量实现可持续发展是最大的现实挑战。

（二）资源能否可持续是制约精准扶贫可持续的最大困难

精准扶贫关键在“扶”，“扶”靠什么。过去的扶贫是“输血式扶贫”，仅仅注重各种扶贫资源的外界输入，并没有因此培养出帮扶对象的内生动力和自我发展能力，结果一旦结束外界资源的输入，投入大量人力、物力、财力的扶贫工作在很多时候形成了一种“资源依赖型”的模式。精准扶贫工作开展以来，通过公共财政的大量投入，农村农民的基础设施和生产生活条件得到了极大改善。各种帮扶资源的集中投入基本解决了贫困户的生活问题，多种倾斜性的照顾政策有效解决了贫困户的公共服务和社会保障问题。但与此同时，从地方的一些实践看，这种倾斜性的政策照顾和区别性的资源投入同样造成了贫困户和非贫困户之间的“悬崖效应”，村庄内部出现了新的“不平等”现象。另一个最大的隐患在于，现在的扶贫工作对于贫困村和贫困户而言，是有什么事都有人管，有什么要求都可以提，因为有地方政府和帮扶单位兜底。脱贫攻坚任务完成之后，这种不计成本的资源投入模式和无限兜底的政策照顾必定不会持续，失去了外界大量资源的脱贫村和脱贫户能否依靠自己的能力持续发展将面临很大的困难。

（三）组织能否可持续是影响精准扶贫可持续的重要因素

在中国的广大农村，党支部不仅仅是各项事业的领导核心，还负责提供重要的社会组织资源。精准扶贫工作不能光靠外界的帮扶，更重要的是要组织动员贫困户积极行动、共同参与。大多数贫困村之所以贫困，固然在很大程度上是因为自然地理条件艰苦、交通不便、劳动力素质不高等，但也与基层党组织的战斗力、凝聚力、号召力不强有直接关系。在精准扶贫工作中，基层党组织要发挥沟通协调、资源分配、组织动员、服务发展的积极作用。G村的扶贫工作之所以做得比较扎实有效，除了帮扶单位和驻村干部的努力工作，还离不开村支书和村党支部的有力支持。一个有战斗力的基层组织不仅能为帮扶单位和帮扶干部创造有利的工作环境，还能为帮扶工作提供很多便利条件，解决很多实际问题，同时还能在工作中不断加强和提升自身能力，形成一套行之有效、运行良好的帮扶工作机制。有些贫困村的基层党组织软弱涣散，人员素质低、学习能力弱、工作积极性差，将扶贫工作看作帮扶单位和帮扶干部的事，自己主动“靠边站”，影响了精准扶贫的可持续发展。

（四）产业能否可持续是制约精准扶贫可持续的核心因素

培养贫困村和贫困户的自我发展能力主要体现在培育主导产业，衡量贫困村和贫困户是否具备了自我发展能力主要表现在是否形成了能持续经营、稳定增收的产业实体。精准扶贫工作归根到底一是要解决生活问题，二是要解决发展问题（至少要为发展奠定良好基础），解决生活问题就是实现“两不愁、三保障”，解决发展问题就是要形成产业，培养贫困村和贫困户的自我发展能力，让他们“有事可干、有钱可赚”。G村的产业培育经历了反复探索的过程，从一开始的养殖业（养牛、养羊、养蜂）到后来的种植牧草再到现在的木耳种植，基本上形成了一个能够稳定运营、持续增收的主导产业，而且通过合作社经营的模式，能够使全村的贫困户都参与进来，最终获得收益。事实上通过报纸、电视和网络媒体的报道，G村的木耳在当地已经成为一个网红产品，销路也比较稳定，这就为今后的可持续发展打下了良好的基础。有的贫困村和帮扶单位将培育产业看作一个指标、一项任务，不顾地方实际和自身能力，简单“复制粘贴”，不考虑产业能否稳定可持续经营，这就为精准扶贫可持续发展埋下了隐患。

四　推进精准扶贫工作可持续发展的对策建议

（一）做好精准扶贫和乡村振兴战略的有效衔接，为可持续发展提供制度保障

随着党中央“乡村振兴”战略的实施，精准扶贫工作在某种程度上成为“乡村振兴”的“前哨站”和“基建工作”。当前精准扶贫工作已进入战役收尾阶段，接下来的工作重心必然要聚焦巩固脱贫成果，提升脱贫质量，为乡村振兴夯实发展基础。一是出台由特惠向普惠逐步转型的惠农支农利农政策。二是继续加强乡村基础设施和公共服务体系建设，完善农村社会保障体系，加强和改善民生。三是合理区分乡村振兴和精准扶贫的政策目标，结合地方特色，制定有区别的扶持政策，逐步将针对贫困户的福利性政策转变为提升乡村能力的发展性政策。

（二）建立科学合理可持续的资源投入机制，为可持续发展提供动力保障

为保障精准扶贫的有效推进，我国已经构建了一套较为完整有效的资源投入体系，包括建立中央财政转移支付、财税优惠、贴息贷款三种渠道的财政投入体系；形成了专项扶贫、行业扶贫和社会扶贫“三位一体”的大扶贫格局；建立了由特殊贫困救助制度、最低生活保障制度、五保制度、新型农村合作医疗保险制度、教育补助、就业技能培训政策等构成的社会保障体系。下一步的工作重点应该是总结反思这套投入体系在精准扶贫实践中作用发挥的成功和不足之处，通过优化、改进和转化，减少资源浪费，提高资源使用效率，增强资源投入的精准性和精准度。

（三）加强基层党组织建设，为可持续发展提供组织保障

健全以党组织为核心的组织体系，加强基本组织、基本队伍、基本制度

的建设，强化对农村基层干部和党员的日常教育监督，引导基层组织始终坚持为农村和农民服务的正确方向。第一是扎实开展基层党支部建设，认真落实党建责任机制。通过驻村工作队，特别是发挥驻村第一书记的引领作用，集中精力抓好基层党员教育管理、发展培养、人才队伍建设等工作，努力加强基层党支部在扶贫产业发展中的战斗堡垒作用。第二是加强脱贫攻坚相关政策的宣传和学习，通过驻村工作队和帮扶责任人进村入户积极对贫困户进行经常性宣传教育。大力宣讲党的政策方针，通过开会、入户、座谈等多种方式，培养农户的自身发展原动力，扶志和扶智相结合，鼓励村民学习劳动技能、自主创业，树立致富信心。

（四）夯实贫困村产业发展基础，为可持续发展提供可靠保障

一是持续推进农村“三变”改革，以合作社规范化建设为抓手。通过全力以赴发展产业，引导合作社建设精品产业基地、加大科技投入，逐步扩大产业规模和面积，更好地带动贫困户稳定增收。二是进一步加强产业（园区、基地）的科学化管理，特别是农作物病虫害的预防与处理。邀请有关专家和农业技术人员到产业基地实地指导，通过与农业科技企业协调，加强对种植基地从业人员常态化、定期化的培训。三是通过多种方式，不断扩大产业园区的发展与效益。积极开展农产品产业绿色认证，进一步提升产品的品牌效益和附加值。四是开展多元化经营，结合现有的主导产业，科学扩展种植规模，合理增加种植品种，积极发展特色养殖业、绿色食品产业和生态环保产业，利用“互联网+”发展电子商务，促进地方特色经济发展。五是建立利益关联分享机制，设计好激励制度，充分调动贫困户参与产业的积极性、主动性。

B.12

甘肃农村生态环境治理调查报告

袁凤香*

摘　要： 保护和治理好农村生态环境，是经济社会协调持续发展的需要，是决胜全面建成小康社会的需要，是实现中华民族永续发展的需要。近年来，甘肃省委、省政府紧紧围绕国家生态建设战略部署，以生态屏障建设为切入点，大力实施重点生态工程建设。以全省全域无垃圾专项治理为突破口，不断完善垃圾、污水处理体系，积极推进全域无垃圾治理、农村人居环境整治、农业农村污染治理等工作，使甘肃农村的生态环境逐步得到改善，农村生态环境治理也取得了一定的成效。本报告对农村生态环境治理的内涵、特征及意义，甘肃农村生态环境治理现状、取得的成就、存在的主要问题进行分析研究，并提出了相应的对策建议。

关键词： 甘肃农村　生态环境　治理

一　农村生态环境治理的内涵、特征、意义

（一）农村生态环境治理的内涵

生态环境是由“生态”和“环境”两个名词组合而成的联合词语。“生态”一词源自于古希腊字，原意是指一切生物的状态，以及不同生物个体

* 袁凤香，甘肃省社会科学院社会学研究所副研究员，研究方向为科技和生态文明建设。

之间、生物与环境之间的关系。在《现代汉语词典》中的解释是：生物在一定的自然环境下生存和发展的状态，也指生物的生理特性和生活习性。“环境”一词在《现代汉语词典》中的解释是：周围的地方，或周围的情况和条件。在《中华人民共和国环境保护法》中则定义为：影响人类生存和发展的各种天然的和经过人工改造的自然因素的总体，包括大气、水、海洋、土地、矿藏、森林、草原、野生生物、自然遗迹、人文遗迹、风景名胜区、自然保护区、城市和乡村等。生态与环境虽然是两个相对独立的概念，但两者又紧密联系、相互交织，因而出现了“生态环境”这个新概念。它是指生物及其生存繁衍的各种自然因素、条件的总和，是一个大系统，是由生态系统和环境系统中的各个“元素”共同组成。

治理（governance）概念源自古典拉丁文或古希腊语“引领导航”（steering）一词，原意是控制、引导和操纵，指的是在特定范围内行使权威。在现代汉语词典中解释为：统治，管理，处理，整修。1995 年联合国全球治理委员会（CGG）对“治理”做出如下界定：“各种公共的或私人的个人和机构管理其共同事务的诸多方法的总和，是使相互冲突的或不同利益得以调和，并采取联合行动的持续过程”，这既包括有权迫使人们服从的正式制度和规则，也包括各种人们同意或符合其利益的非正式制度安排。其特点是：治理是一个过程，是以调和为基础，涉及公私部门，是一个持续的互动。

综上分析，我们可以概括出农村生态环境治理的内涵：运用生态学原理对农村有害生物与资源进行宏观调控和管理，对农村资源与环境的修复和污染整治的一个持续的过程。其包含了农村生态文明建设过程中各种生态治理与主体的思维理念、行为模式、制度安排和方式手段等的总和。

（二）农村生态环境治理的特征

1. 农村生态环境治理需要多元参与

农村生态环境治理是一项非常重要的工程，需要多元主体参与。多元主体参与的治理模式是通过政府、企业、公众、大众传媒、社会组织等组成多元主体互动网络体系来共同管理公共事务的新形态。其特点是主体多元、合作协商、有效整合。

2. 农村生态环境治理需要构建良性互动的运行机制

从本质上来看，环境具有公共属性，是人人都可以自由享用的公共物品，“有人用，没人疼”。因此，农村生态环境问题的治理就需要构建良性互动的运行机制，通过体制机制的权威性和强迫力来增强生态环境治理的效果，如法律、制度等。

3. 农村生态环境治理需要平等合作、共担风险、协作共赢的民主形式

要实现农村生态环境问题的有效治理，需要多元利益主体在平等条件下的精诚合作，因为区域公共问题的合作由多元利益主体促成，当合作的整体收益大于各合作参与个体单独行动的收益之和时，合作才能顺利实现。因此，农村生态环境治理需要生态环境治理的各个社会主体都积极行动起来，调动全体社会力量的共同参与，整合资源，针对风险和危机，共同配合和协作实施预防、响应、恢复等应急管理过程，形成农村生态环境治理的合力，农村生态环境治理的目标才能实现。

（三）农村生态环境治理的意义

农村生态环境是农民生存和发展的基本条件，也是农村经济发展的基础。农村生态环境治理效果，关系广大农民群众的切身利益和未来发展，功在当代，利在千秋。保护和治理好农村生态环境，是生态环境良性发展的需要，是经济社会协调持续发展的需要，是决胜全面建成小康社会的需要，是实现中华民族永续发展的需要。如何充分合理利用农村自然资源，既保持经济社会稳定发展，又能保护和改善农村生态环境，保持农业生态平衡已成为当前我国农业发展、乡村建设、环境保护的重要任务和当务之急。

二　甘肃农村生态环境治理的现状分析

（一）甘肃自然生态环境概况

甘肃土地总面积为 45.4 万平方公里，农用地为 2541.66 万公顷

(38124.86 万亩)，占总面积的 55.9%，其中耕地 462.37 万公顷（6935.52 万亩)。总人口 2557.53 万人，乡村人口 1611 万人，占总人口的 62.85%。受自然和人为因素的影响，全省自然生态环境脆弱多样：水资源极度短缺；林草植被过度开发、覆盖率低，水土流失严重，承载力低、修复能力弱；水土资源不匹配，东南部地区有水少地，河西地区有地少水；草原“三化”现象持续发展，载畜能力下降；平原地区土地荒漠化不断扩展，沙尘暴频发，危害剧烈；高原山区泥石流频发，威胁不断。如此多样的生态类型和区位条件，给甘肃农业农村发展带来了巨大的困难，是甘肃贫困问题严重的根源。

（二）甘肃农村生态环境治理取得的成就

甘肃要强，农业必须强，甘肃要富，农民必须富，甘肃要美，农村必须美。近年来，甘肃省委、省政府紧紧围绕国家生态建设战略部署，以生态屏障建设为切入点，大力实施重点生态工程建设。以全省全域无垃圾专项治理为突破口，不断完善垃圾、污水处理体系，积极推进全域无垃圾治理、农村人居环境整治、农业农村污染治理等工作，使甘肃农村的生态环境逐步得到改善，农村生态环境治理也取得一定的成效。

1. 顶层设计，农村生态环境治理制度与法规逐步完善

农村生态环境治理是一项长久的系统工程，需要系统治理，久久为功。近年来，甘肃按照中央和省上有关决策部署，遵循山水林田湖草系统治理原则，统筹兼顾、整体施策、多措并举，密集出台了一系列有关农村生态环境治理的政策措施，逐步建立和完善了甘肃农村生态环境治理体系。先后出台了《甘肃省水污染防治工作方案》（甘政发〔2015〕103 号)、《甘肃省农村垃圾治理实施方案》（甘建村〔2016〕9 号)、《甘肃省土壤污染防治工作方案》（甘政发〔2016〕112 号)、《全省全域无垃圾三年专项治理行动方案(2017～2020 年)》（甘政办发〔2017〕141 号)、《甘肃省环境保护条例(2004 修正)》（甘环〔2018〕5 号)、《甘肃省大气污染防治条例》（甘环〔2018〕6 号)、《甘肃省农业农村污染治理实施方案》（甘环〔2019〕5

号）……按照顶层设计，规划先行，不断使甘肃农村生态环境治理规范化、制度化和法制化。

2. 夯实基础，农村生态环境治理的基础条件逐步改善

近年来，甘肃省委、省政府充分利用国家政策、资金和住村干部人力资源，不断改善农村基础设施条件，建制村通硬化路、自然村通动力电、D 级危房改造基本完成，建造水池、水塔，引用自来水，农村自来水普及率达到 86%。大力发展高效节水农业，改善农村人居环境，开展农村小型河流河道清淤疏浚、生活垃圾集中处置和改水改厕等美丽乡村建设工程，取得了阶段性成效。《甘肃省第三次全国农业普查主要数据公报》显示，截至 2016 年末，甘肃 99.9% 的村通公路，38.2% 的村内主要道路有路灯，全省 100% 的村通电，2.3% 的村通天然气，95.7% 的乡镇集中或部分集中供水，87.3% 的乡镇生活垃圾集中或部分集中处理，43.4% 的村生活垃圾集中处理或部分集中处理，6.5% 的村生活污水集中处理或部分集中处理，25.2% 的村完成或部分完成改厕。68.0% 的农户使用经过净化处理的自来水，4.9% 的农户使用水冲式卫生厕所，16.7% 的农户使用卫生旱厕。有喷灌、滴灌、渗灌设施的耕地面积达 11.231 万公顷。这些设施的建设，极大地改善了农村生态环境，提升了广大农民群众的获得感和幸福感。

3. 典型引领，生态文明村镇建设稳步推进

近年来，甘肃省启动“千村美丽、万村整洁、水路房全覆盖”工程，以美丽乡村建设为契机，认真推广浙江“千万工程”经验，咬定目标，“一张蓝图”绘到底，一年一年抓，一件一件办（事情），一村一村建。以“三清三有”（清洁家园、清洁田园、清洁水源，实现村有垃圾场、组有垃圾池、户有垃圾箱）、“四化四改”（道路硬化、房屋亮化、村庄美化、环境绿化及改厕、改圈、改灶、改庭院）为抓手，努力改善农村生态环境，提升村容村貌。截至 2018 年，全省共建成 900 个省级“千村美丽示范村”、1944 个市县级美丽乡村示范村，先后推出一批全国知名先进典型。如陇南市康县，在美丽乡村建设中大力发展乡村旅游，建成了 317 个美丽乡村，2 个国家 3A 级景区和 69

个旅游示范村，2018 年全县旅游综合收入超过 10 亿元。[①] 甘南州在推进生态文明小康村建设中以“六化、七改”为抓手，以“生态人居、生态经济、生态环境、生态文化”为核心，整合“生态”建设资金、聚焦“文明”建设成果、聚合“小康”建设力量，取得了巨大的社会、经济和生态效益。截至 2018 年底，共建设生态文明小康村 1003 个，总投资 110.06 亿元，惠及 60361 户 34.4 万人，[②] 已成为全省的示范、藏区的榜样，享誉全国。

4. 防污攻坚，农村生态环境污染防治成效凸显

近年来，甘肃实行最严格的环境保护制度，深入实施大气、水、土壤污染防治行动计划，加大环境风险和污染防治力度，努力让群众呼吸更新鲜的空气、喝上更洁净的水、吃上更安全的食品。生态环境质量总体有所改善。一是大气污染防治成效。2018 年，全省空气综合质量指数为 4.29，同比下降 2.1%；14 个市州空气质量优良天数比例为 91.2%，比上年提高 0.1 个百分点。目前尚无乡镇空气质量监测点，全省各地农村空气质量与相应各地州市同论。二是水污染防治成效。2018 年，全省 68 个地表水考核断面中 65 个达到要求，水质优良比例为 95.6%；三大流域水质较 2017 年保持稳定，黄河流域水质良好，内陆河流域水质优，长江流域水质优；44 个地下水监测点位中，39 个达标，达标率 88.6%；28 个地级城市饮用水源地中 27 个达标，达标率 96.4%；100 个县级城市饮用水源地中 93 个达标，达标率为 93%；986 个乡镇集中式饮用水水源地中 852 个达标，达标率为 86.4%。[③] 三是土壤污染防治成效。2018 年，全面完成农用地土壤污染状况详查工作，排查确定 75 个疑似污染地块，建立了污染地块名录；筛选确定 175 家省级土壤环境重点监管企业，确定 8 个重点重金属污染防控区域实施特别排放标准，强化土壤污染风险管控。

① 祁玉洁：《甘肃省去年累计建成 900 个省级美丽乡村示范村》，《甘肃经济日报》2019 年 1 月 16 日。

② 甘南藏族自治州政府网站，http://www.gnzrmzf.gov.cn/。

③ 甘肃省生态环境厅：《2018 年甘肃省生态环境状况公报》，http://sthj.gansu.gov.cn/info/1076/53589.htm，2019 年 6 月 12 日。

5. 环境综治，农村生态环境质量稳步改善

农村生态环境事关农村经济发展，农民生活富裕、身心健康。环境是基础，更是民生。营造天蓝、地绿、水净的生存环境是广大农民的祈盼。近年来，甘肃省以全省全域无垃圾专项治理为改善城乡人居环境为突破口，不断完善垃圾、污水处理体系，大力整治和美化镇容村貌，改善农村地区生产生活环境，取得了良好成效。一是乡村垃圾处理设施逐步完善。到 2019 年 6 月底，全省所有乡镇垃圾转运场（站）、村庄垃圾收集点、收集车辆、无害化处理设施覆盖率达到 100%；配备村专（兼）职保洁人员 11.2 万人，收集转运车辆 2.6 万辆，建成垃圾处理设施 280 座。[①] 二是资源利用率稳步提升。至 2019 年 6 月底，农村畜禽粪便资源化利用率达到 73%，农作物秸秆综合利用率达到 83%，农膜回收率达到 80% 以上；农村地区工业危险废物无害化利用处置率达到 95%。三是稳步推进“厕所革命”，着力提升农村生活环境。2019 年，省财政安排 3 亿元奖补资金，在全省改建新建农村户用卫生厕所 50 万个，70% 的行政村建有 1 座卫生公厕，示范村卫生户厕覆盖率达到常住农户的 85% 以上。[②] 四是着力落实“三清一改”措施，提升村容村貌。2019 年，省财政安排以奖代补资金 2 亿元，在全省 15973 个行政村中创建 5000 个“清洁村庄”、10 个省级“村庄清洁行动先进县”。[③] 五是开展农村生活污水治理试点工作。2019 年在全省每个县（市、区）确定 1～2 个行政村开展农村生活污水治理试点，探索不同条件下的有效治理模式。

6. 绿色发展，设施农业稳步发展

设施农业是现代农业发展的主体模式。近年来，甘肃省针对干旱缺水省情，大力发展各种形式的设施农业，形成了一定的规模和优势，促进了农业增效、农民增收。截至 2016 年底，甘肃省温室占地面积 2.1 万公顷，大棚

---

① 南如卓玛：《甘肃逾 11 万保洁员“扫村”官方斥巨资治理农村垃圾》，www.chinanews.com，2019 年 7 月 22 日。

② 甘肃省委省政府 2019 年为民办实事之一《2019 年农村“厕所革命”实施方案》。

③ 甘肃省委省政府 2019 年为民办实事之一《2019 年村庄清洁行动实施方案》。

占地面积2.442万公顷，渔业养殖用房面积150公顷。① 特别是酒泉市的戈壁生态农业发展，已成为甘肃农业发展的一张名片。截至2018年底，酒泉市有32家农业企业、49家专业合作社，4000户农户参与戈壁生态农业建设；累计投入建设资金12.9亿元，面积达到6.7万亩。建立的肃州区、玉门市2个万亩戈壁农业蔬菜生产基地，已成为全国最大的戈壁生态农业示范基地；酒泉市农民人均可支配收入17104元，人均可支配收入中来自戈壁农业的（3500元）占到人均可支配收入的20%；营销通道扩张至“北上广”大型蔬菜市场和川、渝等地，成为供应上海的第28个“菜篮子”基地。②

7. 群策群力，多元投入机制正在形成

通过“城乡共治、肥瘦搭配、打捆打包”等方式，引进市场主体参与农村生态环境治理。一是政府财政投入加大。2018年，省级财政投入专项资金1.2亿元，各市州、县市区投入资金30多亿元，用于农村生活垃圾基础设施建设和管理运行。2019年，省财政安排以奖代补资金2亿元，开展村庄清洁行动，整治人居环境，提升村容村貌；安排3亿元奖补资金，实施农村“厕所革命”，整治人畜粪污污染，提升农村生活环境质量。2019年7月，中央财政补助资金23.52亿元，省级财政配套2亿元，要在甘肃省建设高标准农田220万亩，配套实施高效节水农田128万亩，③ 以提升甘肃省的农业生产生态环境质量。二是引进社会、企业资金参与。从2018年起，国家开发银行甘肃省分行、省农村信用社、甘肃银行、兰州银行4家金融机构3年安排贷款1000亿元，用于农村基础设施和公共服务设施建设。④ 一个由政府主导，企业、社会资金参与的农村生态环境治理多元投资机制正在形成。

---

① 《甘肃省第三次全国农业普查主要数据公报》甘肃省人民政府官网，2018年3月21日。

② 史文君：《在荒滩上播撒新希望——酒泉市大力发展戈壁生态农业》，《甘肃农村广播》2019年4月11日。

③ 赵梅：《甘肃今年建220万亩高标准农田　八成倾斜贫困县》，《甘肃日报》2019年7月24日。

④ 周者军：《甘肃：着力改善农村基础设施和人居环境》，《甘肃日报》2018年1月8日。

三　甘肃农村生态环境治理存在的主要问题

虽然甘肃农村生态环境经过一系列治理，取得了一定的成效，但由于地域类型多样、区域特征明显，地区间发展不平衡不充分，加上农业农村基础差、底子薄、发展滞后的状况尚未根本改变，从总体上看，甘肃农业农村生态环境治理形势依然十分严峻，村庄“脏乱差”的问题在一些地区依然比较突出，已成为制约甘肃农村经济可持续发展的重要因素，成为甘肃全面决胜建成小康社会的突出短板。

（一）政策叠加，效率不高

近年来，国家对生态环境治理的重视程度越来越高，要求越来越严，政策制度出台密集。甘肃省委、省政府积极响应国家政策，根据省情民意，也出台了相应的政策措施，但由于人力、资金等的限制，政策实施效率不高。一是政出多门，条块分割，有相互推诿之嫌。如《甘肃省农村垃圾治理实施方案》里就有省建设厅、省委农工办、省精神文明办、省发改委、省财政厅、省环保厅、省农牧厅、省商务厅、省爱卫办、省妇联和省供销合作社 11 个单位参与。在实施过程中出现整治工作领导小组成员单位之间工作单打独斗、没有形成合力，各部门的合作只是基于行政命令，缺乏自主合作意识，缺乏相互沟通了解，工作随意性强，责任落实不到位，综合执法不到位，管理没有刚性约束，整治工作缺乏可持续性和长效性。二是农业农村环境监测相对滞后。就目前来说，甘肃省空气质量监测点最下一级在县城，农村还没有监测点。水环境质量监测点有 68 个地表水考核断面和 44 个地下水监测点位，主要分布在饮用水源地水域，对于没有通自来水的村庄还没有布点。三是政策执行上多采取“堵”而不是“疏”的措施。

（二）农村生态环境治理理念不强

一是政府层面对农村生态环境治理不够重视。一直以来，农村生态环境保护基础设施建设，与城镇比较而言，没有得到应有的重视，虽经过“新农村”建设、“美丽乡村”建设和目前实施的乡村振兴战略，农村生态环境得到了一定的改善，但离建设目标还相差甚远。主要是因为部分干部对农村生态环境整治工作的重要性、长期性、艰巨性认识不足，责任感和紧迫感不强，积极性和主动性不够，存在重视短期整治轻长期管理、重视局部整治轻全面治理，在工作上有上紧下松、上热下凉的现象，致使环境整治工作反复抓，但脏乱差现象不断反弹。二是农民的生态环保意识不强。对于祖祖辈辈生活在农村的居民来说，受传统生活习惯的影响和传统思想的束缚，对生态环境治理认识不足，对生态治理设施的建设行为不能充分理解，参与农业农村环境治理的积极性和主动性不高，呈现高度关注、低度参与的状态。

（三）农村生态环境治理缺乏有效的技术支撑

一是缺乏农村生态环境治理的环保技术人才。习近平总书记强调“人才是第一资源”。没有环保人才的指导，环保设施就不能充分发挥作用。农村亟须专业技术人员进行长期指导，来帮助农民做好知识普及和实践指导工作。二是农村种养殖业技术供给不足。种养殖业既是农村发展的重点，也是农村生态环境污染的主要来源。随着农村种养殖业现代化、规模化发展，农村种养殖业亟须加大技术研发力度，亟须提供既有效优质又价格实惠的农村种养殖户所需的化肥、农药、地膜、排污等的实用技术。三是缺乏高效适宜的环保技术。甘肃是一个以农业为主的省份，农业生产中产生的大量秸秆由于技术原因不能有效利用，既造成环境污染，又造成资源浪费。如何减少和控制农业面源污染、畜禽粪便污染以及生活垃圾污水污染，提高生产效益、生态效益和社会效益，亟须高效、适宜、实用的农村生态环境治理技术。

（四）农村生态环境治理机制保障能力弱

一是运营机制弱。近年来，农村经过环境连片整治、“千村美丽、万村整洁”建设、全域无垃圾治理、农村人居环境整治、农业农村污染治理等，国家、省及地方政府财政投入了一定资金，配备了必要的生态环境治理设施。

但由于未能形成有效的运营与管护机制，致使这些设施闲置和浪费。除技术、工艺和设备等方面的问题外，其主要原因是设施运行管理薄弱，制度不健全，以及操作人员技术不高。二是评估与监督机制还不完善。农村生态环境治理点大面广，在治理中需要有效的评估和监督机制。而评估和监督机制的建立需要一定的资金做保障，在这方面又缺少资金的投入。三是参与机制不完善。农村生态环境治理的主体是农民，但在治理过程中，往往采取的是以政府主导为主、公众参与为辅的治理结构，各级政府及其职能部门成了有效实施治理项目的重要因素，农民参与治理的积极性不高，还没有形成政府引导、企业和社会组织及农民共同参与治理的有效机制。

（五）农村生态环境治理资金投入不足

近年来，政府财政在“三农”领域的投入逐年加大，在农村生态环境整治工作中投入了大量资金，配备了相应设施和人员，但用于农村生态环境治理的财政资金投入还远远不能满足农村生态治理的需要，与目前农村的现实状况和工作需求还有很大差距，财政主体投入和社会多元投入机制有待加强和完善。《中国环境统计年鉴 2018》数据显示，2017 年甘肃省的环境污染治理投资情况是：总投资额 89. 3 亿元，其中城镇环境基础设施投资 61 亿元，工业污染源治理投资 7. 5 亿元，当年完成环保项目投资 20. 9 亿元。城镇环境基础设施建设投资情况是：投资总额 60. 95 亿元，其中燃气 4. 97 亿元，集中供热 23. 61 亿元，排水 19. 29 亿元（污水处理 7. 32 亿元），园林绿化 10. 06 亿元，市容环境卫生 3. 02 亿元（垃圾处理 1. 13 亿元）。而对农村的投资主要表现在农村改厕方面，投资总额是 29097 万元，其中国家投资 4701 万元，集体投资 913 万元，个人投资 20250 万元，其他投资 2234 万元。由此可以看出，对乡村环保领域的投资远远低于城镇，乡村环境治理设施远不能满足需要。

四　甘肃农村生态环境治理的对策建议

习近平总书记指出：“生态环境是关系党的使命宗旨的重大政治问题，

也是关系民生的重大社会问题。”在农村生态环境治理中，始终秉持“良好生态环境就是最普惠的民生福祉”。以“绿水青山就是金山银山”发展理念为指导，坚持山水林田湖草是一个生命共同体的系统治理原则，处理好经济发展与环境保护的关系，科学、系统、全面地做好农村生态环境治理工作。针对甘肃农村生态环境治理中存在的问题，提出如下对策建议。

（一）加强协调，提高农村生态环境治理能力

一是建立法制化和制度化的协调机制。农村生态环境治理是一项集生产、生活、生态于一体的复杂系统工程，涉及的部门较多，事务繁杂。为了降低行政成本，提高工作效率，有必要整合涉及农村生态环境治理的机构，确定一个农村生态环境治理的主管机构来督导各部门落实责任。同时加强法制化和制度化建设，来保障各项措施的顺利实施，克服工作中的随意性。二是建立合作激励机制。激励是一个满足需要，激发某种行为的过程，需求则是一个行为发生的动力。要明确各部门的目标任务，责任要求，奖罚分明，奖勤罚懒，提高各部门工作的积极性和主动性。三是建立长效协调机制。农村生态环境治理是一项长期的任务，确定的治理目标具有时段性特点，在完成某一阶段治理任务后，还要着眼于长远目标。因为生态环境影响的因素大，可变系数高，反弹性强，必须建立和完善各部门工作机构的长效协调机制，使之常态化、规范化，保持农村生态环境清水长流，青山常绿，空气常新，土地常净。

（二）转变观念，以绿色理念引领农村生态环境治理

一是树立绿色发展理念。绿色发展是21世纪人类社会发展的共同追求，也是新时代我国经济社会发展的重要理念之一。在大力实施乡村振兴战略背景下，各级政府要树立绿色发展理念，对主管领导人员加强培训学习，通过集中、分散、个人，线上与线下、理论与实践调查相结合等学习形式，提高各级政府主管领导人对农村生态治理的思想认识水平，能够高度重视农村生态环境的治理。因为治理农村生态环境不仅仅是改善农村生产、生活和生态

环境，也是为农村产业的良好发展提供条件，为农产品质量安全提供基础，为人民身体健康提供保障的重大民生问题，更是农村生态产业发展和农民增收的新途径。二是规划引领。农村生态环境治理点多面广，任务繁重艰巨，无论是自然资源的生态治理，还是农业面源污染治理，以及农村人居环境的治理，都应根据甘肃省农村不同区域经济水平、自然条件的差异，制定科学适宜的治理规划，明确治理的范围、重点、方法、措施及政策保障，以引领农村生态环境治理。三是加强宣传，引导群众参与。充分利用电视、网络、微信等宣传媒体，通过图文并茂的文字图片形式，针对农村生活垃圾、污水、畜禽粪便、秸秆、尾菜、农药、化肥、农膜对水、土壤、空气造成的污染，对农业生产、生活环境、人身健康的危害以及怎样科学防治这些污染、变废为宝，宣讲国家的有关政策和实施方案，引导农民逐步改变其生产、生活和消费方式，提高农民的生态环境保护意识，自觉参与农村生态环境治理行动。

（三）创新科技，强化技术和人才支撑

环境科技是促进可持续发展最为重要的手段之一，众多生态环境问题的解决必须依赖于科技的创新与进步。一是加强人才队伍建设。积极引进高层次环保专业技术人才，重视青年高级环保人才队伍培养，强化校企联合等新的办学模式，鼓励省内高校开设环保产业相关专业，开展职业教育，促进产教紧密结合，使人才的规模和结构适应甘肃省环保产业发展需要；加大农业农村污染治理项目建设和运行管理人员技术培训，改革地方环保管理体制，通过增加人员编制、实行派出机构监管、建立环保监督员等多种形式，解决基层环保人才不足问题。二是加强技术研发，提升治理水平。根据甘肃省农村地理条件和气候特点，围绕国家确定的科技研究重点领域和重点专项，整合科研资源，强化科技攻关，开展农业农村污染治理关键技术、工艺和装备研发，支持企业在能源资源节约循环利用、污染治理、生态修复等方面开展技术装备研发，并按照“成熟一批、推广一批、更新一批”的原则，动态更新推广名录，解决制约甘肃省农业农村污染治理工作发展的“瓶颈”技术难题，提高治污能力。三是积极引进先进的环保项目。坚持“生态优先、

绿色发展”双底线，积极引进环境监测数据模块生产线、生态环境数据分析和治理云平台等环保类项目，利用“互联网+”技术，开展线上线下一体化服务，为治理区域水污染、空气污染、土壤污染等方面提供智力支持，更为甘肃省农业绿色发展提供强有力的科技保障。

（四）完善机制，推动农村生态环境治理

一是建立和完善环保设施运营机制。为了有效利用已有的环保设施，提高运行效率，必须建立社会化、市场化的运营机制，除了政府和用户外，还要有专业机构来运营管护，才能充分发挥环保投入的经济效益，降低设施的运行成本，提高环保设施的生态效益和社会效益。二是建立和完善评估与监督机制。通过第三方参与方式，建立农村生态环境治理的评估与监督机制，有利于解决事中事后监管不到位问题，提高环保监管效能。对参与治理者的行为、治理效果、满意度进行全面科学的评估，发现问题，及时整改。三是建立和完善税收优惠和补贴机制。对于参与农村生态环境保护的专用设备企业和第三方治理企业所得税实施优惠和补贴政策。四是建立和完善参与机制。习近平总书记指出：“每个人都是生态环境的保护者、建设者和受益者，谁都不能置身事外。”农村生态环境治理的主体是广大的农村居民，要鼓励引导农民积极参与农村生态环境治理的策划、行动和管理，设立农村生态环境治理专项资金，通过法制化的奖惩制度，逐步建立政府引导、农民主体、市场运作、全民参与的农村生态环境治理模式。

（五）加大投入，强化基础配套设施建设

一是加大财政投入力度。按照财政事权和支出责任划分改革要求，建立以农村生态环境治理市县投入为主的机制，通过统筹整合生态环境、城乡建设、农业农村等资金，加大对农村生态环境治理的投入力度，建立稳定的农村生态环境治理经费渠道。同时采取以奖代补、先建后补、以工代赈等方式，充分发挥政府投资撬动作用，提高资金使用效率。但在制定政策时应考虑经济欠发达市县和贫困地区，不应过分强调配套资金，政策资金应该有所

倾斜。二是积极引导社会资金参与农村生态环境治理，形成多元投资机制。积极引导社会团体、企业、个人捐款或以其他方式参与农村生态环境治理。制定优惠政策，采用奖励、免税、补偿等方法引导社会资本进入农村生态环境治理的基础设施建设之中；积极引导和鼓励金融机构创新金融产品和服务方式，加大对农村生态环境治理领域的支持力度，努力构建“政府引导、市场运作、社会参与”的多元投入机制，破解资金需求和投入不匹配矛盾。

（六）环境整治，着力推进美丽乡村建设

农村人居环境整治是中央确定的“三农”工作的重要任务，核心就是要深入学习浙江“千村示范、万村整治”工程经验，全面推进以农村垃圾污水治理、厕所革命和村容村貌提升为重点的农村人居环境整治，确保到2020年实现农村人居环境阶段性明显改善。配套抓好“三大革命”。一是抓好农村“厕所革命”。要借鉴山东、浙江等地的经验和做法，在摸清底数的基础上，尽快合理确定符合甘肃实际改厕模式，严格按标准流程改建户厕、公厕，同步开展粪污处理，探索多元化管护模式。二是抓好农村“垃圾革命”。到2020年，全省各乡镇生活垃圾收集转运处理设施基本实现全覆盖，90%以上的村庄生活垃圾得到有效治理。三是抓好农村“风貌革命”。全省各地要探索符合当地乡村风貌改造的好经验、好做法，以村庄清洁为重点，发动群众清理乱搭乱建、乱堆乱放，拆除旧危房、旧厂房、废棚圈、残垣断壁，加强乡村建筑风貌引导，整治村庄公共空间和农户庭院，使农村风貌发生革命性变化，到2020年基本实现村庄干净整洁有序的目标。

总之，农村生态环境治理既是牵一发而动全身的大型系统性工程，又是一项长期而复杂的任务，既是攻坚战，也是持久战。因为生态环境是“易碎品”，污染容易治理难，一旦松懈，就会前功尽弃，必须发扬连续作战、善作善成、久久为功的精神，坚持“绿水青山就是金山银山”发展理念，统筹协调好经济发展与生态保护的关系，大力推进农村生态环境治理工作，着力构建和完善甘肃农村生态环境治理体系，修复和改善乡村生态环境，提升乡村生态功能和服务价值，助力幸福美好新甘肃建设。

B.13
甘肃就医难症结调查报告

马宁　马亚萍*

摘　要： 本报告通过调研以及对甘肃省卫生健康委员会各处室相关资料整理，分析了甘肃省就医难症结现状及成因和解决方法。甘肃省卫生机构总体数量逐年增加，卫生事业经费投入逐年加多，但仍面临较为严重的就医困难问题。具体表现为，医疗资源分配不均、医疗人员专业技术水平参差不齐等。建议相关单位出台政策，平衡医疗资源，对医疗人员的考核注重专业化，多增加基层医疗从业人员的培训机会等。

关键词： 就医　基层卫生机构　越级医疗

一　甘肃省就医难症结现状

根据调研甘肃省卫生健康委员会相关处室及收集、整理 2010 ~ 2018 年甘肃省卫生计生事业发展统计公报数据，以及分赴天水市、定西市和酒泉市等卫生健康委员会的调研资料，通过定量与定性相结合的方法，分析甘肃省就医症结的现状如下。

（一）卫生机构总数

从 2011 年开始，甘肃省卫生机构总数整体呈增长趋势（见图 1）。

* 马宁，甘肃省社会科学院社会学研究所助理研究员，研究方向为人口社会学；马亚萍，甘肃省社会科学院社会学研究所研究员，研究方向为民族学、社会学。

无论是医院的数量，还是各级基层医疗卫生机构、专业公共卫生机构的数量均呈现增长的趋势。

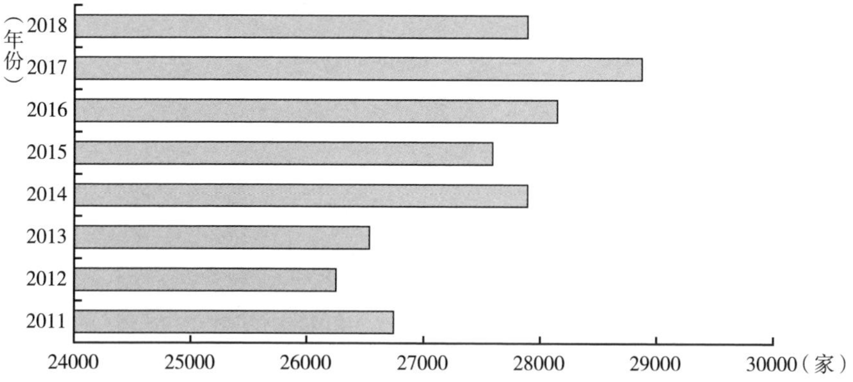

图1　2011～2018年甘肃省卫生机构总数增长趋势

资料来源：《2011～2018年甘肃省卫生计生事业发展统计公报》。

（二）卫生人力总量

从2012年开始，甘肃省卫生人员总数（除2012年外）逐年增加，人员数量呈现增长的趋势（包括乡村医生和卫生员）（见图2）。

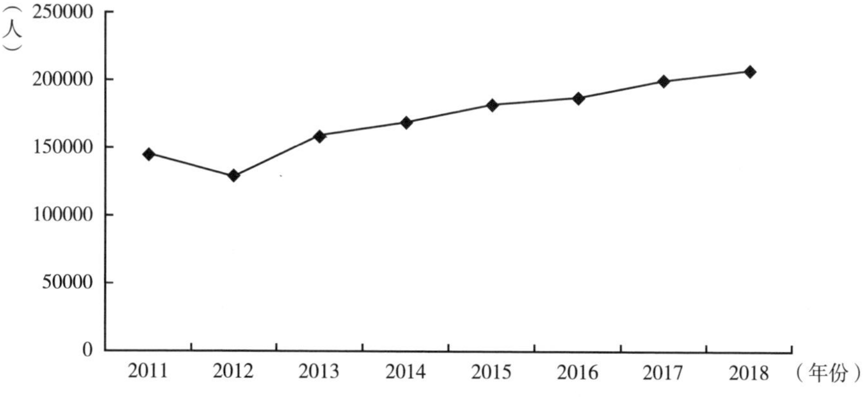

图2　2011～2018年甘肃省卫生人员总数增长趋势

资料来源：《2011～2018年甘肃省卫生计生事业发展统计公报》。

（三）卫生总费用

从2011年开始，甘肃省卫生总费用逐年增加（见图3）。无论卫生总费用，还是人均卫生费用数量均呈现逐年增长的趋势。

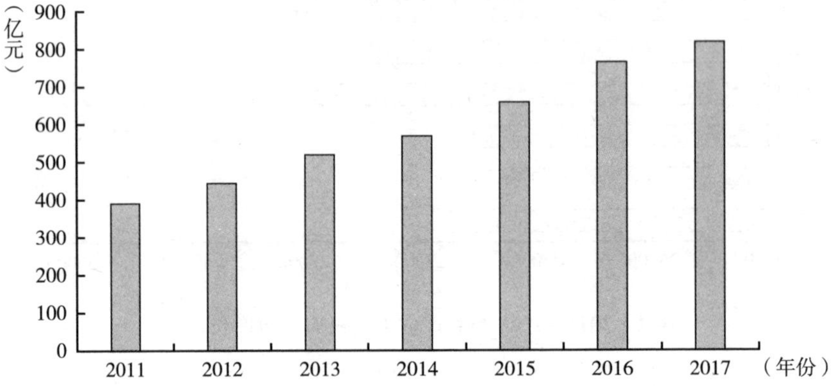

图3　2011～2018年甘肃省卫生筹资总额增长趋势

资料来源：《2011～2018年甘肃省卫生计生事业发展统计公报》。

（四）门诊服务

从2010年开始，甘肃省医疗机构总诊疗人次整体呈增长趋势（见图4）。无论医疗机构（含村卫生室）总诊疗人次，还是人均门诊人次数量均呈现增长的趋势。

（五）住院服务

从2010年开始，甘肃省医疗机构住院人数逐年增加（见图5）。无论医疗机构住院人数，还是人均住院次数均呈现逐年增长的趋势。

（六）医疗服务效率

从2010年开始，甘肃省医院病床使用率经过较快增长以后又有所下降（见图6），医院平均住院日也经过缓慢增长以后又有所下降。

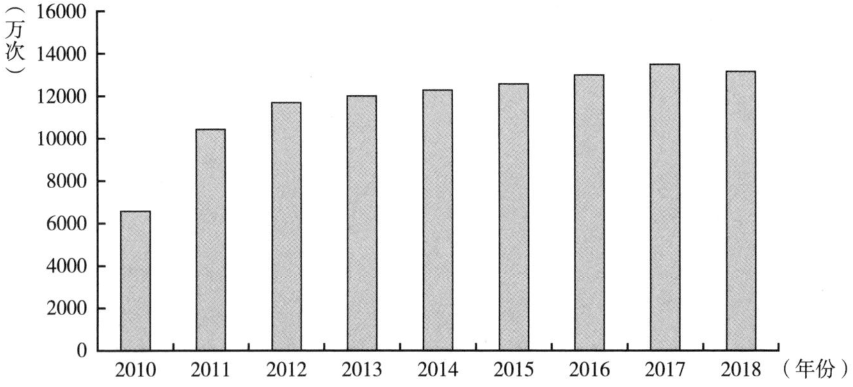

图4　2010～2018年甘肃省医疗机构总诊疗人次增长趋势

资料来源：《2010～2018年甘肃省卫生计生事业发展统计公报》。

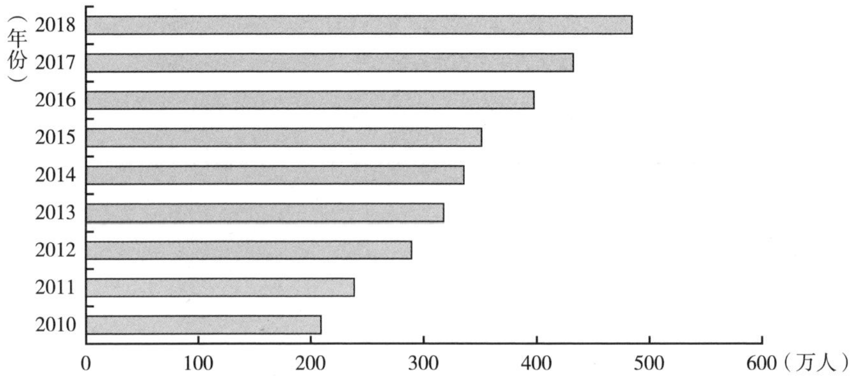

图5　2010～2018年甘肃省医疗机构住院人数增长趋势

资料来源：《2010～2018年甘肃省卫生计生事业发展统计公报》。

（七）患者流向分析

从2012年开始，甘肃省分市州门诊总诊疗人次呈现逐年增长的势头。患者到基层医疗卫生机构就诊比例呈现逐年下降的趋势（见图7）。

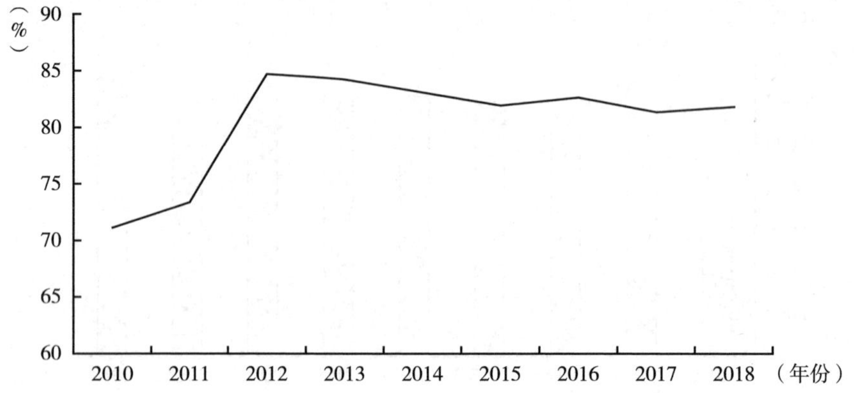

图6　2010～2018年甘肃省医疗机构病床使用率增长趋势

资料来源：《2010～2018年甘肃省卫生计生事业发展统计公报》。

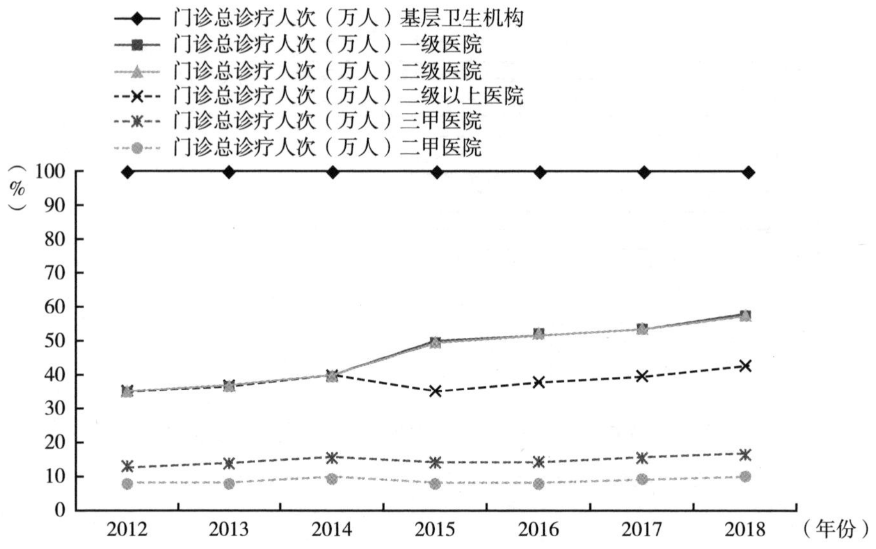

图7　2012～2018年甘肃省门诊患者流向趋势

资料来源：《2011～2018年甘肃省卫生计生事业发展统计公报》。

（八）农村三级医疗服务网

从2011年开始，甘肃省86个县（市、区）共设有县级医院、县级妇幼保健机构、县级疾病预防控制中心、县级卫生监督所，数量均呈整体增长趋势（见图8）。

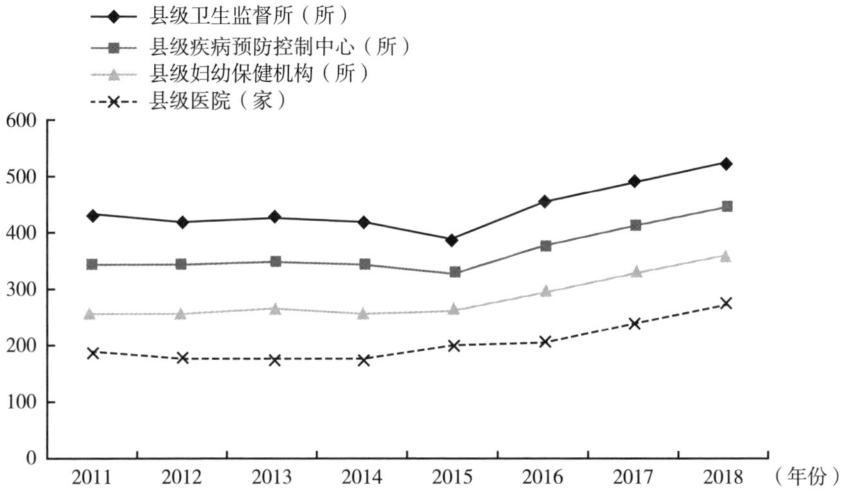

图8　2011～2018年甘肃省86个县（市、区）卫生机构数量增长趋势

资料来源：《2011～2018年甘肃省卫生计生事业发展统计公报》。

（九）社区卫生服务体系建设和社区医疗服务

从2011年开始，甘肃省已设立社区卫生服务中心（站）数量逐渐增加。全省社区卫生服务中心（站）诊疗人次随之增长（见图9）。

（十）门诊和住院病人人均医药费用

本报告以甘肃省公立医院为例，分析门诊病人次均医药费和住院病人人均医药费用变动情况。从2012年开始，甘肃省公立医院次均门诊费用增长较快（见图10），住院人均医药费呈整体增长趋势（见图11），但公立医院次均门诊费用和人均住院费用均低于全国平均水平。

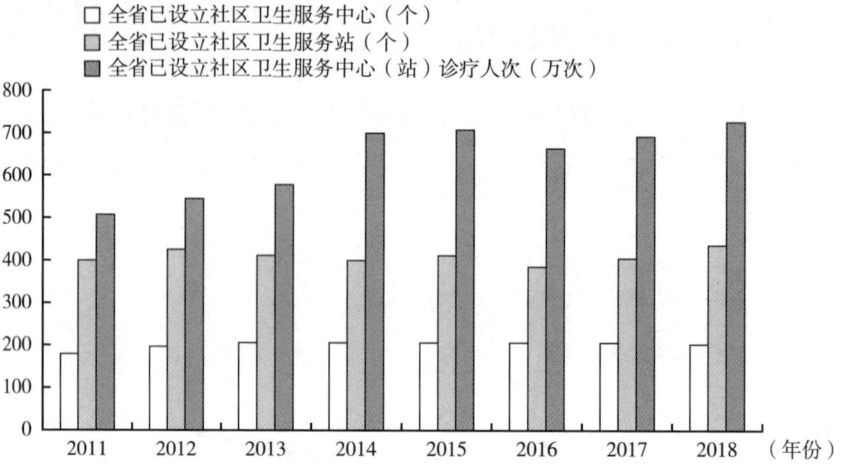

图 9　2011 ~2018 年甘肃省社区卫生服务体系趋势

资料来源：《2011 ~2018 年甘肃省卫生计生事业发展统计公报》。

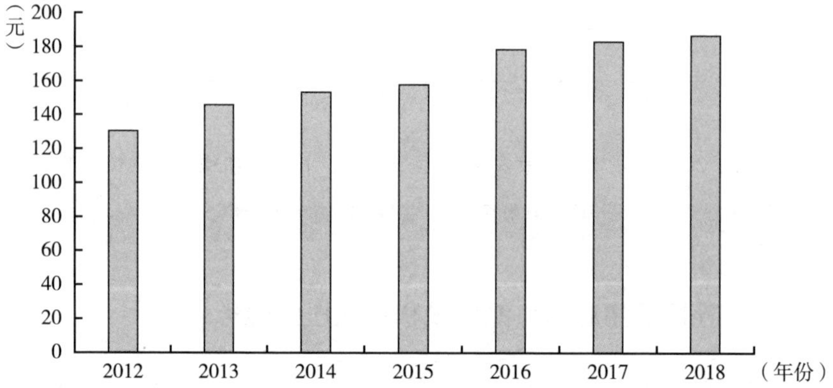

图 10　2012 ~2018 年甘肃省公立医院门诊病人次均医药费增长趋势

资料来源：《2011 ~2018 年甘肃省卫生计生事业发展统计公报》。

二　甘肃省就医难症结的主要影响因素

通过定性分析访谈资料，结合甘肃省就医相关实际，分析就医难症结的主要影响因素。

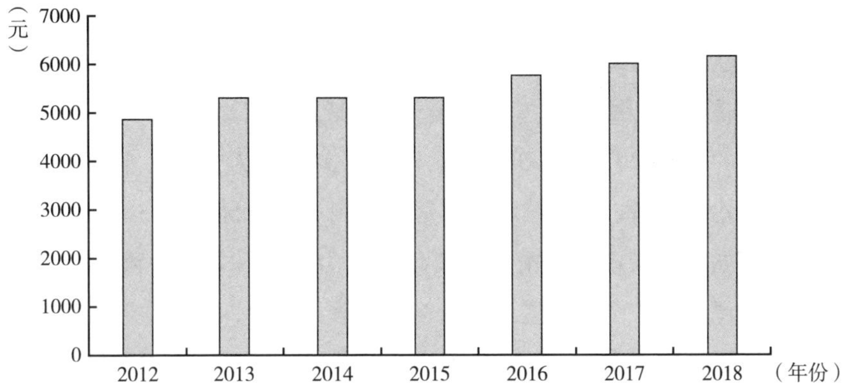

图 11　2012～2018 年甘肃省公立医院住院人均医药费增长趋势

资料来源：《2011～2018 年甘肃省卫生计生事业发展统计公报》

（一）政府相关的管理职能有所缺位

1. 政府对卫生工作经费的投入有限

甘肃省属于西部欠发达地区，市（县、区）财政收支困难是一直存在的，卫生投入主要是依靠国家、省级财政。从现有的数据看，全省对卫生计生投入占财政支出比例有限，低于全国卫生投入的平均水平。主要表现在基础人才培养、设施建设及正常的业务经费投入等方面。以基本公共卫生经费补助为例，甘肃省基本公共卫生服务本应政府购买服务向辖区群众免费提供，但由于市、县级财政困难，很难拨付充足经费支持工作，从而导致甘肃省基本公共卫生服务的服务质量和服务水平不高。

2. 城乡投入卫生工作经费结构不均衡

近些年来，随着医疗卫生体制改革的不断深入，医疗卫生事业得到发展，甘肃省政府对医疗卫生的投入一直在增加，但是相比我国中东部地区和西部其他一些地区的医疗卫生投入，甘肃省基层医疗卫生的资金投入仍然存在空缺，与其规模发展差距较大。

甘肃省超过医疗机构总数 70% 的基层医疗机构，在医技人员、编制床位、设备的比重中，政府资金投入都没有超过 50%。而二级以上综合医院由于基础好、实力强，往往能争取到各种项目和资金支持，导致大医院硬件软件越来越强、小医院维持生存困难的发展态势。

3. 支持非营利性医疗卫生机构的相关政策缺失

甘肃省的基层医疗卫生机构（除村卫生室）均为公立的非营利性医疗机构，其基建、设备、人事、管理等运行机制均需要行政部门的政策支持才能开展。例如人员录用和分配等需要依靠人力资源和社会保障部门的支持等。但是在调研中，个别基层医疗机构在医改目标中，按照辖区面积提出建立多个社区卫生服务中心，但是由于人员问题以及项目资金不到位，到目前为止仅有 1 家社区卫生服务中心。

4. 监督管理不到位

政府的基层医疗卫生机构在服务群众的同时承担监管工作，管办不分的体制在运行中已经暴露很多问题，对基层开展基本公共卫生服务工作也带来很多副作用。

（二）基层医疗卫生机构服务运行机制陈旧

1. 提供服务的方式需要转变

从对甘肃省基层医疗机构发展数据的分析可以看出，《甘肃省卫生计生统计年鉴》中并没有相关家庭诊疗的数据统计，基层医疗机构提供服务的方式仍沿袭传统的坐诊制，缺乏主动为辖区居民提供家庭医疗服务的积极性。基层医疗卫生机构应增加一定的服务项目，除了提供基础医疗服务，还应该提供有关心理健康和社会健康方面的指导，以及宣传卫生健康教育方面的知识。此外，从双向转诊开展看，目前的模式基本是单向转诊模式，即向上级转诊，而从上级医院再转回基层医疗机构进行康复治疗的概率很小。

2. 基层绩效考核方式亟待人性化

现行的考核指标不外乎两种类型，一种是可视指标，例如就诊人数、建档率、医疗机构硬件、医务人员数量等，另一种是隐形指标，例如群众满意率、治愈率。考核内容基本是上级卫生健康行政部门设计的，并不适用于全部基层医疗卫生机构，基层医疗卫生机构服务的人群数量以及所拥有的医疗资源肯定比上级医疗机构少，因此行政化的考核最终流于形式，反而无法反映真实的结果。

3. 基层医疗机构信息化建设能力严重滞后

信息全球化已经渗透到各行各业，当然也包括医疗卫生健康事业。医疗信息化可以极大程度上优化现有的医疗资源，保障患者的权益，提升基层医疗机构的服务水平。在调研中发现，甘肃省基层医疗卫生机构信息化建设缺乏有效的统筹规划、协调和协作，条块分割，低水平重复投资，资源浪费严重。甘肃省基层医疗卫生机构信息化能力发展滞后主要表现在以下几方面。一是信息化硬件设施和软件设施设置不到位，这包括信息化设备的配备和信息化人才的培养。现实情况是绝大部分乡村医生亦农亦医，医学教育基础弱，使用电脑的水平不高，直接影响基层群众健康档案的建档工作，从而阻碍了医疗信息共享的实现。二是新农合报销受到户籍地限制，影响报销的便捷性。三是甘肃省的地形地貌决定了，很多山大沟深的地区公共信息网络发展滞后，因此造成了信息资源无法实现共享。

（三）人才相对匮乏

长期以来，甘肃省基层医疗卫生机构发展面临执业医生、注册护士紧缺的情况。数据表明，凡是拥有医师资格证的医护人员基本上集中在二级以上医院，扎根基层的医师很多是当地的土大夫，缺乏执业医师证和注册护士证。

借着医改的春风，很多基层医疗卫生机构得到了设备配置的项目支持，但是一些贫困县的乡镇卫生院仍没有相应的房屋建设，也没有相应资质的人能开展相应的诊疗服务。由于基层医疗机构待遇低、条件差，现有队伍尚不稳定，高层次卫生技术人才难引进、留不住，整体水平得不到应有的提升，基层医疗卫生机构普遍存在卫生人才尤其是公共卫生专业人才数量不足、业务素质不高的现象。基层医疗卫生机构全科卫生人才匮乏和开展基本公共卫生服务所需专业卫生人才间的供需矛盾日趋显现，已成为全省基本公共卫生服务工作面临的突出问题。

三　解决甘肃省就医难症结的对策建议

（一）优化医疗资源配置，促进就医的合理分流

目前，虽然城镇居民基本医疗保险和新型农村合作医疗在覆盖范围、保障待遇、筹资政策、定点管理、医保目录、基金管理等方面一定程度上实现了统一，但是，现有的医疗资源分布却没有及时做出相应的调整，城乡之间、不同层级医疗机构之间的医疗资源仍然呈不合理分布的格局。一方面，城镇地区聚集了大量的优质医疗资源，而农村地区由于居住习惯等原因，医疗资源分布较为稀疏，并且总量较少、质量也较低。就不同级别医疗机构而言，医保城乡统筹使城市和农村居民在就医时享有同样的报销比例；而另一方面，在城乡医保统筹下，农村基层医疗机构的医疗技术、服务人员素质没有得到相应的提高。因此，群众往往倾向于去大医院就医，这就造成了现在大医院人满为患，而基层医疗机构却门可罗雀的不合理现象。为此，相关政府部门需要立即出台措施，促进患者就医的合理分流。具体而言，可从以下几点出发。

1. 推进城乡医疗资源一体化，实现医疗资源的公平分布

虽然城乡医保统筹在很多方面实现了一定程度上的统一，这只是方便了群众就医，却忽视了医疗资源分配不均这一重要因素。政府相关部门应从大局出发，缩小城乡之间在医疗资源配置的差距，尽可能实现医疗资源按需分布，从而提高农村居民就医的可及性，满足其就近看病的需求，从根本上利民。

2. 提高基层医疗机构的服务质量和水平

目前医保城乡统筹的出现，使患者就医报销比例逐步实现统一，基层群众更愿意到市级医院去看病。这不仅是为了获得更多的医疗硬件检查便利，更是对于更高一级医疗部门的服务质量和水平给予的肯定。所以，政府应该着力提高基层医疗卫生机构人员的培训质量，进而提高其服务质量与水平，最终引导优质医疗资源下沉基层，从而使大部分慢性病和常见病、老年病在基层医疗卫生机构得到有效诊治。

3. 继续适当调整不同级别医疗机构之间的报销比例，实现就医的合理分流

促进患者就医的合理分流需要做好多方面的工作。除了通过引进人才提高自身的医疗水平，采购各项先进的检查设备外，往往还需要政府的强制措施来改变一些不合理的格局。目前，甘肃省不同级别医院之间报销比例差异不大，这在客观上加剧了居民去大医院就医的倾向。因此，政府相关部门可继续加大不同级别医院之间的报销比例差异，例如，适度提高一级医疗机构的报销比例、缩减三级医疗机构报销比例，从而使不同级别的医疗机构能够切实发挥其各自的作用。

（二）加强分级诊疗，实现医疗资源的有效利用

一般而言，患者选择诊疗项目，受经济因素的制约最大，部分患者只能大病小治。然而，随着医保城乡统筹的发展，居民的医疗保障待遇在逐步提高，这极大地释放了居民的医疗服务需求。但也让“过度医疗”行为更加频繁地出现于大众视野，往往出现小病大治的局面，这在一定程度上造成了医疗资源的浪费。基于此，相关政府部门可通过建立、完善分级诊疗制度来实现医疗资源的有效合理利用。具体而言，政府部门应改变医疗治理结构，形成“基层首诊、双向转诊、上下联动、急慢分治”的合理就医局面，最终形成“小病在基层、大病进医院、康复回基层”的就医格局。

一方面，各级医疗机构之间要加强合作，联通医疗信息，让患者找到准确的医疗机构。另一方面，各级医疗机构应制定和公示本院疾病诊疗目录，建立双向转诊信息平台，预留一定比例的医疗资源供转诊病人使用。这样使一些急病患者能够及时、有效向上转诊；病情稳定的慢性病患者、康复患者等及时向下转诊，从而确保病人得到恰当的治疗，医疗资源能够得到更加合理的使用。

（三）推进医保支付方式改革，实现合理控费

一直以来，医疗服务市场因其特殊性，存在高度的信息不对称问题。与此同时，医疗从业人员数量不足，导致现有医疗从业人员高强度的工作和收入不成正比，这些因素促使一部分医疗从业人员为实现自身利益最大化，采

取一些行为，例如过度医疗。我国相配套的制度也不够完善，如医保支付方式在某种程度上助长了过度医疗的滋生。为了有效应对医疗服务市场的道德风险，一般而言，引入第三方——医保付费机构对医疗机构进行监督，成为一项有效的措施。政府相关部门应推进医保支付方式改革，将后付制和预付制有效结合起来，引导医疗服务供给人员提供适当医疗服务，从而实现合理控费。

（四）完善医院薪酬制度，降低医疗服务的道德风险

在医疗服务市场，医疗服务供给方处于主导地位，这一现象在当前甚至在未来相当长的一段时间内将仍继续存在。最为关键的是解决好医疗服务人员的薪资问题，使其减少过度医疗的动机。因为过度医疗产生的一个关键因素，是医疗服务人员的趋利性，这在很大程度上源于现有医疗机构薪酬制度设计的不合理。因此，建议相关政府部门完善医院薪酬制度，制定合理的薪酬分配制度，使各个岗位的医务从业人员能够劳有所得；提高一些关键岗位医疗技术人员的薪酬，与普通医务从业人员薪资拉开距离。也可以实行奖励措施，对医务人员的超额劳动付出合理的薪酬，为基层医务人员提供充足的职业生涯发展空间和晋升机会，提高医务人员工作的热情和积极性。

各级医疗卫生服务机构从业人员必须坚持以患者为中心的理念，在医疗实践过程中以“患者至上”的标准严格要求自己，通过定期组织医院内部医务从业人员进行学习，提高其自律意识和职业操守，使其不但具备高超的专业技能还要拥有良好的医德，真正做到“医者仁心”。

（五）加大对医保城乡统筹制度的宣传，引导居民合理就医

目前，甘肃省大部分居民对于医保城乡统筹制度的认识不够深刻，导致一系列不适当的就医行为，如越级医疗、过度医疗等。这些行为一方面在很大程度加剧了医疗资源的紧缺，另一方面也在一定程度上损害了患者本人的利益。如一部分患者反映“就医难、排队时间太长”“医生服务态度较差”，这些在很大程度上也是由患者的不适当就医行为导致的。因此，政府部门在

完善相关制度、加强硬件设施配套的同时，需要加大对医保城乡统筹制度的宣传力度，尤其在各级基层医疗机构，正确引导居民合理就医。只有这样，才能促进医疗资源的合理、高效使用。可通过宣传手册、讲座、媒体、微信公众号等方式，进行全方面、立体化、持久的宣传，润物细无声。宣传的目的是改变群众的就医观念，引导其进入相应的医疗机构合理看病、科学治病。

参考文献

国务院：《国务院关于整合城乡居民基本医疗保险制度的意见》，2016 年 1 月 12 日。

徐玮：《从城乡统筹走向城乡公平——杭州市城乡居民基本医疗保险制度解读》，《中国医疗保险》2011 年第 1 期。

张园：《医疗制度改革之“先看病，后付费”模式的分析》，《科技创业月刊》2013 年第 8 期。

杨晶晶：《昆明市城乡统筹基本医疗保障制度研究》，云南大学硕士学位论文，2013。

张永、郑先平、刘雅等：《流动人口医疗保险异地结算面临的问题与对策》，《卫生经济研究》2015 年第 12 期。

仇雨临、翟绍果：《城乡医疗保障制度统筹发展研究》，中国经济出版社，2012。

何关新：《在城乡统筹中推进社会保障一体化》，《中国医疗保险》2012 年第 3 期。

梁红、刘明、陈迪：《来自医保定点医院的异地就医调查报告》，《中国医院》2010 年第 11 期。

翟绍果、徐敬凯：《基于国民均等受益的医疗服务递送体系研究》，《宁夏大学学报》2013 年第 2 期。

谭银清、陈益芳、王钊：《“新农保”对农村老人就医行为的溢出效应研究》，《山东农业大学学报》（社会科学版）2017 年第 1 期。

于长永：《疾病类型、医疗保险与农民就医机构选择行为研究》，《农业技术经济》2017 年第 2 期。

郑莉莉：《医疗保险改变了居民的就医行为吗？——来自我国 CHNS 的证据》，《财政研究》2017 年第 2 期。

B.14

甘肃公共服务需求管理调查报告

——以兰州市供热问题为例

李志鹏　解钟琼*

摘　要： 兰州市作为甘肃省的省会城市，人口数量多、冬季采暖期供热压力大。近年来，兰州市各级政府加强采暖期供热管理，稳步推进城市供热基础设施建设，供热保障机制不断完善、供热保障能力逐年提升，基本满足了辖区群众的采暖需求。然而受地方经济社会发展所限，政策性补贴资金投入不足，城市老旧管网、老旧庭院改造缓慢，加之供热热源结构单一，供热企业规模化程度低、经济效益长期得不到实现、生存困难等主客观因素的综合影响，制约着兰州市供热保障的健康、有序发展。鉴于此，通过深入调查，为促进兰州市乃至甘肃全省供热发展提出对策建议。

关键词： 公共服务　兰州市　供热问题

城市供热是体现政府公共服务管理能力的重要指标。近年来，兰州市各级政府及相关部门高度重视，坚持保障安全供热和推进大气污染治理相结合，加快发展城市集中连片供热，加大供热基础设施改造建设力度，加强城市供热运行监管；兰州市供热市场得到积极的培育完善，逐步走向投资多元

---

* 李志鹏，甘肃省社会科学院丝绸之路研究所助理研究员，研究方向为区域经济史、丝绸之路历史文化；解钟琼，兰州市城乡建设规划局干部，主要从事供热管理相关工作。

化、运营企业化、服务社会化，同时，供热保障政策法规体系建设不断完善，城市供用热行为逐步规范，极大地提高了热源安全运行水平，城市安全供热能力不断提升，满足了兰州市冬春季节采暖期的基本需求，为城市发展提供必要的保障。本报告通过深入基层调研并提出合理的建议，进而为兰州市供热保障可持续发展提供参考。

一　兰州市供热保障情况

近年来，兰州市供热保障能力稳步提升，基本满足了各县区冬春季节采暖需求。同时，在相关部门的大力支持和社会各界的密切配合下，供热基础设施得到了有效的改造和维护。为更好地服务于采暖需要，开设投诉、咨询热线电话，及时解决和解答群众的投诉和问题。按照市场经济的原则，供热管理部门科学制定供热补贴政策、供热价格和收费标准。健全供热保障管理机构，编制供热计划方案，建立供热突发事故应急预案，取得了良好的社会效益。

（一）供热保障能力提升

兰州市城市供热经历了初期自由发展、中期积极引导、近期依法管理的发展阶段。2002 年《兰州市城市供热管理条例》颁布实施以来，城市供热逐步步入规范，集中供热大幅度提升，目前基本形成了以区域天然气锅炉房供热和热电联产供热为主的格局，尤其是 2012 ~ 2013 年全面完成城区燃煤供热锅炉清洁能源改造，以及三大电厂提升改造后，热源安全性提升，城市供热保障能力明显改善。

截至 2018 年底，城区共有供热单位 767 家，其中：热电联产供热 3 家，天然气供热站 753 家，高效煤粉和水煤浆等准清洁能源供热站 11 家。目前城区实际总供热面积达 9106 万平方米，其中：热电联产供热 2842 万平方米，占 31.2%；天然气锅炉供热 5672 万平方米，占 62.3%；高效煤粉和水煤浆等准清洁能源供热 592 万平方米，占 6.5%。另有天然气壁挂炉供热面积近 3000 万平方米。现行非计量供热价格为：一类建筑 5.00 元/（月 · 平方米），二类建筑7.00元/（月·平方米），三类建筑8.20元/（月·平方米），四类建筑9.20元/（月·平方米）。计量供热价格为：一类建筑47.43元每吉焦；二类建筑66.41元每吉焦；三类建筑77.79元每吉焦；四类建筑87.28元每吉焦。目前实行供热计量收费的面积为1347万平方米。现行供热管理实行以属地化为主的市（区、县）、街道分级管理。近郊四区供热管理职能由区物业管理办公室承担，并在各街道配备专干；红古区和永登县、榆中县、皋兰县供热管理由县区建设行政主管部门负责。现以2017年采暖期数据为例，集中反映兰州市各县（区）供热情况（见表1）。

表1　兰州市城市（县城）集中供热数据

地区	热水					
	供热能力(兆瓦)			供热总量(万吉焦)		
	总计	热电厂	锅炉房	总计	热电厂	锅炉房
兰州	6147	2994	3083	3583	1614	1969
兰州市	5419	2444	2905	3284	1433	1851
兰州市区	4716	2096	2550	2991	1308	1683
红古区	275		275	138		138
兰州新区	428	348	80	155	125	30
永登县	345	345		126	126	
皋兰县	205	205		55	55	
榆中县	178		178	118		118

地区	集中供热管道长度(公里)			集中供热面积(万平方米)		
	总计	一级管网	二级管网	总计	住宅	公共建筑
兰州	1281	327	954	7619.9	5371.5	420.7
兰州市	1094	292	802	6857.9	4859.9	280.4
兰州市区	572		572	6099	4410	
红古区	326	96	230	260	185.2	46.2
兰州新区	196	196		498	264.7	234.2
永登县	75		75	245	169.6	75.3
皋兰县	37		37	227	122	
榆中县	75	35	40	290	220	65

资料来源：兰州市城建局编《2017年兰州市城乡建设统计年鉴》，2018年7月。

（二）供热基础设施建设

完善城市供热基础设施建设，涉及城市的和谐发展。自 2014 年以来，在广泛调查、充分论证的基础上，兰州市编制了《兰州市城区集中供热老旧管网改造项目建设规划方案（2016～2020）》，明确了近期管网改造的目标任务，确定了积极推进的关键措施。从 2015 年开始，先后争取国家专项资金 3 亿元，分期分批对 88 家供热单位的老旧管网实施了改造，目前已改造完成 70 家 279 公里。

2015 年以来，兰州市城建部门利用国家节能减排资金，开始实施的城区集中供热管网跑冒滴漏和安全隐患排查消除项目，取得了良好的效益。为加快城区集中供热老旧管网改造，批准了《兰州市城区集中供热老旧管网改造项目建设规划方案》，计划在“十三五”期间基本完成城区集中供热老旧管网的改造，具体任务已经分解下达各区政府。确定对主城区 5063.15 公里供热管网逐年实施改造，其中主管网 1946.93 公里，庭院管网 1369.48 公里，楼宇盘管 1746.73 公里，安装水力平衡装置 26707 套。兰州市热管办于 2016 年对供热管网现状完成了全面调查。在此基础上，按照《兰州市城区集中供热老旧管网改造项目建设规划方案》计划将城区集中供热老旧管网改造项目工程建设期分为四年（2016～2019 年）：2016 年完成 379.75 公里，占 7.5%；2017 年完成 1518.95 公里，占 30%；2018 年完成 1518.95 公里，占 30%；2019 年完成 1645.5 公里，占 32.5%。

从供热企业管网建设来看，截至 2018 年 6 月，全市有供热单位 780 家，涵盖供热管网约 5094 公里，其中一次供热管网（锅炉房至小区院内）约 1974 公里，二次供热管网（小区院内）约 1370 公里，楼下盘管约 1750 公里。①

近几年还组织近郊四区供热管理部门连续两年实施了城区未供热建筑供热设施配套建设项目，采取就近并网、新建热源、壁挂炉供热等方式，累计

---

① 兰州市供热服务中心：《关于兰州城市供热调查情况的报告》，2018 年 12 月 19 日。

完成改造任务122万平方米，城区具备条件的未供热建筑及时配建了供热设施。同时，利用市区设立的城市供热保障金，积极落实“冬病夏治”措施，累计安排改造项目106项、资金6840余万元，对影响安全供热的老旧管网进行了逐年改造，大幅度减少了供热期突发爆管事故，切实维护了用户的合法采暖权益和社会和谐稳定。

（三）采暖期供热质量投诉处理

畅通投诉渠道，开通供热服务热线投诉电话。兰州市2017～2018年开通供热服务热线投诉电话175部，2018～2019年供热期兰州市开通供热期投诉热线电话，增加到302部，方便广大市民及时投诉、咨询用热问题。同时，在市民情通热线设立供热专席，认真解答供热政策咨询，集中受理供热投诉问题；于10月25日公布市区管理部门、各供热单位值班投诉电话，严格落实24小时值班值守和投诉受理措施，及时处理用户投诉。结合实际情况，开展分级限时办理。按照属地化管理原则，各区、街道、社区具体负责本辖区内供热投诉的协调处理，除突发爆管外的各类投诉，务必在3～5个工作日办结，影响面较大的投诉采取市、区联动集中协调处理，其中：对市民情通热线、各种媒体转办的投诉，限定3个工作日办结；对市、区供热管理部门直接受理的投诉，确保2个工作日办结；对供热站受理的投诉，要做到随时受理随时处理。另外，定期进行通报。从每年11月25日开始，市热管办对供热值班情况、投诉办理情况进行随机抽查通报。对抽查发现供热单位不落实值班、投诉超时办理的，通过市级媒体对相关负责人予以通报批评，情节严重的建议相关部门进行问责，并相应扣减政策性补贴。①

（四）供热保障及管理落实

1. 落实多元化的供热补贴政策

按照甘肃省人民政府办公厅印发的《甘肃省城市供热体制改革试点工

① 兰州市供热服务中心：《关于兰州城市供热调查情况的报告》，2018年12月19日。

作方案的通知》（甘政办发〔2004〕45 号）将现行的福利供热制改为货币化分配制，实行“暗补”改“明补”。将目前各级财政和单位用于职工采暖的各种费用转化为补贴，在职工（包括公务员）工资内明确采暖费补贴科目。补贴的基数可参照职工住房标准，按照国家、集体、个人分担的原则实施补贴。国家公务员根据其级别和住房面积，按一定比例由财政在工资中给予补贴；事业单位职工根据其职称或级别，参照公务员补贴标准，制定相应的补贴办法；离休干部可参照公务员的补贴标准，由原渠道给予补贴；企业职工和退休人员由企业制定补贴办法和标准。私营企业主和个体工商户以及其他自谋职业的人员，应支付全额采暖费，不享受补贴。

2. 明确缴费主体，制定合理的供热价格和收费标准

将采暖费用由单位统包改为由居民家庭直接向供热企业缴纳。供热单位同用户签订协议，用户按规定足额交纳采暖费，供热单位保证按时、按质提供供热和相关服务。对于不能按时交费的用户，供热单位可以依据有关规定追缴供热费，直至追加滞纳金。对于不能提供良好服务的供热单位，由行政执法部门按一定标准责令其向用户退款，并给予相应的行政处罚。按照“保本微利”的原则调整供热价格、收费标准，并按照《价格法》的规定实行听证会制度，征求各方面的意见。逐步实行按用热量计量收费制度，积极推进现有住宅的节能改造和供热采暖设施的改造，提高热能利用效率和环保水平。新建公共建筑和居民住宅的供热采暖系统都必须按分户可控计量的要求进行设计和施工，否则不予办理相关手续。现有公共建筑和居民住宅也要按照分户计量、温度可控的要求进行改造。对城市住宅节能和采暖设施改造给予必要的支持，对遇到的困难和问题要进行深入细致的研究。要提高集中供热的普及率，提高能源利用效率和环境效益。鼓励各地根据产业技术政策，因地制宜开发清洁、经济、安全的供热采暖方式。

3. 健全供热保障管理机构

兰州市、各区（县）成立供热管理办公室，授予县、区供热管理部门行政执法权，依法强化供热管理职能；各街道配备供热管理专职干部，具体负责街道辖区内供热管理工作。严格按照《兰州市供热用热条例》的相关

规定，建立健全市、区（县）、街道三级管理体制。切实明确区（县）及以下供热管理机构的职能，加快建立城市供热属地管理、以区（县）为主的管理体制。合理划分市、区（县）管理职能。各区（县）供热管理机构的主要职责是：负责供热行业管理的具体工作，强化供热质量、服务质量等的监管；负责本辖区供热行业安全运行管理，协调处理供用热矛盾纠纷和信访投诉；负责有关供热政策法规的贯彻落实。

4. 编制供热计划方案，建立供热突发事故应急预案

为保障兰州市冬春季节采暖期供热工作的稳步推进和供热计划的如期落实，认真贯彻落实《兰州市供热用热条例》，抓紧修订《兰州市城市供热管理条例实施办法》，大力提升城市供热依法管理水平。从切实保障民生全局出发，加快完善城市供热管理政策规定，抓紧制定出台《兰州市供热质量管理办法》《兰州市供热服务质量管理办法》《兰州市城市供热用户室温监测监督办法》《兰州市特殊天气情况下城市供热保障办法》等，加快推进供热站安全评价体系建设。区（县）政府应制定供热突发事故应急预案，集中供热企业应根据本单位供热的具体情况和当地政府要求，按照故障或事故的影响级别分别编制抢修应急预案。建立市、区（县）、街道、社区四级联动协调机制，对供热隐患进行及时排查并协调处理，确保正常供热，切实强化城市供热安全生产管理。

二　兰州市供热保障存在的问题及分析

经济社会快速发展和人民生活水平的不断提高对城市居住环境和用热提出了新的要求。城市供热仍然面临一些突出的困难和问题。主要是：供热行业性质定位模糊不清，供热体制改革难以深入推进；供热价格与能源价格“双轨”运行，且难以实现及时联动，热价与成本倒挂的矛盾日益突出；住房体制改革后供热管网管护责任不落实，老旧管网更新改造严重滞后；供热站点多而零散，管理水平参差不齐，隶属关系复杂多样；分级管理职责不清，行业管理整体水平比较落后。

（一）补贴资金“杯水车薪”，供热企业发展困难重重

目前补贴资金投入不够，导致老旧供热管网改造缓慢。兰州市老旧供热管网数量多，一些管网因与排水管线同沟敷设，锈蚀严重，导致跑冒滴漏、爆管等情况时有发生。譬如，截至2018年11月，兰州市亟须改造的老旧供热管网为1930公里，占全市供热管网（一次供热管网、二次供热管网）的58%。此外，供热企业购气资金捉襟见肘。大部分供热企业自有流动资金有限，供热所用天然气费用和电费等都是需要预先购买充卡。一旦收费进度迟缓，购气资金跟不上，将会被迫降温供热甚至整体停暖，然而供热企业为了不至于停炉停暖，正常情况下三天的用气量烧五天，衍生了对欠费建筑停暖、降低供热温度的现象。供热企业除了政府的正常补贴之外，主要的经济来源是供热费用的收缴，每年政府都要定期召开听证会，征求广大群众对于采暖费用定价的意见，参与的名义代表都从自身的切身利益出发，采暖费用越低越好，具有明显的倾向性。这使采暖费用不能按照市场的价格波动来定。因此，供热企业的发展困难重重。

（二）城市供热需求“水涨船高”，供热双方矛盾长期存在

企业不能按时供热或供热期间停暖现象存在。兰州市规定供热期为每年11月1日至次年3月31日，但每年供热期开始后都会收到很多的群众投诉，集中反映没有按时供热，或供热期间被停暖。调查发现，造成这种现象的基本上都是暖气费纠纷。用户拖欠暖气费，供热企业不予供热，甚至因为少数人欠费导致整单元或整栋楼被停暖。此外，还有供热温度不达标问题。每年供热期间，大量投诉集中在供热温度不够室温、不达标方面，也是导致部分用户拒缴暖气费的主要原因。形成不缴费—不供热—更多人不缴费的恶性循环。每年到供热期，市民们意见很多，供热企业困难重重、生存艰难。用户与供热企业的矛盾比其他行业都突出，不能按时供热的、甩供弃供的、供热质量不达标的、拖欠供热费甚至恶意欠费不缴的。每年反复出现的问题得不到解决，供热双方的矛盾长期存在。

（三）供热能源“结构单一”，供热方式亟须技术革新

供热能源结构单一，是当前甚至长期存在的问题。天然气是兰州市供热能源的“主力军”，譬如，兰州市主城区9340余万平方米供热面积（不包括天然气壁挂炉采暖建筑），其中30%（约2850万平方米）是热电联产供热，西部以西热东输为主，东部以市热力公司为主，另外70%的建筑（约6500万平方米）是分散的中小型锅炉房承担着供热任务，大约有620家。其中除少量的水煤浆和煤粉锅炉（约10余家），97%以上都是天然气锅炉。每年冬春季节采暖期都会出现季节性的“气荒”现象，2017～2018年供热期，通过“压非保民”措施，缓解了天然气紧张局势，2018～2019年，通过购买“高价气”以保证正常供热，造成供热成本倒挂，政府需拿出财政资金进行补贴。如遇到上游供气企业“限气”的情况，政府就不得不通过限制其他行业用气来保证供热用气，给城市运转造成困难。① 因此，亟须技术革新，在一些新建建筑上可以考虑安装使用中央空调、新型压缩空气能、太阳能环保采暖系统等新兴的供热设备，以满足未来城市发展和群众的供热需要。

（四）城市供热系统“责权不清”，不利于统一规范管理

集中供热是一个复杂的系统工程，包括供热企业内部管网、用热小区的沿途二次管网、小区内的庭院管网以及用户室内管网，任何一处发生堵塞或泄漏都会直接影响到供热的效果。目前兰州市各县（区）越来越多地表现在庭院管网维护责任不明确，特别是“三无小区”、老旧小区，地沟管道多数被污水浸泡、年久失修，维护责任不明确。供热期间极易发生破损泄漏事故，导致突发性停暖。由于住房体制改革后供热管网管护责任不落实，老旧管网更新改造严重滞后，尤其个别供热管道维护责任不明确。此外，主城区共有供热企业767家，其中“双十”以上企业仅有168家，供热企业规模化程度低，“小、散、多”的特点突出，供热站点多而零散，管理水平参差

① 兰州市供热服务中心：《关于兰州城市供热调查情况的报告》，2018年12月19日。

不齐，隶属关系复杂多样；分级管理职责不清，行业管理整体水平落后，不利于统一规范管理。

三 兰州市供热保障的发展方向

城市供热关乎人民群众的切身利益，各级政府和相关部门要在“补欠账”上下功夫，加快供热老旧管网、建筑节能改造；在“解矛盾”上下功夫，规范供热保障管理、明确各方责任；在“促改革”上下功夫，深化供热体制改革；在“多热源”上下功夫，实施供热技术革新；在“快反应”上下功夫，确保供热安全、提升反应处置能力，积极推进城市供热行业的可持续发展。

（一）在“补欠账”上下功夫，加快供热老旧管网、建筑节能改造

一是摸清城区老旧管网、未进行节能改造的老旧小区的数量及分布情况，制定老旧供热管网改造、老旧小区建筑节能改造的具体措施方案（该项工作已完成），按照“先重后轻”的原则，对铺设时间长、存在严重安全隐患的老旧管道及建成时间长、室内温度长时间低温甚至不达标的老旧建筑先期进行改造，并按照改造实施方案，分步骤、分阶段逐步开展老旧管网改造和老旧小区外墙保温节能改造，降低供热漏损率和用户端能耗，提高供热能力。二是坚持“冬病夏治”，对下一年度将要实施的老旧管网改造、老旧小区节能改造相关手续，开辟绿色通道、进行联审联批，提前完成各项施工手续的审批工作，确保供热期结束后，改造工作就能马上开展，避免因缺少施工手续拖延工期。三是多渠道筹措改造资金，一方面，积极向中央和省上争取财政资金支持，市、区两级要建立改造资金的持续投入机制，确保改造资金稳定投入，为改造工作提供资金保障；另一方面，加大与银行等金融机构的联系，争取涉及民生领域的低息贷款，投入到改造工程之中。

（二）在“解矛盾”上下功夫，规范供热保障管理、明确各方责任

第一，发挥管理部门职责。各县、区应落实属地化管理职能，严格落

实四级监管体制。一是要完善投诉快速处理机制，畅通电话、网络等投诉渠道，热情接待反映问题的群众，及时了解和掌握群众诉求，做好相关政策的答疑释惑，对群众反映的问题，督促供热企业在规定的时间内上门解决。对处理结果要及时跟踪，对群众不满意的要督促企业再次解决。二是要加强对供热企业的监管，成立检查组，采取访问用户、对各供热企业开展检查等方式，掌握供热工作中存在的问题，协调供热企业解决。特别是对群众反映问题集中、处理结果群众多次不满意的企业，要列为重点监督检查对象，督促企业做好供热服务工作。三是要建立监督与惩罚相结合的管理机制，通过发布供热企业红黑榜、媒体曝光等方式，强化企业管理，规范供热企业服务。四是加大报停过热费、室温测量等解决难度较大、社会各方面关心关注问题的研究，学习借鉴外地做法和经验，结合兰州市实际，出台解决的措施办法，化解供用双方矛盾。五是加大对全市供热情况的宣传，通过电视、网络、报纸等方式，深入宣传政府及企业在供热方面所做的大量工作，同时，还可以组织人大代表、政协委员及群众代表，与管理部门、工业企业进行面对面座谈，争取社会各界对供热工作的理解和支持。

第二，强化企业服务意识。一是要引导供热企业树立经济效益与社会效益并重的经营理念，本着为群众服务的宗旨，主动承担社会责任，不断提高自身服务水平。二是企业要认识到，用户家中的热量是供热的最终产品，用户家中热量不够、室温不达标，甚至暖气片冰冷，就是产品不合格、质量不过关。企业要以“确保用户家中暖气热量达标”为目标，高度重视用户的意见，对用户反映的问题尽快处理解决，让用户家中热起来、暖起来。

第三，解决用户缴费问题。一是加强与不缴纳供热费用户的交流沟通，了解用户不缴供热费的真实原因。属于供热企业的问题，督促企业进行整改，让用户满意；属于用户自身的问题，发动社区、小区、业委会及楼内住户，加大催缴催收力度，避免因个别用户不缴取暖费而影响整个楼院或小区的取暖。二是通过建立黑名单、奖惩结合等方式，对无正当理由、多次催收但仍拒绝缴纳取暖费的用户，将其纳入失信人员名单。三是强化技术手段，通过分户控制等技术方式解决用户不缴纳取暖费、取暖费收缴管理难度大、一户不缴费影响其他用户等问题。

（三）在“促改革”上下功夫，深化供热体制改革

一是利用市热力总公司转企改制机遇和“三供一业”移交机会，通过兼并、重组、收购等方式，逐步淘汰供热质量低、服务意识淡薄的供热企业，做大做强全市供热企业，通过统一管理、规范服务，提高供热企业服务水平。二是推进供热计量改革，坚持“试点先行、稳步推进”的原则，在具备条件的小区，通过管网改造，安装热表、热量控制阀等方式，试行基础热价、热量计量收费，并逐步向全市推广，化解当前按面积收费、室温高低一个价、热量无法定量计量等问题。三是通过政府、政协等各个渠道，积极呼吁省上和国家层面，出台供热行业管理法律法规，通过法律约束、制度约束，不断提高供热行业服务水平。

（四）在“多热源”上下功夫，实施供热技术革新

针对兰州市供热能源结构较单一、对天然气依赖程度高、天然气能源短缺的问题，建议政府组织建设、工信、环保、供热等相关部门，结合能源结构现状，以“清洁排放”为标准，加强调查研究，学习借鉴外地好的做法，加强对其他清洁供热能源的研判和推广。建议在满足环保标准和要求的前提下，从四个方面推广清洁能源锅炉：一是对已在兰州市投入运行的高效煤粉、水煤浆等准清洁能源锅炉进行复制推广；二是对兰州市拥有的地热等优势能源作为供热清洁能源进行转化推广；三是对空气热源泵、太阳能、电能、工业余热等在技术上已经很成熟的清洁供热能源进行引进推广；四是对低温核供热、生物质供热等新兴清洁供热能源进行探索推广。通过多层次的推广，不断优化供热热源能源结构，提高供热能源风险防控能力，保障和满足未来城市供热能源的基本需要。

（五）在“快反应”上下功夫，确保供热安全、提升反应处置能力

确保供热安全，一方面要确保安全供热。切实加大对供热各环节、各方

面的排查力度，对有可能影响正常供热的问题，制定应急预案，及时予以解决，事故发生后，在最短时间内处置到位，避免出现长时间、大面积“断供”的情况，引发社会矛盾。另一方面要确保安全生产。教育和引导企业牢固树立“安全生产大于天”的安全理念，严格落实安全生产责任制，对锅炉运行、能源供应等生产情况开展监督检查，深入排查安全隐患，及时消除潜在风险，供热期结束后要组织企业对锅炉进行维护保养，确保供热锅炉平稳运行，降低安全生产事故发生率。

提升供热应急反应能力。一是要完善应急预案。针对供热薄弱环节和存在的安全隐患进行排查，对现有的应急预案进行梳理、修改和完善，对各环节细化，保证预案的全面性、针对性和可操作性。建立供热主管部门、气象部门、应急部门与供热企业定期会商、信息共享的联席会议机制，做好应对极端天气和突发天气情况的应急预案，确保事故发生后能及时处置、妥善解决，避免造成重大供热事故。要对“各供热单位管网没有实现互联互通，无法互为备用热源”的情况进行研究，提前做好应对准备，提升应对突发事件能力。二是要强化应急力量。要落实应急抢险制度，配强专业抢险队伍，落实应急车辆、专业抢险设备，为做好应急工作提供有力保障。三是要加强应急演练。要针对可能出现的事故及灾害，模拟事故现场，开展经常性地应急培训演练，使抢险队伍熟练掌握应急技能、熟练运用各种抢险设备，一旦事故发生，要严格按照应急预案、操作规程和技术规范，快速、安全、有效地进行应急救援和处置，确保群众生命财产安全。

四　促进兰州市供热保障发展的措施

城市供热作为民生行业，应该坚持“以人民为中心”的发展思想，牢固树立为群众做好服务的理念，强化措施，多措并举，从补上硬件设施欠账、加强对供热企业的管理、建立和完善应急预案等多个方面入手，为群众提供高质量的供热服务，真正把供热工作做成“民心工程、暖心工程”。鉴于此，结合存在的问题和发展方向，通过调查研究，提出措施和建议如下。

（一）认清发展形势，切实增强供热工作的责任感和紧迫感

受诸多因素的制约和影响，兰州市城市供热工作仍然面临诸多问题和挑战。从客观上来讲，未来几年，兰州市还将面临冬季天然气紧缺、价格持续高位等能源不足的挑战，同时因老旧管网面广量大，虽然实施了一批改造项目，但设备陈旧、管网老化等问题仍然较为突出。从主观上来讲，个别供热企业服务意识不强，管理模式粗放，供热质量不高，甩供弃供现象时有发生，加之与用热户缺乏有效沟通，供热费收缴难度大。解决好这些问题，需要各部门的积极协调配合、各供热单位的良好服务、广大市民的理解支持。各部门、各区县和各供热单位务必要认清形势，不断提高政治站位，从讲政治、保民生、重环保、促发展的高度重视城市供热工作，自觉把思想和行动统一到党中央、国务院和省市党委、政府的决策部署上来，严格按照市委、市政府的部署要求，既要各负其责、各尽其力，又要强化配合、形成合力，切实做好清洁取暖和供热保障各项工作。

（二）精心组织领导，全力保障供热工作稳定有序开展

兰州市各区县、各部门要认真总结上个供热期的经验和教训，早动员、早谋划、早落实，确保广大群众采暖需求得到满足。一是积极做好供热启动工作。加快供热施工进度，确保按期建成投产使用。要完成应急备用热源的检修调试、运行人员组织、燃气燃煤调运储备、设施检修等基础准备工作。二是切实提高供热服务质量。优质服务是构建和谐供用热关系的基础，各供热企业要把提高服务质量作为企业发展壮大的“生命线”工程来抓。强化运行管理。保证群众投诉渠道畅通，对用户反映的问题及时处理。强化行业监管。市区行业管理部门、县区供热主管部门要结合阶段性工作加强督促检查，重点检查供热单位主体责任落实、安全生产管理、供热服务质量等内容；街道社区要及时协调化解供热用热纠纷、用户测温等工作。尤其是在重大节日、重要节会和天气严寒期要跟进督查，确保供热安全、社会稳定。三是严格落实安全生产责任。严格落实安全生产监管责任，健全完善安全生产

责任体系。同时，完善应急预案，加强预案演练，配备专业化的应急队伍和设备，确保及时高效开展应急抢险，尽快恢复正常供热。

（三）真抓工作落实，严格确保各项目标责任履行到位

城市供热工作是一项系统工程，兰州市各区县政府、各相关部门要按照政府统一领导、主管部门抓总、相关部门配合、供热企业主营、社会各方支持、居民群众参与的原则，积极履职管理，加强协调配合，确保各项工作有效落实。

一是全面推行供热分级管理。各区县政府要认真落实“分级管理、分级负责”的制度，将供热工作列入政府工作重要议事日程，把冬季供暖作为头等民生工程抓紧抓实，及时处置突发爆管事故的抢修，随时掌握和协调供暖用气情况，切实强化供热监管职能，全面排查潜在矛盾和问题，特别是对辖区内存在的供热单位弃供、用户欠费、改造工程延期等问题，要积极主动介入，协商沟通及早予以解决。

二是全面落实各项工作职责，切实抓好供热工作。城市供热和建设涉及发改委、工信委、燃气公司、建设局、财政局、规划局、民政局、物价局、环保局、税务局、工商局、质监局、信访局，以及各县区政府和所辖街道、社区等，各部门、各区县、各单位要强化沟通协调，形成工作合力，确保供暖工作稳定进行。

三是全面加强监督执法管理。市环保、建设、安监、质监、消防等部门要依法加强对供热锅炉、配套管网、消防设施和燃煤质量的监测检查，确保供热期间不发生安全生产事故。各级供热管理部门要切实抓好供热的日常监管，对随意甩供弃供、供热不到位、群众意见大的供热企业，要依法采取约谈、曝光、处罚等方式严肃处理，切实保障群众供热基本需求。市政府督查室要对各级供热管理部门牵头责任履行情况、区县政府分级管理和属地化管理责任落实情况进行监督检查，确保各区县、各部门工作责任落实到位。

（四）科学统筹谋划，积极推进城市供热保障实现可持续发展

城市供热工作是一项贯穿全年的重要工作，非供热期正是补齐短板、提高供热水平、保障服务质量的关键时期。因此，各部门、各单位要从保障行业健康、持续、稳定发展的角度出发，不断完善城市供热设施，进而提升城市供热能力。

一是加强城市供热管理基础工作。严格执行国家相关政策规定，落实好供热规划。对规划未涉及的新开发区域，各区县要统筹考虑，提前谋划，及早预留供热、储气设施用地；市热力总公司要加快集中热源、应急调峰热源和集中供热管网建设、互联互通等工作，确保城市热源布局合理、热网分布合理、能源结构合理，提高清洁能源供热比例，完善供热设施，满足城市近远期供热需求。

二是加快推进供热基础设施建设。政府要持续加大投资力度，加快推进老旧管网、老旧楼院和供热不达标院落的供热管网施工建设，通过实施“冬病夏治”，最大限度减少冬季供暖问题发生，保障供热安全。

三是积极推进供热计量改革。各区县、各相关部门要积极多方筹措资金，结合老旧楼院整治工作，大力推行既有建筑节能改造和供热分户计量改造，从根本上提高主动节能意识、降低供热能耗和成本、改善供热关系、解决供热费收缴难题，全面提升城市供热服务水平、促进节能减排。

（五）创新发展思路、引入竞争机制，探索适合当地的供热模式

供热产业属于自然垄断产业，长期以来被地方政府垄断经营。由于缺少竞争性、企业内部管理和技术创新不足，生产效率低、资源配置效率低。由于供热管网具有自然垄断性，但热源不属于自然垄断范畴。根据供热产业的特性，可以效仿国内外先进经验，譬如，可以探索实践城市供热热源企业与供热热网企业的分离。供热管网由一家或极少数几家企业垄断性经营，政府以这类业务作为管制的重点，建立模拟竞争机制的管理机制，而对供热热源则由多家企业竞争性经营，充分地发挥竞争机制的作用，在总体上使整个供

热产业处于规模经济与竞争活力相兼容的有效竞争状态。因此，可以创新发展思路、引入竞争机制，探索适合当地实际需要的供热模式。

参考文献

兰州市供热服务中心编《关于兰州城市供热调查情况的报告》，2018 年 12 月 19 日。

兰州市城乡建设规划局编《2017 年兰州市城乡建设统计年鉴》，2018 年 7 月。

戴增义、丁刚：《解决供暖费收缴问题的一些思路》，《北京物价》1999 年第 1 期。

张睿：《试论我国城市供热体制的改革》，《城市管理与科技》2005 年第 4 期。

安玉华、刘立群、乔伟：《北方大中城市供热系统运营模式研究》，《建筑经济》2008 年第 12 期。

张航、李志虎：《我国城市供热产业发展面临的问题及对策——以丹麦经验为启示》，《学术交流》2006 年第 4 期。

S 基本子库
SUB DATABASE

中国社会发展数据库（下设 12 个子库）

整合国内外中国社会发展研究成果，汇聚独家统计数据、深度分析报告，涉及社会、人口、政治、教育、法律等 12 个领域，为了解中国社会发展动态、跟踪社会核心热点、分析社会发展趋势提供一站式资源搜索和数据服务。

中国经济发展数据库（下设 12 个子库）

围绕国内外中国经济发展主题研究报告、学术资讯、基础数据等资料构建，内容涵盖宏观经济、农业经济、工业经济、产业经济等 12 个重点经济领域，为实时掌控经济运行态势、把握经济发展规律、洞察经济形势、进行经济决策提供参考和依据。

中国行业发展数据库（下设 17 个子库）

以中国国民经济行业分类为依据，覆盖金融业、旅游、医疗卫生、交通运输、能源矿产等 100 多个行业，跟踪分析国民经济相关行业市场运行状况和政策导向，汇集行业发展前沿资讯，为投资、从业及各种经济决策提供理论基础和实践指导。

中国区域发展数据库（下设 6 个子库）

对中国特定区域内的经济、社会、文化等领域现状与发展情况进行深度分析和预测，研究层级至县及县以下行政区，涉及地区、区域经济体、城市、农村等不同维度，为地方经济社会宏观态势研究、发展经验研究、案例分析提供数据服务。

中国文化传媒数据库（下设 18 个子库）

汇聚文化传媒领域专家观点、热点资讯，梳理国内外中国文化发展相关学术研究成果、一手统计数据，涵盖文化产业、新闻传播、电影娱乐、文学艺术、群众文化等 18 个重点研究领域。为文化传媒研究提供相关数据、研究报告和综合分析服务。

世界经济与国际关系数据库（下设 6 个子库）

立足“皮书系列”世界经济、国际关系相关学术资源，整合世界经济、国际政治、世界文化与科技、全球性问题、国际组织与国际法、区域研究 6 大领域研究成果，为世界经济与国际关系研究提供全方位数据分析，为决策和形势研判提供参考。

法律声明